2023年度湖北省社科基金一般项目（后期资助项目）
"荆楚文化数字记忆建构与传播研究"（HBSKJJ20233355）

荆楚新闻与传播研究丛书

刘晗 著

荆楚文化数字记忆建构与传播研究

中国社会科学出版社

图书在版编目（CIP）数据

荆楚文化数字记忆建构与传播研究／刘晗著．—北京：中国社会科学出版社，2024.5

（荆楚新闻与传播研究丛书）

ISBN 978 - 7 - 5227 - 3587 - 0

Ⅰ.①荆… Ⅱ.①刘… Ⅲ.①楚文化—研究 Ⅳ.①K871.34

中国国家版本馆 CIP 数据核字（2024）第 100138 号

出 版 人	赵剑英
责任编辑	刘 艳
责任校对	陈 晨
责任印制	郝美娜

出　　版	中国社会科学出版社
社　　址	北京鼓楼西大街甲 158 号
邮　　编	100720
网　　址	http://www.csspw.cn
发 行 部	010 - 84083685
门 市 部	010 - 84029450
经　　销	新华书店及其他书店

印刷装订	北京君升印刷有限公司
版　　次	2024 年 5 月第 1 版
印　　次	2024 年 5 月第 1 次印刷

开　　本	710×1000　1/16
印　　张	18
字　　数	277 千字
定　　价	108.00 元

凡购买中国社会科学出版社图书，如有质量问题请与本社营销中心联系调换

电话：010 - 84083683

版权所有　侵权必究

前　言

　　中国文化的形成与发展是相依共存的各民族、各区域文化熔铸、记忆建构的结果。荆楚文化作为华夏民族文化的重要组成部分，在中华文明发展史上占有举足轻重的地位。在这一认知背景下，本书从国家数字文化发展的视角探讨荆楚文化记忆的建构与传播问题，将其置于中华优秀传统文化创造性转化与创新性发展的总体进程，对荆楚文化记忆建构及数字化转型进行深入研究。通过对荆楚文化遗产及荆楚文化新闻传播的调查，明确荆楚文化记忆建构的现实背景与时代需求，对其不同历史时期的记忆进程和转型现状进行全面梳理，在此基础上形成关于荆楚文化数字记忆建构与传播的基本观点。

　　从媒介记忆的历史来看，荆楚文化记忆起源于原始媒介形态的记忆传递与身体书写，经历了文字刻写的记忆实践与媒介更迭，在新中国文化事业的发展中呈现出逐步稳定的形式，又在新世纪以来的数字化潮流中显示出全面转型的现实趋向。在这一动态演进历程中，荆楚数字文化建设取得了一定的成绩，但也面临着一系列现实发展的困境。

　　因此，从数字记忆的需求着手，要深入阐释荆楚文化记忆建构的结构要素，以为其建立数字记忆建构与传播的理论框架。依据其理念化阐释，形成项目管理视角的参与式共建、资源构建视角的网络化再生产、传播创新视角的数字平台化传播的多重路径，旨在将这一理论成果应用于荆楚文化的数字记忆建构与传播实践之中，为构建与荆楚文化内涵相适应的数字记忆工程提供借鉴。这既能从根本上唤醒荆楚文化记忆，化解荆楚文化保护、开发与传播的困境，也能为中华文化的丰富性与活泼性提供源源不断的动力支持。

目　　录

第一章　绪论 ……………………………………………………（1）
　第一节　研究背景与意义 ……………………………………（2）
　　一　研究背景 ………………………………………………（2）
　　二　研究意义 ………………………………………………（5）
　第二节　国内外研究综述 ……………………………………（7）
　　一　国外研究综述 …………………………………………（7）
　　二　国内研究综述 …………………………………………（16）
　　三　研究述评 ………………………………………………（28）
　第三节　研究内容及方法 ……………………………………（30）
　　一　研究内容 ………………………………………………（30）
　　二　研究方法 ………………………………………………（32）
　第四节　研究创新 ……………………………………………（34）

第二章　核心概念与理论基础 …………………………………（37）
　第一节　核心概念界定 ………………………………………（37）
　　一　记忆建构 ………………………………………………（38）
　　二　荆楚文化记忆 …………………………………………（42）
　　三　数字记忆 ………………………………………………（46）
　　四　数字记忆建构与传播 …………………………………（50）
　第二节　理论基础阐释 ………………………………………（54）
　　一　文化记忆理论 …………………………………………（55）
　　二　记忆再生产理论 ………………………………………（58）

  三　数字人文理论 …………………………………………（63）

第三章　现状梳理：荆楚文化的保护与传播调查 …………（68）
 第一节　荆楚文化的保护与传播调查设计 …………………（68）
  一　调查思路与方法 …………………………………………（68）
  二　调查范围及对象 …………………………………………（69）
  三　调查内容及设计 …………………………………………（72）
 第二节　荆楚文化遗产保护调查结果 …………………………（73）
  一　荆楚文化遗产保护主体情况 ……………………………（73）
  二　荆楚文化遗产资源分布情况 ……………………………（78）
  三　荆楚文化数字资源建设情况 ……………………………（83）
 第三节　荆楚文化新闻传播调查结果 …………………………（86）
  一　荆楚文化新闻传播主体情况 ……………………………（86）
  二　荆楚文化新闻主题分布情况 ……………………………（90）
  三　荆楚文化传播形态发展情况 ……………………………（94）

第四章　历史与现实：荆楚记忆建构的历史、重构与再造 ……（100）
 第一节　荆楚记忆建构的历史 …………………………………（101）
  一　荆楚文化的记忆缘起 ……………………………………（102）
  二　荆楚文化的记忆演进 ……………………………………（105）
  三　荆楚文化的记忆转型 ……………………………………（109）
 第二节　荆楚记忆重构：目标、原则与构想 …………………（112）
  一　荆楚记忆重构的基本目标 ………………………………（112）
  二　荆楚记忆重构的基本原则 ………………………………（114）
  三　荆楚记忆重构的基本构想 ………………………………（117）
 第三节　荆楚文化数字记忆再造路径 …………………………（125）
  一　基于项目管理视角的路径解析 …………………………（125）
  二　基于资源构建视角的路径解析 …………………………（128）
  三　基于传播创新视角的路径解析 …………………………（130）

第五章 项目管理：多主体参与共建荆楚文化数字记忆 ……… (134)
第一节 荆楚文化数字记忆建构主体分析 ……………………… (134)
  一 "参与"的理念与参与式记忆实践 ……………………… (135)
  二 荆楚文化数字记忆建构参与主体分析 ………………… (138)
第二节 多主体参与的荆楚文化数字记忆共建模式 …………… (148)
  一 宏观层面：政府指导的纵向式管理 …………………… (148)
  二 中观层面：多元协作的横向式共建 …………………… (152)
  三 微观层面：公众参与的网状式结构 …………………… (156)
第三节 荆楚文化数字记忆参与式共建的推进策略 …………… (160)
  一 倡导文化传承的数字记忆建构观念 …………………… (160)
  二 保障权责统一的跨层级建构体系 ……………………… (161)
  三 构建多元主体的跨部门协同格局 ……………………… (162)
  四 建立成熟健全的传承人培育制度 ……………………… (164)
  五 完善荆楚本位的社群式传播机制 ……………………… (165)

第六章 资源构建：荆楚文化数字记忆的网络化再生产 ……… (168)
第一节 荆楚文化数字记忆资源的构成特征 …………………… (168)
  一 荆楚文化实体记忆资源的数字化迁移 ………………… (169)
  二 荆楚文化数字记忆资源的网络化延展 ………………… (173)
第二节 荆楚文化数字记忆网络化再生产的静态结构 ………… (176)
  一 外层结构：记忆形态的转化 …………………………… (177)
  二 内层结构：内容的重新叙述 …………………………… (181)
  三 核心结构：意义的时代阐释 …………………………… (186)
第三节 荆楚文化数字记忆网络化再生产的动态流程 ………… (190)
  一 荆楚文化记忆资源调查 ………………………………… (191)
  二 荆楚文化记忆资源本体构建 …………………………… (193)
  三 荆楚文化数字资源采集 ………………………………… (197)
  四 荆楚文化数字资源组织 ………………………………… (200)

第七章 传播创新：荆楚文化数字记忆平台的功能构建 …… (204)
  第一节 数字人文视角下的荆楚记忆平台建设背景 …… (205)
    一 荆楚文化数字记忆平台构建基础 …… (205)
    二 "数字人文仓储"的提出及其适用性 …… (212)
  第二节 荆楚文化数字记忆平台的仓储功能构建 …… (215)
    一 编码空间：集成性记忆存取功能构建 …… (216)
    二 抽象空间：跨领域知识融合功能构建 …… (220)
    三 扩散空间：智能化人文传播功能构建 …… (223)
  第三节 荆楚文化数字记忆传播功能的创新实现 …… (227)
    一 荆楚文化数字记忆平台总体设计 …… (227)
    二 荆楚文化数字记忆网站风格呈现 …… (229)
    三 荆楚文化数字记忆创意产品研发 …… (234)

结 语 …… (241)

附录一 荆楚文化遗产保护相关政策汇总 …… (247)

附录二 荆楚文化数字资源建设现状调查数据表 …… (250)

附录三 荆楚文化特色资源库信息表 …… (252)

附录四 网络民族志——以 B 站荆楚文化社群观察为例 …… (254)

参考文献 …… (262)

后 记 …… (278)

第一章 绪论

在中华文明的"多元一体"①格局中,荆楚文化作为其间独树一帜的地域文化,自先秦之际起便绘就出一幅精彩纷呈、璀璨夺目的历史画卷,成为中华文明的重要源头。历史悠久的荆楚大地钟灵毓秀、融通多元、神秘浪漫,其所"蕴含的进取精神、开放气度、创新意识、和谐理念、爱国情怀、诚信品格,是中华文明精神标识和文化精髓的生动体现"②。早在2018年,国家主席习近平与印度总理莫迪在武汉进行非正式会晤时就明确指出:"荆楚文化是悠久的中华文明的重要组成部分,在中华文明发展史上地位举足轻重。"③ 2023年6月2日,习近平总书记在北京出席文化传承发展座谈会并发表重要讲话,指出中华优秀传统文化有很多重要元素,共同塑造出中华文明的突出特性,并深入阐释中华文明具有突出的连续性、突出的创新性、突出的统一性、突出的包容性、突出的和平性。这五大突出特性作为中华文明的"精准画像",对于我们理解和把握荆楚文化的历史与现实价值有着重要的参考意义。

现代化浪潮之下,我国面临经济社会发展转型、自然与社会文化生态演变、西方思潮渗透与传统文化价值冲突等因素的共同影响,中华民族文化传承、民族记忆延续的生态环境受到了极大冲击,民族记忆功能正在逐步衰退,中华文化遗产也在不断老化、消失之中,富有特色的地

---

① 费孝通:《中华民族的多元一体格局》,《北京大学学报》(哲学社会科学版)1989年第4期。
② 明海英:《推进荆楚文化更好走向世界》,《中国社会科学报》2023年3月3日第003版。
③ 赵成:《习近平会见印度总理莫迪》,《人民日报》2018年4月28日第001版。

域文化则以一种远离多样性、差异性和文化特色的方式逐渐失去了自身的记忆。随着社会历史的变迁，荆楚大地上越来越多古老的建筑、街巷，传统的戏曲、歌舞、手工技艺等正在慢慢消退出历史的舞台，越来越多的文化遗产失去了传承的土壤，凝结于这片地域之上的历史经验与传统智慧被深藏于人们的记忆深处，因承载其记忆的传统载体日渐老化、时隔久远而日益艰涩难懂，或因信息时代的记忆过载，以及后现代"历史无意识"的大众记忆淡漠影响而深陷活化传承的危机[1]。

与此同时，中华文化的创新发展又遭遇全面数字化的转型，这给我国文化事业的发展繁荣带来了新的机遇和挑战。在"十四五"长江经济带建设的深入推进和长江国家文化公园建设全面启动的政策支持下，"重视历史文化保护传承，保护好中华民族精神生生不息的根脉"，离不开对荆楚文化标识的提炼与传播，也离不开对荆楚记忆的深层唤醒，从而以此记忆增强中华文明的多元传播力和整体影响力。因此，从数字中国建设的宏观视野，将荆楚文化的记忆建构研究融入"中华优秀传统文化创造性转化和创新性发展"的整体框架之中，这既是当前我国文化理论研究需要面对的重要课题，也是荆楚文化事业发展的重要契机。

第一节　研究背景与意义

本书从数字中国建设的整体视域，将荆楚文化发展置于中华文化的同一数字化进程之中，以文化记忆、记忆再生产、数字人文等理论为依托，对如何实现荆楚文化的数字记忆，以及如何对其进行"建构与传播"进行系统性探讨，以探索数字记忆的行动框架与实现思路，不仅具有理论创新性，也具有实践应用的重要价值。

一　研究背景

数字化转型背景下，面向记忆建构的现实趋向与实践诉求，推动着

---

[1] 姜婷婷、傅诗婷：《人本视角下的数字记忆："人—记忆—技术"三位一体理论框架构建与启示》，《中国图书馆学报》2022年第5期。

学术界理论的革新和范式的转换，逐步形成了跨学科发展视域之下的数字记忆研究思潮。这一理论的逐步深化与实践的蓬勃开展为荆楚文化的记忆建构与传播研究提供了创新的学术语境与现实土壤。

荆楚文化是中国南方文化的重要代表。"从楚文化形成之时起，华夏文化就分成了北南两支：北支为中原文化，雄浑如触砥柱而下的黄河；南支即楚文化，清奇如穿三峡而出的长江。"① 荆楚文化的独特魅力使其具有重要的记忆价值和传播价值，做好荆楚文化标识的提炼与传播，打造荆楚文化品牌，展现璀璨的荆楚文化形象，是世界文化记忆工程中不可或缺的一环。

联合国教科文组织于1992年发起面向文献遗产保护的"世界记忆工程"，由此开启了世界各地记忆项目建设的浪潮。记忆项目建设伊始就表现出明显的数字化特征，1994年启动的"美国记忆"项目就通过与其同名的多媒体网站提供数字信息。在此前后，一系列遗产保护公约持续推进，使得记忆项目的类型与范围也逐渐从单一的文献遗产领域延伸至涵盖物质文化遗产、非物质文化遗产、数字遗产等领域的丰富内容，从简单的文本、照片等史料资源的数字化转化扩展为包含建筑、街区、实物布局等现实空间资源的数字化综合加工与呈现，从传统的数字资源建设拓展为数字人文技术应用下的文化遗产的可视化，囊括了国家记忆、民族记忆、城市记忆、乡村记忆、社群记忆、事件记忆等诸多记忆类型的遗产项目，集中呈现出现实实体世界向数字网络世界迁移的总体特征，并用数字化的再生性保护开发延展了实体记忆资源的生命价值。

同时，数字记忆是数字时代的记忆，原生数字资源的生成与传播更体现其记忆的本质。2003年《保存数字遗产宪章》明确了数字遗产的对象和范围，其中特别强调了原生数字资源的遗产属性与保存价值。面向原生数字资源的记忆实践以一系列的网络信息保存项目为代表，在最初的实践中并未凸显其"记忆"之名，只强调互联网信息保存的性质，

---

① 张正明：《楚文化史》，周谷城主编《中国文化史丛书》，上海人民出版社1987年版，导言第1页。

如互联网档案馆 Archive‑It 项目。随着实践的逐步深入，尤其是 2010 年美国国会图书馆的"Twitter 保存项目"、2013 年大英图书馆的"数字记忆"存档项目、2019 年中国国家图书馆"国家数字记忆计划"等网络信息保存项目的启动，更凸显出网络原生数字资源面向记忆建构的需求。这一类项目也逐渐遍及全球，涉及美洲、澳洲、欧洲、亚洲等不同国家和地区，形成了国家层面、机构层面、社群层面、个人层面的不同层级网络信息保存机制。网络信息保存将记忆的触角延伸至人类数字化生存的虚拟空间，触及更为广泛的数字资源和更为原生态的数字信息，从某种程度而言，更体现出"社会书写记忆"的特征。

全球范围内数字记忆的实践进展已初见成效。在我国数字记忆建构的浪潮之中，也形成了内容丰富、种类繁多的记忆类型。从 2002 年"青岛记忆"启动之后，我国 100 多个大中小城市都已经开展了如火如荼的"城市记忆工程"，高校记忆、乡村记忆、社群记忆、事件记忆等也都有不同程度的项目进展。此外，还出现了关注大屠杀幸存者、抗战老兵、慰安妇、农民工、留守儿童等特殊群体的数字记忆实践，也有体现某一文化特征的记忆建构行为，但就总体而言还只是一些零星的、片断式的记忆。目前对于荆楚文化的记忆研究主要聚焦于其文化特征及精神标识等宏观价值层面，而缺乏对其具体文化形态尤其是数字记忆形态的系统性理论与应用研究。这意味着利用数字方法挽救荆楚文化的记忆诉求尚未引起足够的重视，这与当下数字记忆建构的国际潮流，与"逐渐消失的地域文化"对记忆建构的迫切需求形成了较大的落差，因此，亟待对荆楚文化进行数字记忆建构与传播的显性研究，从更为具体的研究层面推进荆楚文化传播价值的实现。

随着数字化进程的加快，数字记忆作为记忆研究的前沿领域和研究焦点虽备受瞩目，但其理论研究相比于实践进展却显滞后。21 世纪初，作为人文计算概念升级的"数字人文"被正式提出，逐步确立起其学术的内涵与范畴，并在知识挖掘、大众传播和记忆加值等应用方面持续深入拓展[1]。借力数字人文的研究方法，可以深入对记忆资源的数字保

---

[1] 刘晗：《元典如何记忆：中国文化元典的数字记忆构想》，《湖北大学学报》（哲学社会科学版）2023 年第 4 期。

存、文本编码、数据聚合、知识挖掘、信息可视化等方面的应用，进一步拓展文化遗产的可视性与知识创新的潜能，开拓人类记忆的能力与范畴，为数字记忆的发展带来创新性活力。两者的融合发展相得益彰，既丰富数字人文理论的研究成果，也为数字记忆研究开创更为广阔的视野与持续深发的路径。

二　研究意义

对于荆楚文化记忆的建构问题在当下数字记忆浪潮之中尚未凸显，一方面反映了我国数字记忆工程的宽度与广度还有待延伸，另一方面也与"荆楚文化记忆"研究的学科融合性与实践性不够有关。因此，系统地认识荆楚文化的数字记忆，将荆楚文化遗产的固态保护与活态传播相结合，并在荆楚文化的历史记忆和当代记忆传承的比较分析中，对其记忆进行数字化建构与传播，这既是世界范围内数字记忆潮流的趋势使然，也是弘扬中华优秀传统文化、保护荆楚文化遗产的形势所迫，不仅具有理论研究意义，而且具有实践应用价值。

（一）理论意义

第一，从记忆建构论的研究视角丰富数字记忆的理论研究成果，阐明荆楚文化数字记忆的可建构性特征。数字记忆从本质上而言，是一种数字化的社会记忆、文化记忆。哈布瓦赫早在社会记忆建构论中就强调了社会记忆是一个动态的重建过程，是超越了被动性的主动记忆，在此基础上产生的"数字记忆"也具有建构的基本特征。本书提出的"建构"具有两层含义，包括理论层面的"建构"观念和应用层面的"构建"路径，从这一研究视角切入荆楚文化记忆的研究，一是要明确荆楚文化数字记忆与其地域特征、精神特质、文化标识之间的建构关系；二是要阐明荆楚文化数字记忆建构与传播的路径，即如何构建关于荆楚文化的数字记忆，以及如何将这一具有地域文化标识的记忆传播放大。

第二，融合两种不同类型数字记忆资源的再生产路径，从而扩展记忆研究的理论视域与应用成果。从已有研究来看，关于数字记忆资源的研究主要集中在对实体资源的数字化迁移和对原生数字资源的长期保存上，且两者相对独立，统一构建的系统性研究较少。本书通过对现实实体记忆资源和网络原生数字资源的理论分析，以及对当前数字化、网络化生存状态的思考，提出了针对两种不同类型记忆资源的整合思路，并进一步应用于荆楚文化数字记忆的对象层面。

第三，针对荆楚文化构建较为系统的数字记忆建构与传播框架，为荆楚文化数字记忆工程提供可以借鉴的实践模式。随着世界范围内记忆工程的蓬勃开展，其形式日趋成熟并逐渐显露出数字化的建构模式，但相比之下，荆楚文化记忆的数字工程尚未实际开展，已有的数字记忆还主要呈现出一种碎片化、片断式的景象，亟待系统性建构。本书从媒介记忆的视角追寻荆楚文化记忆的缘起、演进与转型，并在当前荆楚文化资源现状分析的基础上，形成荆楚文化数字记忆建构与传播思想，探讨其数字记忆再造的真实需求与行动路径，为荆楚文化记忆工程的开展提供理论支持。

(二) 实践价值

第一，有助于推动荆楚文化数字记忆工程的项目建设。相比于其他领域记忆工程的繁荣景象，极具地域文化特色的荆楚记忆也亟待探求其历史渊源、反映其现实诉求，开展以荆楚文化为对象的数字记忆项目建设。在数字化背景之下，本书围绕荆楚文化这一主题，进行了从理论到应用层面的深层剖析，从项目建设的视角为荆楚文化数字记忆工程的开展提供科学合理的指导方向。

第二，有助于拓展数字记忆工程的建设路径。本书不仅提供荆楚文化数字记忆建构的理论框架，而且在这一框架中详尽地阐释了将现实世界中的实体记忆资源与网络空间中的原生数字资源进行整合传播的路径，极大地开拓了数字记忆工程建设的思路与方法。

第三，有助于促进荆楚文化的创造性转化与创新性发展。作为承南接北的地域文化，荆楚文化在中华文化体系的构建中发挥了重要的历史作用，其独特性为中华文化的持续发展提供了精神动力。当前面临数字时代的变革与挑战，亟待用数字记忆来化解荆楚文化活化传承的危机，实现其创造性转化与创新性发展。

第二节 国内外研究综述

一 国外研究综述

荆楚位于中国内陆中部偏南地区，以江汉平原为中心，其沟通南北、连接东西的地域特性使其犹如一个巨大的"文化调色盘"，调和着不同时期、不同来源的文化原色，既实现了南方民族文化的融合，也推进了中原文化与蛮夷文化的交流，自身也形成了一种"多元一体"的文化特性①。荆楚文化十分具有中国特色，湖北省社会科学院发布的"荆楚文化外译词条"中将其翻译为"Jing – Chu culture"。在 Web of Science 外文文献检索平台以 "TI = digital memory and SU = Jing – Chu culture"为检索式，截至 2023 年 7 月 15 日，暂未检索到与这一研究对象直接相关的外文研究成果。

记忆研究在西方有着深厚的理论渊源，关于记忆的建构观也有着极为丰富的论述。为获取与本书研究主题相关的理论研究文献，在 Web of Science、Semantic Scholar 外文文献检索平台以 "SU = digital memory construction"为检索式，检索并筛选出与主题直接相关的人文社科类文献。经研究发现，该领域的研究视角较为多元，集纳了集体记忆、媒介记忆、档案记忆、历史记忆、记忆建构等多种研究视角，充分显示出多学科参与研究的特性。

（一）数字记忆建构的多元化研究

在集体记忆建构的研究主题中，Anu Harju 考察了粉丝在 YouTube 上的在线哀悼行为，重点关注集体记忆和记忆的集体构建，同时将网络学与批判性话语分析相结合，将分析重点放在用户评论上，在互动中展现过去并对意义进行阐述②。Taha Yasseri、Patrick Gildersleve 和 Lea David 探究通信工具的技术中断，如大规模印刷技术的发明大大改变了我

---

① 明海英：《特定历史时空中创制的地域文化——访北京师范大学社会学院教授萧放》，《中国社会科学报》2017 年 12 月 8 日第 004 版。
② Anu Harju, "Socially Shared Mourning: Construction and Consumption of Collective Memory", *New Review of Hypermedia and Multimedia*, Vol. 21, Nos. 1 – 2, April 2015, p. 123.

们存储集体记忆和与集体记忆互动的方式,而互联网和基于网络的信息通信技术也极大地改变了数字时代形成和塑造集体记忆的方式,以及目前研究集体记忆的方式①。Karl Gustafsson 将维基百科概念化为一个集体记忆构建的网站而提供了对互联网调解潜力的见解,作者认为维基百科的指导原则是努力建立基于中立观点的记录,这与历史决定论所建议的应该促进和解的观点相呼应②。Astrid Erll 认为,记忆研究领域在显性(意识的、纪念的、官方的)集体记忆这个可见领域之外,还有一个很大程度上隐藏的"隐性集体记忆"世界,其元素包括叙事图式、刻板印象、框架模式或世界模型,这些通常不被明确知晓或处理,但会代代相传,以便在新的情境下塑造感知和行动。论文借鉴心理学、社会学、传播学、人类学、媒体文化研究、文学研究和记忆史的方法,为未来跨学科的内隐集体记忆研究领域提出了一些借鉴③。Michael A. Peters 和 Tina Besley 则探究了数字档案对于集体记忆、机构历史和云端政治的意义。在数字世界里,档案被用来描述成一个作为存储"数据"和"信息"的机器可读位置,数字技术彻底改变了现有的机构,使人们能够广泛地获取其嵌入的知识,并能够随时随地进行学习和研究④。Markus Lundström 和 Paola Sartoretto 研究了在一个传播加速的时代中,社会运动是如何在数字媒体平台表达和构建集体记忆的,并通过对巴西无地运动的集体记忆以及 MST 调解的农村暴力经历进行实证调查,对"短暂的媒体"构建集体记忆的时间联系进行了结论性讨论⑤。

---

① Taha Yasseri, Patrick Gildersleve and Lea David, "Collective Memory in the Digital Age", in shane O'Mara, ed., *Collective Memory*, Amsterdam: Elsevier, 2022, pp. 203-226.

② Karl Gustafsson, "International Reconciliation on the Internet? Ontological Security, Attribution and the Construction of War Memory Narratives in Wikipedia", *International Relations*, Vol. 34, No. 1, March 2020, p. 4.

③ Astrid Erll, "The Hidden Power of Implicit Collective Memory", *Memory, Mind & Media*, Vol. 1 (October 2022), https://doi.org/10.1017/mem.2022.7.

④ Michael A. Peters and Tina Besley, "Digital Archives in the Cloud: Collective Memory, Institutional Histories and the Politics of Information", *Educational Philosophy and Theory*, Vol. 51, No. 10, October 2018, p. 1020.

⑤ Markus Lundström and Paola Sartoretto, "The Temporal Nexus of Collective Memory Mediation: Print and Digital Media in Brazil's Landless Movement 1984-2019", *Social Movement Studies*, Vol. 21, No. 4, April 2021, p. 454.

在数字媒介与记忆建构的研究中，Zeynep Özarslan 从概念上审视了数字记忆的商品化过程，从政治经济学的角度分析了其物质和非物质基础，认为两者从根本上是交织在一起的。作者认为数字技术已经改变了保存、回忆和遗忘过去的传统，为个人、社会和企业提供了新的数字工具和平台来记忆、删除和收集数据。随着新媒体的融合，记忆在具有个人和局部特征的同时，获得了全球性的特征，并转变为数字媒介的记忆。网络和云计算技术的进步使数字记忆能够在网络空间中无限地被索引、存档、流通和处理，为记忆研究提供了新的维度[1]。Yuqi Chang 采用案例分析法、半结构化访谈法和文本分析法对 15 名网易云用户进行了深度访谈。作者基于"场景—符号—仪式"三重结构，对网易云年度聆听报告进行分析，可见其从场景回忆、符号意义和仪式共鸣三个维度对数字记忆的场景化构建，在强化用户情感认同的同时实现了品牌传播的良好效果，也同时指出了年度听证报告在量化个人偏好、侵犯数据隐私等方面存在的潜在问题[2]。Silvana Mandolessi 指出媒介记忆正在转向数字记忆，而场所在数字记忆的塑造中扮演着核心角色。数字技术不仅使我们能够构建更多"场所记忆"，还为我们探索空间与地点如何继续在我们理解、塑造和与过去建立联系的过程中发挥核心作用提供了新的途径[3]。Kai Khiun Liew 等探究人们如何利用 Web2.0 技术对铁路记忆进行归档和共享，发现在数字技术加持下的媒介记忆不仅重构了人们对该铁路的记忆，而且将记忆建构的主体由媒介推及拥有媒介的所有人[4]。Denis S. Artamonov 阐释了数字记忆理论与媒体记忆的不同，指

---

[1] Zeynep Özarslan, "A Critical Debate on the Political Economy of Digital Memory", *Galatasaray Üniversitesi Journal of Communication*, No. 37, December 2022, https://doi.org/10.16878/gsuilet.1167144.

[2] Yuqi Chang, "Scenario-based Construction and Dissemination of Digital Memory-A Case Study of NetEase Cloud Music's 'Annual Listening Report'", *Highlights in Business, Economics and Management*, Vol. 9, June 2023, https://drpress.org/ojs/index.php/HBEM/article/view/9244.

[3] Silvana Mandolessi, "Challenging the Placeless Imaginary in Digital Memories: The Performation of Place in the Work of Forensic Architecture", *Memory Studies*, Vol. 14, No. 3, June 2021, pp. 622–633.

[4] Kai Khiun Liew, Natalie Pang and Brenda Chan, "Industrial Railroad to Digital Memory Routes: Remembering the Last Railway in Singapore", *Media, Culture & Society*, Vol. 36, No. 6, July 2014, p. 761.

出在数字环境下，集体记忆的媒介化过程导致媒介记忆成为一种构建关于过去观念的特殊虚拟机制，并指出媒介记忆作为数字时代的一种现象，不仅具有交际记忆、文化记忆和数字记忆的特征，而且其传播手段的变化导致了记忆内容及其再现方式的转变①。Gökçen Başaran İnce 认为，新媒体不仅带来了记忆渠道的多元化，而且可以充当"另类媒体"以加强反记忆，为从属和被压抑的人提供发声的机会，同时，新媒体也可能形成多元记忆文化的先决条件，并缓解人类的身体记忆②。

关于记忆建构策略的研究多从修辞学、社交媒体、认知心理学等视角进行。修辞学视角的纪念形式研究对确定文化价值和历史意义至关重要。Aaron Hess 检视了四种网页记忆形式以探讨互联网中记忆的物质性建构，并通过个人制作的网络纪念馆来理解网络纪念中"9·11"事件的各方反应。研究发现，这一纪念形式具有纪念性和附属标志物的双重修辞功能③。Timothy Recuber 则针对灾难事件之后的网上纪念仪式进行了探讨，认为在线纪念为集体记忆建构创造了无数可能，并指出虚拟的纪念活动与集体记忆的生产性消费趋势之间存在联系，例如用户可以为在线纪念活动捐款以寻求自助性治疗和情绪宣泄④。Stefania Manca 研究调查了三家著名的大屠杀博物馆如何利用社交媒体提高公众对历史和纪念事件的认识和理解，发现大屠杀纪念和大屠杀教育逐渐依赖于数字技术，这些数字技术让人们沉浸在对大屠杀的沉浸式、模拟式甚至反事实记忆中。因此，研究重点关注这些社交媒体档案如何在页面内容和关系层面吸引公众，同时根据生成内容、交互性和受欢迎程度分析了它们的传播策略⑤。此

---

① Denis S. Artamonov, "Media Memory: Theoretical Aspect", *Galactica Media: Journal of Media Studies*, Vol. 4, No. 2, June 2022, p. 65.

② Gökçen Başaran İnce, "Digital Culture, New Media and The Transformation of Collective Memory", *Galatasaray Üniversitesi İletiş-im Dergisi*, No. 21, December 2014, p. 25.

③ Aaron Hess, "In Digital Remembrance: Vernacular Memory and the Rhetorical Construction of Web Memorials", *Media Culture & Society*, Vol. 29, No. 5, September 2007, p. 812.

④ Timothy Recuber, "The Prosumption of Commemoration: Disasters, Digital Memory Banks, and Online Collective Memory", *American Behavioral Scientist*, Vol. 56, No. 4, March 2012, p. 531.

⑤ Stefania Manca, "Digital Memory in the Post-Witness Era: How Holocaust Museums Use Social Media as New Memory Ecologies", *Information*, Vol. 12, No. 1, January 2021, p. 1.

外，认知心理学领域对数字文本与记忆容量关系的探讨也可以理解为一种记忆策略。数字文本最显著的特征之一就是它们之间通过超链接的内在联系，从而产生非线性超文本。Debora I. Burin 等评估了超文本结构、先前领域知识对数字叙述文本理解与导航的影响，通过认知负荷框架探讨了工作记忆容量在导航决策支持和情景模型构建中的重要作用[1]。Roberto Arnau Roselló 则以三个不同历史时期的纪录片电影为研究对象，对其中记忆的视觉运用和对过去的再现进行反思：一是二战宣传纪录片，在历史传播中作为宣传片修辞的基础；二是当代非虚构电影，有其自我反思的、主观的散文形式；三是网络纪录片，作为一种混合多媒体格式的最新表现形式，本质上是解释性的[2]。

在社群知识创造和记忆研究方面，Mary M. Somerville 和 Dana EchoHawk 认为图情档之间的协作关系可以有效地吸引文化社区成员参与数字知识的协作建设，走向具有社区意义的数字知识的共同创造。奥拉里亚图书馆科罗拉多和西部（Colorado & The West）中心的一系列共同创造方法说明了合作的价值。实例分析表明，包容性的、社区生成的数字知识活动可以形成对过去和现在的解释与叙述，从而影响对未来的建构[3]。Sandra McWorter Marsh 等论述了社区数字化、数字扫盲、文化遗产和社区记忆的关系，通过对芝加哥华裔美国博物馆社区信息学研究人员与社区合作进行研究，解释了信息和通信技术丰富的大型大学和图书馆采用社区信息学方法，有助于完成社会各部门的信息革命，从而通过与基层合作提高社会的知

---

[1] Debora I. Burin, Juan P. Barreyro and Gastón Saux, et al., "Navigation and Comprehension of Digital Expository Texts: Hypertext Structure, Previous Domain Knowledge, and Working Memory Capacity", *Electroinc Journal of Research in Educational Psychology*, Vol. 13, No. 3, December 2015, p. 530.

[2] Roberto Arnau Roselló, "Why Remember? Representations of the Past in Non-Fiction Films: Fabrication, Re-Construction and Interpretation of the Collective Memory (s)", *Studies in Documentary Film*, Vol. 16, No. 1, 2022, pp. 55-67.

[3] Mary M. Somerville and Dana EchoHawk, "Recuerdos Hablados/Memories Spoken: Toward the Co-Creation of Digital Knowledge with Community Significance", *Library Trends*, Vol. 59, No. 4, Spring 2011, p. 650.

识水平①。Daniel H. Mutibwa 讨论了在文化或集体记忆的构建、解释、表现、流通和保存中，档案和表演之间的相互作用如何影响数字遗产资源的使用，以期激活社区和地区特征。通过对两个英国遗产项目的案例研究，探讨了上述相互作用是如何促成与鼓励人们对意义和记忆的不同做法的，并提出当地的、另类的、自下而上地讲述和重现过去的方法不仅对旨在挑战主导的、霸权主义的、制度性的叙述和过去版本的社会政治层面产生效用，也是一种理解、代表、记忆和重现有意义的过去的令人耳目一新的方式②。Mykola Makhortykh 等则使用主题建模来分析俄罗斯博客平台 LiveJournal 上与苏联战胜纳粹 70 周年相关的纪念话语的大量互动数据，考察了自乌克兰危机开始以来俄罗斯媒体和记忆系统所经历的变化③。

此外，还有诸多针对数字记忆的项目经验研究。Antonella Fresa、Börje Justrell 和 Claudio Prandoni 针对记忆机构所面临的电子文件及媒体内容信息转移时的质量标准问题，深入阐释了 PREFORMA 项目的研究，重点关注其标准实施质量的关键因素，以及围绕一系列实用工具，各种利益相关者团体如何共同建立一个长期可持续的生态系统④。Toong Tjiek Liauw 讲述了印尼佩特拉基督教大学图书馆发起的"泗水记忆"社区外展计划，该计划重点在于保护泗水市的历史和文化遗产，尤其强调

---

① Sandra McWorter Marsh, Kate Williams and Hui Yan, "Community Digitization, Digital Literacy, Cultural Heritage, and Community Memory: The Chinese American Museum of Chicago Community Informatics Researchers in Partnership with the Community", paper delivered to the 5th International Conference on Cooperation and Promotion of Information Resources in Science and Technology, sponsored by the Institute of Scientific and Technical Information of China, Beijing, November 27, 2010.

② Daniel H. Mutibwa, "Memory, Storytelling and the Digital Archive: Revitalising Community and Regional Identities in the Virtual Age", *International Journal of Media and Cultural Politics*, Vol. 12, No. 1, March 2016, p. 7 – 26.

③ Mykola Makhortykh, Yehor Lyebyedyev and Daniel Kravtsov, "Past Is Another Resource: Remembering the 70th Anniversary of the Victory Day on LiveJournal", *Nationalities Papers*, Vol. 49, No. 2, March 2021, p. 375.

④ Antonella Fresa, Börje Justrell and Claudio Prandoni, "Digital Curation and Quality Standards for Memory Institutions: PREFORMA Research Project", *Archival Science*, Vol. 15, No. 2, March 2015, p. 191.

利用相关遗产材料的数字资源以吸引用户社区和外部社区[①]。Livio Sansone 主要介绍了非洲和非裔巴西人记忆数字博物馆，并指出数字博物馆对非洲艺术、文化的知识和记忆具有更广泛的重要性：一方面，它涉及非洲在其自身散居地的重新发现或重塑；另一方面，通过与非洲多方机构的合作计划，为非洲及其他全球南方国家建立数字遗产[②]。Elisa Beshero-Bondar 和 Elizabeth Raisanen 研究了数字转向对女权主义者的深刻影响，并将数字米特福德项目定位为继奥兰多项目和女性作家项目对女性作家的大规模调查之后的下一个发掘阶段，同时论文以米特福德的文学和社会网络为中心，展示了对一位女性作家的挖掘如何有助于为文学史学家开辟新的研究领域[③]。Laura Tull 研究了大辛辛那提记忆工程项目，该项目的目标是通过万维网访问大辛辛那提地区的当地历史资料。作者初步重点讨论了 1940 年以前与当地地标和事件有关的照片和明信片，研究的最终目的是为不同机构之间合作组织项目提供建议，以指导其有效地利用资源，以及提供首次数字影像项目所必须解决的问题纲要[④]。Jinying Li 讲述了中国纪录片集体民间记忆项目，该项目主要组织年轻的电影制作人回到家乡采访长辈，挖掘他们在 1959—1961 年这三年毁灭性的中国大饥荒中的记忆。该项目通过数字格式的集体电影制作产生了一种参与性表演，在电影制作过程和拍摄主题中表现出自我反思的表演性而非透明的真实性，正是这种表演性在过去和现在、个人和集体之间起着中介作用，展示了数字制作对拍摄主题的深刻影响及其社会政治含义[⑤]。

[①] Toong Tjiek Liauw (Aditya Nugraha), "Leadership Role of an Academic Library in Community Outreach: Surabaya Memory Project", *Advances in Librarianship*, Vol. 38 (July 2014), https://doi.org/10.1108/S0065-283020140000038004.

[②] Livio Sansone, "The Dilemmas of Digital Patrimonialization: The Digital Museum of African and Afro-Brazilian Memory", *History in Africa*, Vol. 40, No. 1, October 2013, p. 258.

[③] Elisa Beshero-Bondar and Elizabeth Raisanen, "Recovering from Collective Memory Loss: The Digital Mitford's Feminist Project", *Women's History Review*, Vol. 26, No. 5, August 2017, p. 738.

[④] Laura Tull, "Cooperative Digital Imaging Projects: The Greater Cincinnati Memory Project", *The Electronic Library*, Vol. 20, No. 1, February 2002, p. 43.

[⑤] Jinying Li, "Memory Resurrected in HD: Collective Digital Video Filmmaking as Production of Counterhistory in the Folk Memory Project", *Camera Obscura: Feminism, Culture, and Media Studies*, Vol. 31, No. 1 (91), May 2016, p. 175.

(二) 数字记忆视域下的集中研究成果

通过 Google 学术、百度学术等进一步的文献检索和文献细读发现，"数字记忆"其实尚未形成专门性、系统性的研究，且概念还不清晰和明确，但"数字记忆"一词的确时常出现在各种题名或表述之中。例如《美国档案与记录管理局的数字记忆保存》(*Preserving Digital Memory at the National Archives and Records Administration of the U.S.*) 中的"数字记忆"主要讨论的是美国国家档案和记录管理局（NARA）的电子政务档案资源的数字保存问题[①]；国家数字保存联盟 NCDD（National Coalition on Digital Preservation）的第一项任务是对科学、公共媒体、文化遗产部门和政府的数字保存情况进行全国性的扫描，其研究刊物即命名为《我们的数字记忆的未来》(*A Future for our Digital Memory*)；Livio Sansone 在《非洲脆弱的遗产和数字记忆》(*Fragile Heritage and Digital Memory in Africa*) 一文中主要论述的是关于非洲文化遗产的记忆问题[②]。可见，大量关于记忆的表述已经触及媒介或档案数字化的进程，形成了"数字化的记忆"这一研究视域，而在这一视域之下的相关研究成果已经较为丰富，集中体现在 2012 年联合国教科文组织在温哥华召开的主题为"数字时代的世界记忆：数字化与保存"国际会议所形成的一系列论文中。

《数字时代的世界记忆：数字化与保存》探讨了在数字时代如何保护世界记忆这一重大议题，重点论及数字文献遗产的永久获取性问题。论文集共收录了131篇论文，所涉"记忆"含义较为广泛，涵盖了不同层面、不同类型的数字遗产资源，从研究对象上来划分，大致可以分为两类，一类是基于现实遗产的记忆保存，另一类是基于网络遗产的记忆保存，但两者并非决然分开，而是时有交叉。

在现实遗产的记忆保存方面，既包括现实社会实体资源向数字化的

[①] Kenneth Thibodeau, "Preserving Digital Memory at the National Archives and Records Administration of the U.S.", paper delivered to the Second National Conference on Archives, sponsored by the Workshop on Conservation of Digital Memories, Bologna, Italy, November 20, 2009.

[②] Paolo Bertella Farnetti and Cecilia Dau Novelli, eds., *Images of Colonialism and Decolonisation in the Italian Media*, Cambridge: Cambridge Scholars Publishing, 2017, p. 8.

转换，也包括原生数字资源的保存。Mitra Samiee 和 Saeed Rezaei Sharifabadi 探讨了伊朗图书馆的"国家数字记忆"保存项目构建范例，提出数字保存包括安全存储和永久访问两个步骤。一方面，为了确保数字对象的安全保存，需要一个专门用于长期维护的数字档案，既保存位流，其格式和元数据又被注册以确保描述和检索；另一方面，数字存储介质是脆弱的，需要制定一个精确的程序来备份和更新软件、硬件和新的信息载体，还应考虑并制定诸如迁移、转换、规范化和仿真等策略以确保这种永久性的访问①。Ravi Katikala 等探讨了如何帮助厄瓜多尔东部的土著印第安人在互联网上保存他们的数字遗产与文化，以指导土著社区走向数字自决，使土著人独立地利用科技手段保存、分享他们的记忆。其中讨论了诸如数字自主、专有文件格式、托管给云服务提供商的材料控制、国际数据导入/导出、内容所有权/许可及知识产权等问题。作者提出"档案系统的价值就在于输入数据的价值"，但由于相互竞争的经济和法律力量可能对内容、数字化、所有权和允许使用产生不利影响，数据会面临一系列风险，为了解决这一问题，应通过保护存档的医疗数据、隐私和宪法权利，鼓励土著村庄从医疗旅游中分享他们的文化遗产②。Adam Rabinowitz 等探讨了考古研究领域对日益数字化的文献资料和长期馆藏数字文件的依赖性，认为由于考古调查是破坏性的，因此挖掘记录提供了背景关系的唯一证据来源，同时也揭示了数字考古记录受到技术变革、设备故障，以及元数据不足等的威胁，并对古典考古学研究所和得克萨斯高级计算中心的合作实践进行经验总结，以提供确保数字考古记录长期保存和可访问性的策略③。Ivan Chew 和 Haliza Jailan 介绍了新加坡记忆项目（SMP）旨在收集、保存和提供新加坡的知识材料，以讲述新加坡的故事。探讨了其在面对多元化机构收集记忆资源时所遇到的方法、问题和挑战，详细论述了通过"在线社区"等群体以

---

① Luciana Duranti and Elizabeth Shaffer, eds., *The Memory of the World in the Digital Age: Digitization and Preservation*, Vancouver: UNESCO, 2013, pp. 1392 – 1394.

② Luciana Duranti and Elizabeth Shaffer, eds., *The Memory of the World in the Digital Age: Digitization and Preservation*, Vancouver: UNESCO, 2013, pp. 190 – 205.

③ Luciana Duranti and Elizabeth Shaffer, eds., *The Memory of the World in the Digital Age: Digitization and Preservation*, Vancouver: UNESCO, 2013, pp. 941 – 954.

"众包"形式收集记忆和形塑内容的方法,以及社交媒体尤其是Facebook、Twitter和Blog是如何从最初的项目参与平台成为收集网上记忆的补充性扩展,又是如何给数字保存带来挑战的[1]。值得一提的是,这一案例中社交媒体功能性的转化实际上已经模糊了现实记忆资源和网络记忆资源之间的界限,并将线上和线下活动统一起来。

在网络数字资源的记忆层面,Kenneth Thibodeau针对网页的数字保存提出了数字记忆所面临的艰难挑战,一方面数字信息不同于记录在石头、泥板、纸或其他"硬拷贝"介质上的信息,数字记忆具有多态性,包括物理介质的易变性、数字对象边界的不确定、存储内容与呈现内容关系的复杂性、数据对象利用的处理性需求,这要求数字记忆不仅是保存数据对象,还应当有正确和恰当处理数据的能力;另一方面数字信息还处于一个持续变化、开放多维的语境中,保存数据的难度与复杂性会随着信息通信技术的发展而不断增强,这都需要探索多面和动态的数字保存方法[2]。Liu Hua等以Web InfoMall和WICP网络存档项目为例分析了中文网络资源的体系结构。研究表明,中文网页、网站以及域名的分布与全球互联网都遵循近似相同的规律,同时也有其自身的特点,并且在内容收集、长期保存格式及实现等方面已经取得了实质性进展[3]。Matt Holden对法国国家视听研究所(Ina)与法国国家图书馆(BnF)的定期存档工作进行了研究,探讨了如何使用仿真/迁移技术来帮助保留过时的格式,希望能够阐明网页存档可能面临的最大风险,以及如何有助于制定和优先考虑长期保存的策略[4]。

二 国内研究综述

对国内研究成果的梳理主要以中国知网、万方、维普为检索平台,

---

[1] Luciana Duranti and Elizabeth Shaffer, eds., *The Memory of the World in the Digital Age: Digitization and Preservation*, Vancouver: UNESCO, 2013, pp. 354-365.

[2] Luciana Duranti and Elizabeth Shaffer, eds., *The Memory of the World in the Digital Age: Digitization and Preservation*, Vancouver: UNESCO, 2013, pp. 15-23.

[3] Luciana Duranti and Elizabeth Shaffer, eds., *The Memory of the World in the Digital Age: Digitization and Preservation*, Vancouver: UNESCO, 2013, pp. 765-774.

[4] Luciana Duranti and Elizabeth Shaffer, eds., *The Memory of the World in the Digital Age: Digitization and Preservation*, Vancouver: UNESCO, 2013, pp. 783-795.

以"TI = 数字记忆 and SU = 荆楚文化"为检索式，截至 2023 年 7 月 15 日，尚未检索到与这一主题直接相关的中文研究成果。为支撑"荆楚文化数字记忆建构与传播"的研究，将这一研究主题细分为"数字记忆建构研究""数字媒介记忆研究""荆楚记忆研究"三个方面，对所获得的相关研究成果进行了分析和总结。其中，"数字记忆建构研究"是从建构论视角对数字记忆进行研究的普适性理论成果，为本书研究提供了直接的理论依据；"数字媒介记忆研究"围绕传播学视域中的数字媒介记忆特征和数字媒介记忆研究的特定主题，为荆楚数字记忆研究提供传播学的理论背景分析；"荆楚记忆研究"明确了以荆楚为记忆对象的研究范畴，从多层级视角、多主题透视荆楚记忆相关研究，有助于全面深入理解荆楚文化数字记忆建构问题。

（一）数字记忆建构研究

经过文献研究发现，"数字记忆"的表述常出现在项目式的构建之中，且"建构"一词在不同场合多与"构建"混合使用，尽管两词在具体语境的使用上存在差异，但在语义上确有相似性，且不排除研究者在语词运用上出现含混与模糊的可能性，故文献检索采用了"TI 数字记忆 or 数字记忆工程 or 数字记忆项目 and SU = 建构 or 构建"的检索式，收集到的文献主要涵盖了数字记忆建构的理论、数字记忆建构的方法、数字记忆项目建设三个方面的研究成果。

1. 数字记忆建构的理论研究

相较于世界范围内各种数字记忆工程成果的涌现，关于数字记忆建构的理论研究显得较为滞后，还缺乏对数字记忆的宏观性、整体性、系统性认知，"概念化、体系化程度均显不足"[①]，大部分研究更倾向于对记忆实践项目自下而上地经验梳理与总结，对其进行概念阐释、模型提取，却不太重视自上而下的理论构建。同时，数字记忆又是一个集纳了不同领域专业知识的记忆建构场所，不同学科从各自专业视角参与了对数字记忆及其建构的研究，目前研究视角主要着眼于数字记忆与本学科之间的关系问题，如社会学、传播学侧重于分析网络新媒体环境下，数

---

① 冯惠玲：《数字记忆：文化记忆的数字宫殿》，《中国图书馆学报》2020 年第 3 期。

字化如何影响社会记忆的形态以及社会的变迁，也有一些学科正在逐步深入到数字记忆的本体研究中，如档案学视域下的数字记忆研究正在从以数字记忆项目为中心、以数字档案资源建设为重点的"档案资源型"转向以基础理论、发展导向等为主的"理论阐释型"①。总体研究深度上的局限性导致对数字记忆的概念本身缺乏明确的界定，关于数字记忆建构的理论性研究更为缺乏。

以"TI=数字记忆建构"为检索式，检索到最新文献《参与·网络·仓储：记忆实践路径下的数字记忆建构》，该论文具体阐释了数字记忆建构主客体及其关系的变化，以及如何经由中介弥合建立统一的数字记忆建构体系，指出主体层面可在"参与传播"语境下进行数字记忆共建，客体层面可通过"数字化迁移"与"网络化连接"实现数字记忆再生产，中介层面可借助"数字人文仓储"构建全新记忆平台②。最早从理论上对数字记忆建构进行较为系统梳理的《数字记忆建构：缘起、理论与方法》一文，在分析数字记忆建构的逻辑起点和现实起点的基础上，指出数字记忆具有建构的基本特征，在记忆建构主体层面呈现出面向数字遗产、数字知识、数字人文的建构观，并从宏观视野层面提出主体逻辑、数据逻辑、技术逻辑的建构维度③。从档案学视域对数字记忆研究脉络进行总结的《档案学视域下的数字记忆研究：历史脉络、研究取向与发展进路》一文，指出数字记忆研究取向具体表现为记忆构建的阐释取向、基于档案管理的资源取向、记忆功用的知识取向和学科发展的融合取向，文章虽未深入对数字记忆建构本身进行研究，但强调了应转变资源取向的研究重点、强化知识取向的深层意义、注重阐释取向的可延展性和理顺融合取向的概念问题这四个数字记忆研究的发展进路④。

---

① 张斌、李星玥、杨千：《档案学视域下的数字记忆研究：历史脉络、研究取向与发展进路》，《档案学研究》2023年第1期。
② 刘晗：《参与·网络·仓储：记忆实践路径下的数字记忆建构》，《新闻与传播评论》2023年第4期。
③ 周耀林、刘晗：《数字记忆建构：缘起、理论与方法》，《山东社会科学》2020年第8期。
④ 张斌、李星玥、杨千：《档案学视域下的数字记忆研究：历史脉络、研究取向与发展进路》，《档案学研究》2023年第1期。

此外，《基于数字记忆保存的网络信息存档实践进展研究及启示》一文则针对网络信息存档明确提出基于国家、机构、社群、个人四个层面的数字记忆建构目标①。

2. 数字记忆建构的方法研究

方法层面的数字记忆建构研究包括如何以数字化方法建构社会记忆以及如何构建数字形态记忆两种不同的视角。前者更偏向于抽象层面的记忆建构方法，例如在数字人文理论视角的参照之下，探讨数字记忆的内涵、架构和方法论特征，辨析两者在基本面上的重合表现，以及现实情境中的部分不重合，由此提出两者同向推进的具体路径②；或从参与者角度考察数字记忆建构主体及其相互关系与组织形式，形成适合中国国情的参与式共建模式③。后者着重于从应用角度阐释数字记忆这一具体形态的构建问题，如从需求、结构与路径三个层面考察元典数字记忆形态的构建问题，并基于其基本形态结构生发出多重构建路径④；从人本主义视角提出构建"人—记忆—技术"三位一体的数字记忆理论框架并探讨其演化趋势⑤；从档案化保护的视角探讨传统村落数字记忆建构路径⑥；在对哥伦比亚特区公共图书馆（DCPL）的记忆实验室项目进行个案研究的基础上，总结出对我国有借鉴作用的图书馆参与个人数字记忆保存的经验⑦；总结图书馆数字记忆建构的理论与实践经验，并在其功能定位的基础上提出进行社会化建构的关键路径⑧；针对当前西南民族地区红色档案开发存在聚

---

① 周文泓等：《基于数字记忆保存的网络信息存档实践进展研究及启示》，《情报理论与实践》2020年第7期。

② 冯惠玲：《数字人文视角下的数字记忆——兼议数字记忆的方法特点》，《数字人文研究》2021年第1期。

③ 刘晗、周耀林：《参与式共建：少数民族数字记忆建构模式及实现策略》，《档案学研究》2022年第3期。

④ 刘晗、姬荣伟：《中国文化元典的数字记忆形态构建：需求、结构与路径》，《档案学研究》2023年第3期。

⑤ 姜婷婷、傅诗婷：《人本视角下的数字记忆："人—记忆—技术"三位一体理论框架构建与启示》，《中国图书馆学报》2022年第5期。

⑥ 马林青：《基于档案化保护的传统村落数字记忆建构：内涵、路径与案例应用》，《档案与建设》2023年第5期。

⑦ 周文泓、代林序、郭玉祥：《图书馆参与个人数字记忆保存的策略研究——以哥伦比亚特区公共图书馆的记忆实验室项目为例》，《图书馆建设》2023年第5期。

⑧ 周文泓等：《国外图书馆主导的数字记忆社会化建构进展：定位、路径与策略》，《图书情报知识》2022年第2期。

合度不高、特征不鲜明、缺乏情感交互等问题，提出具体的开发原则与开发策略①。

3. 数字记忆项目建设研究

资源建设是"中国记忆工程"的基础性工作②，与数字记忆项目相关的文献结果也多与数字资源建设有关。其中"建设"是这一类文献的关键词，而"建构"与"构建"出现较少。由此可以看出，"建构"一般具有特定的语境，对应于较为抽象的事物，"构建"更适用于一个具体的对象，"建设"则指涉的是构建过程中更为具体的行为。此外，数字记忆项目的研究主要集中在具体经验总结或项目建设的层面，还缺少对数字记忆项目与社会记忆建构之间深层逻辑关系的系统论证。

相关文献主要探讨了与各种类型记忆项目有关的数字资源的建设问题，最新研究成果大体上包括国家记忆、城市记忆、高校记忆、灾难记忆等类型。在国家记忆方面，"讲好中国故事"这一价值导向被着重提出，国家传播中的数字记忆项目要做好跨语境的传播内容与渠道设计，打造适合国际认知特征的沉浸式叙事文本③。在城市记忆方面，有在对浙江历史文化记忆工程现存问题进行剖析的基础上，提出汲取区域现有记忆资源、推动多元主体融创发展、开拓资源创新利用体系的路径研究④；也有在数字人文与智慧数据双重视角之下，探讨构建双奥数字记忆多重证据参照体系等的策略研究⑤。在高校记忆方面，或针对重庆大学数字记忆项目方案设计提出数字记忆建设六大策略的经验总结⑥，或指出高校记忆信息资源建设实质就是资源建设的数字化过程，它既包括

---

① 郑慧、韦兆焯、王清楠：《数字记忆视角下西南民族地区红色档案开发策略研究》，《北京档案》2022年第3期。

② 徐拥军：《建设"中国记忆"数字资源库的构想》，《档案学通讯》2012年第3期。

③ 隗辉、于凤静：《突破、挑战、对策：数字记忆工程的中国故事叙事研究》，《新闻爱好者》2023年第4期。

④ 付靖宜、程慧平：《数字人文视域下社会记忆资源深度开发路径探究——以浙江历史文化记忆工程为例》，《浙江档案》2021年第12期。

⑤ 黑浩源、裘鹏：《数字人文与智慧数据视角下的北京双奥社会记忆构建研究》，《情报科学》2022年第9期。

⑥ 刘芳兵、夏翠娟、杨新涯：《高校数字记忆项目建设策略研究——以重庆大学数字记忆项目方案设计为例》，《图书情报工作》2022年第18期。

对现行记忆信息资源建设，也包括对历史记忆信息资源的建设①。在灾难记忆方面，对我国首个南京大屠杀死难者国家公祭日数字记忆实践的考察，展现了公祭日期间"捐砖""和平树"和"紫金草"三项互动式线上纪念活动是如何开展的，由此呈现出一个线上公祭空间的特色资源构建过程②，但这只是个案研究并不具有普遍性，而关于日本震灾数字档案参与灾难记忆构建的经验则启示我国应加快灾难记忆体系构建进程③。

（二）数字媒介记忆研究

在数字记忆的形成过程中，不同学科都参与到数字记忆及其建构与传播的研究中来。传播学领域最初对记忆的研究，突破了早期集体记忆研究将"媒介"与"集体记忆"视为相互独立范畴的局限性，而将媒介作为集体记忆形成的重要机制，呈现出"叙事—话语"的建构主义分析路径和"媒介—技术"的技术分析路径。随着数字传播技术对人类记忆方式的深刻改变，媒介记忆研究也发生着实践转向，即将媒介的新闻生产视为一种记忆实践，突出数字背景下媒介的生产与消费、受众分析、意识形态以及形塑公共记忆的动态过程等社会结构层面的因素考察④。数字时代的媒介记忆相关研究拓展了数字记忆的丰富内涵与研究广度。

1. 数字技术路径下的媒介记忆特征

媒介记忆不仅是媒介与记忆交叉融合而成的研究领域，而且涉及多门学科领域的知识，因而学界关于媒介记忆的研究较为宽泛和驳杂。随着数字技术和社交媒体的广泛应用，新媒介所推动的各种记忆实践现象也引发了越来越多的关注，涌现出丰富而多元的媒介记忆研究主题。通过关键词的共现分析，可以概括出以下几大研究热点：媒介记忆的功能研究；媒介对历史记忆与社会记忆的塑造策略研究；探索与时俱进的媒

---

① 周群芳：《高校记忆工程框架体系构建与实施研究》，《浙江档案》2016年第1期。
② 李红涛、黄顺铭：《一个线上公祭空间的生成——南京大屠杀纪念与数字记忆的个案考察》，《新闻与传播研究》2017年第1期。
③ 徐彤阳、顾婷婷：《日本震灾数字档案参与灾难记忆构建的研究及启示》，《档案学通讯》2022年第1期。
④ 陈振华：《集体记忆研究的传播学取向》，《国际新闻界》2016年第4期。

介技术为记忆带来的新的可能性①。

在数字技术路径下的媒介记忆研究，常借鉴媒介生态学理论，重形式轻内容，关注新媒介技术对记忆模式的影响，数字记忆就是其中最具代表性的研究方向，包括数字时代的记忆生产与传播、数字时代的遗忘与记忆危机，以及记忆数据的争夺与协商等②。区别于传统媒介对媒介记忆的掌控，数字时代的网络及社交媒体为公众提供了全然不同的记忆空间，网民得以自由书写、记录与获取社会记忆，它带来了媒介与日常生活的深度融合，却隐性为一种物的"不可见"（无处不在）感知③。

从技术的角度来看，新媒体技术带来的数字记忆有着鲜明的时代特征。例如，搜索引擎这一记忆术正在成为对集体记忆的宰制，而新媒介技术构建了多元记忆交汇的话语阐释社群，数字时代的记忆场则具有跨媒体性、传播速度、扩散广度、载体形式、多重价值和信息黏度六个总体性动力特征④；又如，数字视听媒介具有记忆的可协作性、记忆的流动性、记忆的工业化属性⑤等特征；此外，数字时代媒介记忆的新特征也表现为个体化倾向与"假肢记忆"⑥。这些变化都加速并扩张了媒介记忆的边界与影响范围。

2. 数字媒介记忆研究的特定主题聚焦

数字转型背景之下，我国媒介记忆相关研究更立足本土文化建构，并逐步朝纵深发展，在一种全球化的视野之下聚焦媒介记忆研究的相关特定主题。

---

① 邵鹏、张晓蝶、张馨元：《聚焦数字与遗忘：海外媒介记忆研究的图景与路径》，《未来传播》2023年第2期。

② 陈呈、何志武：《从媒介学再出发：媒介记忆理论新取径》，《编辑之友》2023年第5期。

③ 钟祥铭等：《数据崛起和智能时代的全景扫描——2022年中国新媒体研究综述》，《传媒观察》2023年第2期。

④ 潘晓婷、陈莹：《记忆实践：传播学视域下集体记忆研究的路径转向》，《新闻界》2021年第7期。

⑤ 曾一果、凡婷婷：《数字时代的媒介记忆：视听装置系统与新记忆之场》，《现代传播》（中国传媒大学学报）2023年第1期。

⑥ 吴世文、杜莉华、罗一凡：《数字时代的媒介记忆：转向与挑战》，《青年记者》2021年第10期。

一是聚焦实践转向下的记忆主客体关系研究。传播学视域下的记忆实践研究关注媒介实践的理论与现实探讨，从行动者、制度、社会、文化和历史等多重维度丰富集体记忆研究的路径①。从这些实践视角的路径取向中，可对蓬勃发展的数字记忆实践进行分析重构，从数字记忆主体层面探讨建构主体的相互关系与组织形式，从数字记忆的客体层面探索其对象世界及网络化的再生产路径，从记忆中介层面考察连接记忆主客体的媒介平台及其构建路径，从而经由数字记忆的实践，搭建起反映数字化生存特征的记忆运行机制②。

二是聚焦媒介学研究取径的记忆作用机制研究。媒介记忆理论的新取径是基于媒介学的研究方法将媒介视为"技术—文化"的二元整体，以实践取向的过程性视角将媒介内容与媒介形式同步纳入记忆作用机制的分析框架中，同时，基于互动性的物质性内涵来理解媒介形式对记忆机制的影响，进一步补充完善媒介形式作用于记忆实践的具体方式③。在数字媒介技术背景下，媒介形式因技术结构的更迭会改变记忆内容的呈现方式，进而形塑人们对记忆对象的认知；与此同时，记忆主体也会依据记忆对象和文本内容，选择新的媒介形式进行记忆生产和传播，从而对记忆实践产生影响。

三是聚焦网络媒介语境中的个体微光记忆研究。记忆的微光处于记忆与遗忘之间，且偏向遗忘的那一端④。在网络媒介的记忆场景中，个体作为网络节点的身份被记忆凸显出来，尤其是经由社交媒体的节点而勾连的记忆，不再是自上而下的权力下放，而是网络大众被媒介赋权的结果⑤，因之"记忆的微光"也就汇集起普通群体的声音与力量。网络

---

① 潘晓婷、陈莹：《记忆实践：传播学视域下集体记忆研究的路径转向》，《新闻界》2021年第7期。
② 刘晗：《参与·网络·仓储：记忆实践路径下的数字记忆建构》，《新闻与传播评论》2023年第4期。
③ 陈呈、何志武：《从媒介学再出发：媒介记忆理论新取径》，《编辑之友》2023年第5期。
④ 刘亚秋：《记忆的微光的社会学分析——兼评阿莱达·阿斯曼的文化记忆理论》，《社会发展研究》2017年第4期。
⑤ 郭小立：《意义、符号与价值：兼论数字技术观与媒介记忆逻辑》，《东南传播》2022年第9期。

媒介将"记忆的微光"聚合起来,让不同时空、代际和身份的记忆主体在新媒介空间中自发地汇聚,连通了集体记忆的建构性和个体记忆的自主性,弥合了二者之间的断裂①。由此,网络媒介记忆的个体性书写通过记忆的留存,强化了记忆微光的可见性,传达了日常存在的丰满感;而网络媒介记忆的公共性记忆书写通过吸引个体卷入,也不断深化了公共性内涵和公共性观照的范围②。

(三) 荆楚记忆研究

荆楚是长江流域的代表和华夏文明的重要分支,不仅占有得天独厚的地理优势和汇通南北的交通便利,且"师夷夏之长技而力求创新",不仅火耕水耨、筑陂灌田孕育出世界上最早的水稻种植技术,得扬越和华夏青铜冶铸技术而自成一家③,拥有并世无匹的漆木器制造工艺,还造就了闻名中外的老庄哲学、楚辞歌赋,诞生了"辞赋之祖"屈原、"问鼎中原"的政治家楚庄王等杰出人物,这些文明成果及所形成的独具特色的文化形态,通过时间的积淀成为荆楚人民代代相传的集体记忆,它对形成荆楚地域的社群认同、族别认同,乃至族群认同都有着重要作用。集体记忆与身份认同之间的关系已日渐明晰,相对于血缘关系、地缘关系等"历史事实",是否拥有共同的集体记忆是更能形成族群以及族群凝聚的因素④。基于对这一观点重要性的认知,不同学科从不同的层级视角对荆楚记忆进行了多元化的研究。

1. 多层级视角下的荆楚记忆研究

由于荆楚地域本身是一个包容广泛的地理概念,它既包括族群⑤意义上的作为整体而生活在荆楚大地上的民族集合体,也可以指具体的某

---

① 李红涛、杨蕊馨:《把个人带回来:数字媒介、社会实践与记忆研究的想象力》,《新闻与写作》2022年第2期。

② 谢进川:《网络媒介记忆书写在国家治理体系中的价值与效应》,《中国新闻传播研究》2020年第5期。

③ 张正明:《楚文化史》,周谷城主编《中国文化史丛书》,上海人民出版社1987年版,第41—64页。

④ 张媛:《凝聚共识:集体记忆的媒介建构与少数民族身份认同》,《内蒙古电大学刊》2015年第3期。

⑤ 族群在民族学中指地理上靠近、语言上相近、血统同源、文化同源的一些民族的集合体,也称族团。

一荆楚民族族别，还可以指荆楚范畴内聚居的地理或文化社群，因此可区分为基于整体族群、基于部分族别、基于具体社群的多层级研究视角。

在宏观层面的荆楚族群记忆研究方面，研究者们对荆楚文化特质与媒介记忆中的特色荆楚文化进行了深入的阐释。例如，对荆楚文化的精神特质进行抽象提炼，概括为和合、人本、爱国、创业、奋斗、诚信六个层面，并将其置于当下现实背景之下，剖析荆楚文化的时代价值，进一步结合当前长江国家文化公园建设规划，探索如何实现荆楚文化的保护利用①；将荆楚文化视为中国古代南方文化的代表，将其基本精神和特点概括为"开放性、兼容性、进取精神（含艰苦创业、自主创新、爱国兴国等具体精神），以及浪漫主义特色和多元的价值取向等"②。

在中观层面的荆楚族别记忆研究方面，由于土家族聚居所形成的清江巴土少数民族文化是荆楚文化的特色，所以研究多集中于对土家族记忆的历史与现实问题的考察。例如，以土家族撒叶儿嗬、哭嫁为例，阐释对于缺少文字的民族而言，"躯体化"是形成民族记忆的重要方式③；以酉水流域的土家族始祖信仰为中心进行考察，对作为其集体记忆的八部大王传说予以分析，并总结梳理土家族祖源记忆的流变与重构，由此对记忆与历史叙事之间的关系进行生动解读④；以土家族女性形象为切入视角，对生动具体的女性身体实践样本进行深入考察，并探讨其中的文化隐喻⑤；在对土家族铭刻古籍现状进行梳理的基础上，从文化记忆的角度对其空间性、符号性、实践性等文化表达进行分析，并探讨记忆

---

① 徐梦瑶、韩美群：《论荆楚文化的精神特质、时代价值及其保护利用》，《决策与信息》2023年第3期。
② 罗运环：《论荆楚文化的基本精神及其特点》，《武汉大学学报》（人文科学版）2003年第2期。
③ 张澜：《论民族记忆"躯体化"的表征——以土家族撒叶儿嗬、哭嫁为例》，《文化创新比较研究》2022年第16期。
④ 徐媛：《八部大王传说与祖先记忆——以酉水流域土家族始祖信仰为中心的考察》，《湖北民族大学学报》（哲学社会科学版）2020年第2期。
⑤ 胡觅：《土家族女性的口传形象、身体记忆与文化隐喻——以鄂西长阳县为例》，《原生态民族文化学刊》2019年第2期。

编码在这一文化记忆过程之中呈现的内在逻辑关联①。

在微观层面的荆楚社群记忆研究方面,有从城市符号到社区记忆要素再到微信公众号内容考察的研究,也有对文旅特色资源所凝聚的文化共同体现象的关注。例如,借由"武汉长江大桥"这一物理媒介进行研究,指出对大桥工程的大密度、持续性新闻传播,使得本身作为交通工具的大桥成为城市乃至国家的一种象征性符号,承载起一个城市的重要记忆②;从媒介记忆的视角,探讨荆州方特通过打造这一"东方神话"所具有的媒介记忆特征,深入分析其文化传播的媒介建构过程,以及受众如何形成荆楚文化的记忆共同体③。

2. 多主题透视下的荆楚记忆研究

荆楚记忆涵盖范围广泛,其研究主题分散且多元,涉及荆楚地域的历史、荆楚民俗、荆楚革命与荆楚文学等诸多相互独立却又汇聚于荆楚记忆标识的研究集合体。

从地域历史与地方记忆研究的视角,武汉园博会地方展园成为当代荆楚文化展示的一个典型性研究样本,研究常将其与地方感联系起来,认为它可通过唤起人们的地方感而传递地方记忆、形成地方文化;作为荆楚文化重要发源地的荆江,在长江文化带建设背景下也成为重要的研究对象,春秋战国时期的楚国正是在此创造出灿烂的楚文化,并在文化演进中形成荆楚地域特色文化资源,对这一地理文化资源的挖掘与转化研究就成为关注的焦点。

从民俗文化与活态传承研究的视角,将荆楚特色"非遗"④作为研究对象,有的以荆楚文化的民间艺术、地方戏曲文化等为方向,如对云梦皮影音乐的楚调汉韵特质和民间戏剧活态保护的方法进行研究⑤;也

---

① 王文兵:《土家族铭刻古籍的文化记忆表达及其传播价值》,《湖北民族学院学报》(哲学社会科学版) 2018 年第 5 期。

② 黄骏:《作为媒介的交通设施:武汉长江大桥的国家符号与城市记忆 (1954—2018)》,《新闻界》2019 年第 11 期。

③ 郑晨:《媒介记忆建构:荆州"方特东方神话"的文化想象》,《新闻前哨》2020 年第 9 期。

④ 非物质文化遗产 (Intangible Cultural Heritage) 的简称,与"物质文化遗产"相对,下同。

⑤ 王晶晶:《基于楚调汉韵特质的云梦皮影音乐活态传承探究》,《中国民族博览》2020 年第 18 期。

有的以民间传统手工技艺等为方向，如对荆楚民间绣活及其基本特征进行分析，聚焦绣活技艺传承人并提出特定的要求，包括与普通受众达成价值共识、保持在日常生活中的活态传承、坚守荆楚地域的文化环境、积极调适自身对社会发展变化的认知、勇于创新以适应当代生活，以此更好地实现荆楚民间绣活的当代价值。

从荆楚革命与红色记忆研究的视角，以省政府门户网站系列微纪录片《党史上的荆楚记忆》为例，对融媒体时代政务新媒体如何提升影响力和传播力进行探讨[①]；对武汉红色文化的基本内涵及生成逻辑进行阐释，从文化的物质性、精神性、制度性三个视角对其表现形式进行梳理，并深入探讨其当代价值[②]；在对湖北红色文化的独特性进行阐释的基础上，探讨多元文化背景下湖北红色文化的时代价值，并对其在开发建设过程中存在的资源碎片化、景区同质化、价值商业化、产出低效化等突出问题提出相应的对策[③]。

从荆楚文学与文化记忆研究的视角，文化记忆被认为不仅有群体属性，还有沟通的功能，它往往可以跨越时间的障碍，经受遗忘的考验，达成世代之间的传递与沟通，进而形成群体性的认同感。《唐代巴蜀—襄洛线与文人诗歌创作研究》一文指出，在唐代文人经由任官的宦游、贬谪，私人的游览、归觐等活动，行旅于峡路，知觉其自然风貌与地理空间，并在峡路文化记忆的召唤、辅助下，创作诗歌以记录、感怀，从而建构了唐代峡路的诗性空间。正因为某些私人的经验与前代文人群体层叠积累的诗文传统而形成的记忆，唐人不必亲身访胜，不必亲临峡江，仅基于纯粹的阅读经验与感怀起兴，即可神游虚悬模拟峡路的历史现场和地理空间，使得峡路进入了文本化的状态，形成了与其自然的地理空间若即若离、有所区隔的文学空间。

[①] 张静、黄啸、吴彬彬：《融媒体时代政务新媒体如何提升影响力和传播力——以省政府门户网站系列微纪录片〈党史上的荆楚记忆〉为例》，《新闻前哨》2021年第9期。

[②] 王小亮：《试论武汉红色文化的精神内涵及其当代价值》，《湖北经济学院学报》（人文社会科学版）2020年第3期。

[③] 卢小丽、熊芳：《湖北红色文化的时代价值与传承路径研究》，《湖北省社会主义学院学报》2020年第1期。

三　研究述评

从国内外文献研究情况来看，数字记忆的学术话语已经被广泛应用于具有记忆价值的各类文化遗产和记忆资源的保存中，从时间脉络来看，既有历史文化记忆资源，也有当代文化记忆资源；从空间范畴来看，既有现实空间记忆资源，也有网络空间记忆资源；从资源类型来看，既有原生数字资源，也有非原生数字资源；从资源形态来看，既有可移动遗产资源，也有不可移动遗产资源，既有物质形态记忆资源，也有非物质形态记忆资源。这些不同的记忆资源最终以不同程度的数字化方式得以呈现，它反映了在数字化时代记忆建构的根本性转向。然而，从理论研究来看，数字记忆的专门性研究却尚未形成系统，其内涵和外延也亟待更为清晰地界定。与此同时，荆楚文化作为具有独特记忆资源的地域文化，其数字记忆的建构问题也未引起足够的重视，这不仅不利于拓展数字记忆理论研究的全局视野，也为荆楚记忆研究在数字化时代的失语埋下了隐患。在与"荆楚文化数字记忆建构与传播"直接相关的研究成果不足的情况下，"数字记忆建构研究""数字媒介记忆研究""荆楚记忆研究"的研究成果共同构成了本书的认识基础，为荆楚文化的数字记忆建构与传播问题提供了重要的理论参考。

首先，国内外所形成的关于数字记忆的学术话语可以粗略地概括为以下两种记忆指向：一种指向由计算机信息系统及互联网直接生成的原生数字资源，这符合数字记忆的本初含义；另一种指向非原生数字资源向数字资源的转化，或者称之为"数字化迁移"。这两种指向与各学科的发展及范式的转型有着重要的关联，而电子文件成为一种新的记忆形式，因此社会记忆的建构不可避免地被纳入数字化转型的框架中，通过"搬家"与"再造"两条路径，共同指向新的记忆媒介[①]。但这两种路径能否进行融合，以及如何进行更好的融合，并统一服务于同一记忆项目的建设需要，还需要在理论层面进一步深入探讨、厘清思路，同时找到合理的应用途径。

---

① 冯惠玲：《数字记忆：文化记忆的数字宫殿》，《中国图书馆学报》2020年第3期。

其次，在记忆的数字化建构框架之下，不同学科从各自研究的视野形成了多样化的研究议题，为本书提供了多学科的思想资源。从媒介记忆研究的视角，探索了记忆媒介的变革、媒介叙事与记忆策略之间的关系；从社会记忆、集体记忆研究的视角，阐述了记忆与知识生产、身份认同之间的关系；从档案记忆研究的视角，探讨了档案机构职能转变、档案资源建设转型、档案工作方法创新等与记忆建构之间的关系。总体来看，国外的研究较为清晰地呈现出遗产保护框架之下的记忆诉求，关注记忆与遗产的关联，如世界记忆工程就缘起于对文献遗产的保护，进入数字时代则形成《数字时代的世界记忆工程：数字化与保存》这一遗产保护宣言，但对于记忆与遗产的区别还需要进一步厘清；国内的研究则更集中于探讨记忆的数字化转型，以及这种转型背景下各种记忆工程的开展与实施，对文化记忆的研究则更多停留于哲学、人类学、社会学等理论思辨层面，缺少更为系统的现实性关注。

最后，数字记忆是一个应用性极强的研究领域，形成了世界范围内各种具体对象的数字记忆工程范例，这些实践范例涉及广泛，但却缺少对荆楚文化的关注与记忆建构。国外研究更倾向于对某一具体案例的深入总结，如 Europeana 的构建、土著印第安人的文化遗产记忆实践、非裔巴西人记忆博物馆项目等，为本书提供了应用层面的具体路径参考；国内研究则较倾向于梳理某一类型记忆工程的总体特征，主要集中在国家记忆、城市记忆、高校记忆、灾难记忆等类型，对其资源建设、构建方式、资源形成、框架体系等问题进行总结探讨，所形成的学术思考路径为研究荆楚文化数字记忆建构与传播模式提供了理论借鉴。此外，在各种记忆工程的方法层面值得注意的是，数字人文的研究成果也被广泛地应用于数字记忆的建构之中，两者有时甚至完全融合，不分彼此，从这个层面来说，数字记忆正是与数字人文相交融合，且面向多元学科交汇而形成的一个综合性、跨学科研究领域，它体现了社会人文、新闻传播、档案管理、艺术创新与科技应用等多个领域的交融，深化着数字记忆在全球范围内的广泛开展与实践创新，为人类的记忆实践不断开拓新的方向和路径。

第三节 研究内容及方法

一 研究内容

本书立足于荆楚文化的数字化转型发展要求，从数字记忆建构与传播的视角着手，对如何利用数字化手段唤醒荆楚记忆这一问题进行深度思考。在对荆楚文化保护与传播现状进行全面调查，并追溯荆楚文化记忆的形成历史，以及对其现实状况和转型需求进行深层分析的基础上，提出荆楚文化数字记忆的依存之本、核心价值与现实路径的基本构想，旨在对荆楚文化数字记忆建构及传播过程形成理念化的阐释，并在此基础上探讨其应用框架和行动路径，即从项目管理视角对荆楚文化进行多主体参与共建，从资源构建视角进行荆楚数字记忆再生产，从传播创新视角对荆楚文化进行数字平台传播，从而实现中华文化整体发展视域下的荆楚文化遗产承袭、荆楚知识传统延续、荆楚人文精神传承。因此，对"荆楚文化数字记忆建构与传播"的研究内容进行了如下组织，共分为八个章节。

第一章，绪论。为明确荆楚文化数字记忆建构与传播的现实需求、时代特征，以及开展研究的理论基础、思路架构与创新之处，首先对本书研究的背景与意义进行了阐述，对国内外相关研究现状进行了系统梳理和评述，明确了已有研究成果对本书研究的理论借鉴之处；其次对本书研究对象的基本内容进行整体勾勒，形成研究思路框架图，并对所采用的研究方法进行逐一说明；最后，在概括研究内容的基础上总结提炼了本书研究的创新之处。

第二章，核心概念与理论基础。荆楚文化数字记忆建构与传播的研究是一个全新的课题，为了明确本书研究的理论起点，对记忆建构、荆楚文化记忆、数字记忆、数字记忆建构与传播等核心概念进行了基本的界定，并从文化记忆理论、记忆再生产理论、数字人文理论视角阐释了本书研究开展的理论基础及对研究深入开展的可供借鉴之处。

第三章，现状梳理：荆楚文化的保护与传播调查。这一章立足于遗产保护与新闻传播双重视角，对荆楚文化遗产现状进行调查。其中，文化遗产保护从保护主体、遗产分布、数字资源建设三个方面展开调查，新闻传播调查从媒介组织、主题内容、传播形态等方面进行实证研究，通过分析保护与传播的现状及不足，为后文研究荆楚文化记忆的现实需求提供了合理的依据。

第四章，历史与现实：荆楚记忆建构的历史、重构与再造。本章以调查现状为起点，追溯荆楚记忆形成的历史，在此基础上提出了荆楚文化数字记忆建构与传播的基本构想：对荆楚文化遗产进行数字化保存，对荆楚文化知识进行数字化重构，对荆楚数字人文进行开拓与创新。这是本书研究理论思想的核心，并再次从理论回到实践，结合上文调查现状之不足，针对荆楚记忆的数字化转型需求，提出了项目管理、资源构建、传播创新三重再造路径。

第五章，项目管理：多主体参与共建荆楚文化数字记忆。荆楚数字记忆的建构与传播是一项系统工程，其项目管理既需要官方主体层面的顶层设计、统筹协调、分工协作，又需要民间主体层面的群策群力、广泛动员与积极参与。将"参与"理念运用于荆楚数字记忆项目，既能强化多元主体在记忆建构过程中的协作关系，又能扩大记忆资源开发的主体范围和记忆价值的传播渠道，从而形成宏观层面政府指导、中观层面多元协作、微观层面公众参与的建构格局。为实现"参与"共建这一目标，还需要相应的推进策略予以支撑。

第六章，资源构建：荆楚文化数字记忆的网络化再生产。对荆楚文化的记忆资源进行考察分析，一方面现实世界的实体记忆资源整体呈现数字化迁移趋向，另一方面网络原生数字资源也为荆楚文化的数字记忆提供了更为丰富的数据和更为广阔的内容。因此，再生产是基于网络连接的再生产，既指荆楚文化的数字记忆要依托网络空间建构和传播，又指其记忆资源涵盖来自互联网网页、博客、论坛等信息中与荆楚文化相关的网络原生数字资源，在这一认知基础上，借助记忆再生产理论探讨数字记忆再生产的静态结构形态和动态生产流程，以期从理论和实践层面解决两种记忆资源的统一构建问题。

第七章，传播创新：荆楚文化数字记忆平台的功能构建。在数字人文学科的影响之下，具有"存储、整序、扩散、传播"等多功能的"数字人文仓储"记忆平台是荆楚文化数字记忆传播的理想中介，它不仅能作为承载全面记忆的载体，也能作为大众分享传播的途径，利用仓储平台设计理念，可以帮助荆楚文化实现数字记忆的集成存取、知识融合、智能传播等多重功能。

最后是结语。对"荆楚文化数字记忆建构与传播"的研究内容进行总结归纳，分析研究存在的局限性，并对未来数字记忆可能深入进行的研究进行探讨与展望。

二 研究方法

本书采用的研究方法主要包括文献研究法、调查研究法、历史分析法、民族志研究法和跨学科研究法。

（一）文献研究法

针对"荆楚文化数字记忆建构与传播"这一选题，借助中外文数据库、学术搜索引擎、大学图书馆馆藏资源等渠道，查询与研究选题相关的专业学术论著、期刊会议论文、硕博学位论文、研究咨询报告等文献资源，系统学习和深入了解数字记忆理论与实践、荆楚文化记忆研究、社会记忆的建构等相关研究成果，对现有文献进行分析与整合，为本书研究的开展奠定坚实的理论基础。

（二）调查研究法

对荆楚文化保护与传播的现状进行调查，主要采取网络调查与实地调查相结合的方法。网络调查主要通过互联网、移动社交网络等工具，对相关信息进行收集、记录、整理与分析，并结合重点问题进行在线访谈；实地调查以荆楚地区为对象，对相关官方机构进行重点调查，以实地观察、访问调查等多种方式进行。网络调查法有助于对调查对象进行全面了解，充实调查数据，实地调查法能够获取更为详尽的第一手资料，弥补网络调查中可能遗漏或无法深入的问题。

（三）历史分析法

荆楚记忆的历史源远流长，浸润于中华文化的涵养之中。从历史来看，荆楚文化的记忆起源于原始媒介形态的记忆传递与身体书写，经历

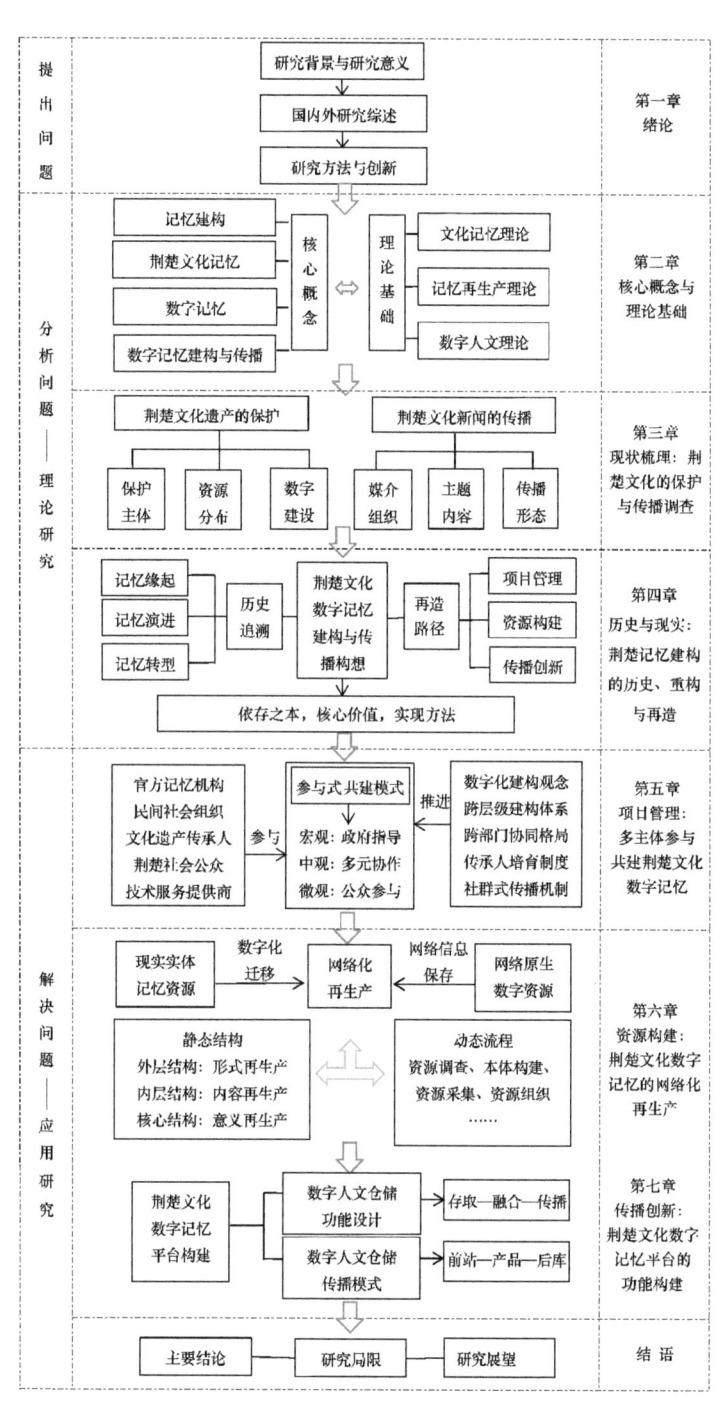

图 1-1 研究思路及内容框架图

了文字刻写的记忆实践与媒介更迭，在新中国文化事业的发展中呈现出逐步稳定的形式，又在21世纪以来的数字化潮流中显示出全面转型的现实趋向。对这一历史进程加以分析，从历史发展的角度揭示出荆楚记忆形成的发展脉络、时代变迁与现实需求，明确数字化背景下对荆楚文化进行数字记忆建构与传播的紧迫性与重要性。

（四）民族志研究法

民族志是深入荆楚文化社群进行文化调查、观察与记录的重要方法。本书以网络民族志为主，通过观察代表性网络社群中所进行的文化记忆实践活动，包括网络论坛、博客、微信公众号、微信朋友圈、B站、抖音和快手小视频，以及相关文化展示、文化交流和文化产品售卖平台等与荆楚文化保护和传播实践相关的信息。这一方法可以更为近距离地接触荆楚文化，避免了他者视角的主观性，从而确保荆楚文化研究的科学性、可行性和有效性。

（五）跨学科研究法

记忆研究有着深厚的跨学科学术资源，除文化相关研究外，传播学、档案学、生理学、心理学、信息学、社会学、历史学等学科都有着记忆研究的思想资源和学术旨趣，形成了各自的研究视野。同时，数字记忆研究的兴起是在社会记忆、文化记忆的数字化转型背景下，多学科跨界融合所形成的新的研究领域，其研究不仅要借助传统记忆研究的学术传统，还要借鉴数字人文这一新兴学科的跨学科研究方法，从多个维度分析和阐释数字记忆建构与传播的相关问题，为本书提供更为多样、更为科学的理论支持和应用工具。

第四节　研究创新

中国文化的形成与发展是相依共存的各民族、各区域文化熔铸、记忆建构的结果。在这一认知背景之下，本书从国家文化发展的视角探讨荆楚文化的数字记忆建构与传播的问题，将其置于中华文化融合发展的整体数字化进程，明确了荆楚文化数字记忆建构的现实背景与时代需求，对其记忆历程和现实状况进行了全面深入的研究，在此基础上形成荆楚文化数字记忆建构与传播的基本构想，并在其实际需求与现实发展的矛盾张力中进一步探求实现其记忆重构与再造的三种现实路径。

其一，针对多记忆来源、多载体形态、多模态信息的荆楚记忆资源特征，提出并形成了荆楚文化数字记忆建构与传播的理论构想。

世界范围内数字记忆在多个领域蓬勃开展，我国城市记忆、乡村记忆、高校记忆等记忆工程也取得了相应成效，但作为我国南方文化重要代表的荆楚文化还缺乏全面、系统、深入的数字记忆建构与传播。现有的荆楚记忆只停留在零星的、片断式的资源建设之中，尚缺乏唤醒大众记忆的传播能量。本书系统梳理了荆楚记忆的形成及演进历程，对其数字化转型的现实趋向进行深入分析，针对多记忆来源、多载体形态、多模态信息的荆楚文化记忆资源特征，首次提出并形成了数字记忆建构与传播的理论构想，并形成项目管理视角下的多主体参与共建荆楚数字记忆、资源构建视角下的荆楚数字记忆的网络化再生产、传播创新视角下的荆楚数字记忆平台的功能构建三种路径，从而将这一过程融入中国文化发展的整体数字化进程。

其二，针对数字化生存所带来的荆楚记忆总体构成的变化，将网络空间文化实践纳入荆楚记忆研究的范畴，为其开拓了更为广阔的理论视域与实践路径。

对记忆资源的选择和提取是数字记忆建构的前提。本书结合荆楚文化数字记忆资源的理论分析，将其划分为现实实体记忆资源和网络原生数字资源两大类型。在理论层面上，通过将网络原生数字资源纳入数字记忆建构的框架中，突破了以往两种记忆资源研究的相对独立性；在应用层面上，通过对荆楚文化两种记忆资源的整合，以及线上与线下记忆实践的融合，形成网络化的数字记忆再生产模式，真正实现多维、立体、全面的数字记忆，为荆楚记忆的建构与传播提供一个更为开阔的理论视域和实践路径。

其三，针对传统人文研究向数字人文研究的转型趋势，将数字人文的理论与方法融入本书之中，形成了荆楚数字记忆平台的智能传播模式。

数字人文作为一种新的学术生产潮流，其研究领域极具整合性和扩展性，在不断包容新的研究路径以发展自身的同时，也孕育着新的研究领域和学术增长点。数字记忆正是在多学科知识的跨界融合中所形成的一个多元交汇的研究领域，它体现了社会人文、文化传播、档案管理、艺术创新与科技应用等多个领域的融合。本书始终以数字人文作为研究的理论基础之一，并将"数字人文仓储"概念应用于荆楚数字记忆平台的功能设计之中，以此进一步深化荆楚数字记忆的传播创新，为唤醒荆楚记忆开拓了全新的方向和路径。

第二章　核心概念与理论基础

中国幅员辽阔,南北距离约 5500 千米。作为承南接北的地域文化,荆楚文化既具有中华文化的整体特征,又体现出长江中游一带所形成的鲜明地域特色,为中国文化的持续发展提供了源源不断的精神动力。数字化时代,中国文化的发展面临整体转型的际遇,数字记忆所呈现出的开放性、包容性与共享性,为文化的融合发展提供了更具创新性的平台。在这一背景之下研究荆楚文化的数字记忆,对于中国文化的多元记忆留存、保护濒危的地方文化遗产具有重要意义。聚焦这一议题,可形成记忆建构、荆楚文化记忆、数字记忆、数字记忆建构与传播这一套相关的概念体系。与此相关,多学科领域中对这些概念的内涵阐释、关联组合、外延拓展等具有指导意义的相关研究则成为研究这一对象的重要理论基础。

第一节　核心概念界定

"荆楚文化数字记忆建构与传播"以"记忆建构"为逻辑起点,围绕荆楚文化及其记忆建构问题展开。在数字化语境之下,随着记忆理论研究的深化和数字记忆建构实践的拓展,需要在具体的应用情境中不断加深对记忆本质的理解,明确数字记忆所涵盖的范畴,以及荆楚文化记忆等基本内涵。因此,有必要首先厘清记忆建构、荆楚文化记忆、数字记忆、数字记忆建构与传播的基本概念,为深入后续研究奠定基础。

一 记忆建构

从社会实践论的视角来看,记忆属于人类的一种实践活动。记忆的拉丁语词"Memoria"有两层含义,即"记忆"和"回忆录";英语中的"Memorial"一词,早先既指"记忆",又指"记录",体现了记忆与人类记录的方法是紧密联系的①。通过记录的方式,人类将记忆的能力拓展于身体之外,从而使记忆突破个体心理,有了进一步社会化的可能。美国文化人类学家保罗·康纳顿(Paul Connerton)在《社会如何记忆》中从更为抽象的层面总结了人类记忆实践的两种方式,一种称为"体化"实践,另一种称为"刻写"实践②,它高度概括了人类记忆积累的两种不同信息传播方式。因此,在此实践基础上所形成的记忆,也可称为"体化记忆"和"刻写记忆"。其中,体化记忆是一种依托身体而存在的记忆,它依赖人的身体动作、语言、手势等传递信息、产生记忆;刻写记忆则脱离了身体的束缚,利用一套人类特有的"表意符号系统",以符号"刻写"来留存记忆。从原始时期的"结绳刻契"到文明时期的"书写文字",这一套刻写系统不断演变,又在印刷术、照相术、电讯技术、数字技术等一系列传播技术的外力作用下不断突破人类记忆的局限,并通过图书馆、档案馆、博物馆等社会记忆系统全面地记录保存人类的知识与文明。如今,数字技术的广泛应用,又产生了大量数字文本、动态图片、3D影像、虚拟全景等崭新的记忆形式,这种记忆方式的调整和变化使记忆资源逐渐信息化和数据化。

从社会认识论的视角来看,建构是人类认识事物和解释事物的一项重要活动。建构所对应的英文"Construction",也常被翻译成"构建",它既指"建造""建设"等社会实践行为,也指"构造物"这一社会实践结果。"建构"这一概念的兴起,源自后现代主义影响之下的建构主义或建构论思潮,它主张"一切社会实在以及知识都是社会建构的产

---

① [荷]杜威·德拉埃斯马:《记忆的隐喻:心灵的观念史》,乔修峰译,宁一中审校,花城出版社2009年版,第21页。

② [美]保罗·康纳顿:《社会如何记忆》,纳日碧力戈译,上海人民出版社2000年版,第90—91页。

物"，因为这些存在都跟人们的认识以及语言有关，人们对世界的认知和想象是通过"事实、真理、实在和知识"等语词所描绘的对象体现出来的①。建构主义的核心思想是人类通过引入某个结构在某种意义上"创造"了世界，而并非"发现"了世界②。可以看出，建构论作为一种新的认识论和方法论，它显示出一种极具颠覆性的解释效力，其所掀起的极富思想冲击力的"认识论革命"，在社会科学的众多领域都产生了深远而广泛的影响。例如，社会建构论的研究视角，就为记忆的研究提供了社会认知的框架，使得其前后相继的一套社会记忆理论都具有一个共同的特征，即都将记忆置于社会、历史、文化的背景之中去解读。社会建构论视角下的记忆研究，在一种宏观的视野中去审视和考察处于复杂社会中的记忆，将个体记忆纳入社会学所研究的复杂环境中去分析，指出记忆总是依存于一定的社会环境，并受制于社会中的各种因素和影响，纯粹的个人记忆可能只是一种极其少见的自说自话。从这个意义上来说，记忆实属于社会的建构之物，也是一个与当下情境相结合而对过去不断更新重建的动态过程。

因此，对记忆的"发掘、加工、形塑行为"被称为记忆的"建构"③，对其基本理解大致可以概括为以下几个方面：首先，记忆建构是一种观念，它强调的是从集体记忆、社会记忆、文化记忆等视角所形成的对记忆的根本看法，如法国社会学家莫里斯·哈布瓦赫（Maurice Halbwachs）认为，"集体记忆不是一个既定的概念，而是一个社会建构的概念"，"集体记忆在本质上是立足现在而对过去的一种重构"④；其次，记忆建构是一种行为，它既包括对历史的"累积性建构"，也包括对现实的"穿插式建构"，作为行为的"建构"与"构建"通常情况下

---

① 林聚任等：《西方社会建构论思潮研究》，社会科学文献出版社2016年版，第25、27、29页。
② 张庆园：《传播视野下的集体记忆建构：从传统社会到新媒体时代》，中国社会科学出版社2016年版，第87页。
③ 丁华东、张燕：《档案记忆再生产研究的学术价值与问题思考》，《档案学研究》2019年第3期。
④ ［法］莫里斯·哈布瓦赫：《论集体记忆》，毕然、郭金华译，上海人民出版社2002年版，第39、59页。

可同义互换、混合使用；再次，记忆建构也指涉一种结果，集体记忆形成于社会群体文化互动的整体框架之中，是"集体建构与重构的结果"①。基于此，在传播学科的范畴之内，进一步探究媒介对记忆建构的作用，有以下三种可追寻的研究路径，由此体现出了媒介与记忆的多维结构关系。

一是媒介如何建构记忆。这一研究路径将媒介作为记忆的载体，在研究取向上存在功能主义和建构主义两种研究视角。从功能主义视角出发，集体记忆的早期研究，尚未关注到媒介对集体记忆形成机制的直接作用，只是把媒介与集体记忆视为彼此独立的系统。"媒介"常常被拆解为具体而微的文字、语言文本，以探寻其在集体记忆形成过程中的中介或载体功能。这一路径下的研究还关注媒介的叙事方式，认为媒介通过有选择的新闻报道形成"特定的历史叙事"②，从而来讲述历史，扮演着公共历史学家的角色。

从建构主义视角出发，莫里斯·哈布瓦赫认为，"对过去的各种看法，都是由现在的信仰、兴趣、愿望形塑的"③，这一基本认识奠定了此后集体记忆研究的传统。基于建构主义的认识论，媒介记忆研究形成一种"叙事—话语"的分析路径，即将各类媒介中产生的不同记忆文本作为研究的核心样本，在此基础上对不同群体关于同一历史事实的记忆内容进行研究，发现文本中话语的选择、拼接、强化抑或是谬误影响了对这一事实的回忆内容，从而显现出记忆的建构性特征④。可以看出，建构主义的研究与功能主义研究在理论逻辑上是相继的，其区别主要体现在理论重心上的不同：功能主义研究较为关注集体记忆运行过程中传播的"价值和功能"分析，而建构主义研究则更为侧重记忆如何

---

① 邵鹏：《媒介记忆理论——人类一切记忆研究的核心与纽带》，浙江大学出版社2016年版，第126页。

② 潘忠党：《历史叙事及其建构中的秩序——以我国传媒报道香港回归为例》，《文化研究》2000年第1辑。

③ [法]莫里斯·哈布瓦赫：《论集体记忆》，毕然、郭金华译，上海人民出版社2002年版，第45页。

④ 潘晓婷、陈莹：《记忆实践：传播学视域下集体记忆研究的路径转向》，《新闻界》2021年第7期。

被建构的过程以及注重对影响建构的因素进行分析①。

二是关于媒介的记忆历史。这一研究路径是将媒介本身作为记忆的对象，运用记忆研究去梳理媒介发展的历史过程。在这一类型的研究中，报纸和电视是过去被关注较多的两种类型，如以 2002 年《大公报》百年纪念活动为研究对象，阐释大公报的历史与当代中国新闻界的集体记忆，或将电视记忆与家庭情境相结合进行阐释，将"个体生命故事与媒介历史研究结合起来"，并从受众的角度建立起两者之间的关联。随着互联网因日益普及成为"第一媒介"，关于网络媒介记忆的研究也逐渐兴起，有通过"节点记忆"的研究追溯互联网发展的历史与记忆②。

三是媒介本身即记忆。正如"媒介即信息"使人们对媒介本身所拥有的信息及其影响有了更深的理解，与此类似的"媒介即记忆"观点的提出，则推进了人们对媒介记忆的更为深层的看法，即媒介本身通过对日常生活的渗透，成为人们记忆形成的重要技术力量，这种力量的改变，必然也会影响到记忆的内容及效果。此外，就社会层面的记忆而言，记忆的意义不仅仅在于存储，更在于分享和传播，由此而提出的"人类记忆 4.0"③ 概念，印证了记忆的数字革命成为促进记忆分享与传播的一股新的重要驱动力量。这一分析逻辑也正体现了媒介学所提出的"观念或思想活动同那些记录、传递和存储它们的技术条件分不开"的实践分析路径；媒介学同时指出，媒介已经"内嵌到社会和文化中"，"在最基本的制度层面"发挥作用，它具备"技术—文化"的一体两面性，并将历史与当下融入其中，与观念、社会持续地发生动态耦合，我们的社会正处于这样一个日益"媒介化"的情景中，集体记忆就是"媒介化"的社会文化及制度下的产物④。

---

① 李兴军：《集体记忆研究文献综述》，《上海教育科研》2009 年第 4 期。
② 吴世文、何屹然：《中国互联网历史的媒介记忆与多元想象——基于媒介十年"节点记忆"的考察》，《新闻与传播研究》2019 年第 9 期。
③ 邵鹏：《媒介记忆理论——人类一切记忆研究的核心与纽带》，浙江大学出版社 2016 年版，第 297 页。
④ 潘晓婷、陈莹：《记忆实践：传播学视域下集体记忆研究的路径转向》，《新闻界》2021 年第 7 期。

二 荆楚文化记忆

英国文化学者爱德华·泰勒（Edward Tylor）在《原始文化》一书中将文化定义为"包括全部的知识、信仰、艺术、道德、法律、风俗以及作为社会成员的人所掌握和接受的任何其他的才能和习惯的复合体"①。从这一定义可以看出，文化的核心其实是人，文化从某种意义上而言是构成社会的成员之间所共同形成的思维特征及其行为结果。荆楚文化正是因楚国和楚人而得名，楚国祝融先祖在不断南迁的过程中，将中原文化带入荆楚之地，并与荆楚土著文化融合、升华，尤其是芈姓楚祖迁入后，与江汉土著先民融合，至周初楚君熊绎僻处荆山，受封于周成王而建国丹阳，才有了"楚"这个正式的国号兼族名。之后，楚人不断开疆拓土，使中原华夏文化、祝融原始部落文化和农业文化、荆楚土著蛮夷文化三者合流，形成了独具地域特色的楚文化②。可见，居住于荆楚大地之上的楚人兼容了不同民族及移民的文化，在基于地域生存与民族融合发展的基础之上，楚人实际成为一个具有集合性的族群概念，而地方性和族群性就构成了其文化的两种基本面向。

族群是指地理上靠近、语言上相近、血统同源、文化同源的一些民族的集合体，也称族团。族群的概念于20世纪30年代提出，其内涵经历了较长时期的发展演变。早期族群研究采用文化特征理论的视角，强调族群认识的客观角度，重视群体的自身特有文化，认为族群是由一系列客观的、可以观察得到的文化特征所界定的，包括特有的语言、习俗、起源神话、英雄故事等核心文化特征。随后，这一认识受到认同一致性观念的挑战，这一观念认为群体具有自我边界构建的主观性，人们在凝聚族群的过程中，通过"选择性地建构历史和世系"使得族群关系合法化。1969年，弗雷德里克·巴斯（Fredrik Barth）主编的《族群

---

① ［英］爱德华·泰勒：《原始文化：神话、哲学、宗教、语言、艺术和习俗发展之研究》，连树声译，谢继胜、尹虎彬、姜德顺校，刘魁立主编《原始文化经典译丛》，广西师范大学出版社2005年版，第1页。

② 江凌：《试论荆楚文化的流变、分期与近代转型》，《史学集刊》2011年第5期。

和边界》一书使这一观念进一步成熟,指出社会边界并非文化、体质上的特征是族群成员自我认定和建构的主要因素,由此掀起了族群理论和族群性研究的热潮。与此同时,20 世纪 60 年代的现代—想象派强调族群和民族(Nation)的研究要考虑外部政治历史环境和民族政策环境对族群建构的影响。此后,20 世纪七八十年代形成了以爱德华·希尔斯(Edward Shils)、克利福德·格尔茨(Clifford Geertz)等为代表的原生论和以冈纳尔·哈兰德(Gunnar Haaland)、阿伯纳·科恩(Abner Cohen)等为代表的工具论的理论对峙,这种对峙是族群自我建构中原生性的生理—情感联系与政治、社会或经济现象两种观点的博弈。此外,国内学者如郝时远、马戎、巫达等也对族群理论进行了充分的介绍与分析①。基于族群理论脉络和主要观点的梳理,我们可以将荆楚文化的历史和记忆研究,置于中华大地和中华文化融合发展的历程中来考察,既要看到荆楚文化所固有的区别于中华大地其他地域边界所具有的文化特殊性,又要看到在中华历史进程中,作为承接南北的荆楚大地所发生的各民族文化的交融与碰撞。从历史来看,中华大地上存在着"华地""夷地""边缘地"②三种不同构成部分,而荆楚文化与同宗同源的华夏文化有着密切的亲缘关系。随着中原华夏文化扩展到楚地,与当地的苗、蛮、夷、北越等少数民族文化相互吸收、相互融合③,楚地也从"夷地"到"华地"不断融合过渡,就形成了历史延续至今的荆楚文化。

荆楚文化记忆属于文化记忆的一种具体类型。文化记忆实际上贯通了集体记忆、社会记忆、历史记忆等众多记忆概念的一个范畴,是一种区别于个体层面的,具有集体、社会和文化层面意义的人类记忆形态。20 世纪二三十年代,最初产生的"集体记忆"概念由莫里斯·哈布瓦赫明确提出并确立了记忆研究的基本范式,由此激起了此后百年间记忆

---

① 崔明:《历史记忆与族群重构研究——以"唐汪人"为例》,博士学位论文,兰州大学,2016 年,第 9—11 页。
② 杨毅:《中华民族档案的历史形成轨迹探析》,《档案学通讯》2020 年第 4 期。
③ 杨荆楚:《加强汉族研究 促进各民族共同繁荣》,载昌超、张昌东主编,曾少聪、田敏、哈正利副主编《汉民族与荆楚文化研究——汉民族学会 2012 年会暨荆楚文化学术研讨会论文集》,中国社会科学出版社 2014 年版,第 13 页。

研究的丰硕理论成果。其基本研究内容包括：记忆是一种集体社会行为；对记忆做类型学分析，包括指出历史记忆和自传记忆两种类型之间的差异；集体对其成员记忆的形塑作用；以及记忆的载体问题等①。保罗·康纳顿后来则更为关注集体记忆中的社会性特质和习惯性特质，从而形成了"社会记忆"的概念，并对社会记忆如何通过"纪念仪式和身体实践"② 进行传承进行了深入的阐释。德国社会学家哈拉尔德·韦尔策（Harald Welzer）提出"互动、文字记载、图片和空间"是承载和形成过去的四种媒体，并通过描述其"记忆能量"以明确社会记忆的概念范畴③。法国历史学家雅克·勒高夫（Jacques Le Goff）认为回忆与历史是"原材料"与"反哺"的相互作用关系④。德国文化学家扬·阿斯曼（Jan Assmann）提出了"文化记忆"的概念，阿莱达·阿斯曼（Aleida Assmann）则深度阐述了文化记忆的"功能""媒介"和"存储器"⑤，分析特定的保存方式与传播媒介如何影响甚或决定什么能够被人述说和记住。此外，法国历史学家皮埃尔·诺拉（Pierre Nora）、哲学家保罗·利科（Paul Ricoeur），以及我国学者王明珂、景军、葛兆光、孙德忠等也都从各自研究的视野对这一问题进行了深入的探讨，对社会学、历史学、文化学、传播学、哲学、档案学等众多学科领域都产生着日益深刻的影响。

基于对族群理论和文化记忆研究的梳理，将"荆楚文化记忆"置于中华文化融合发展的语境之下可进行更为深入的解读：荆楚大地在其形成、发展与壮大的历史进程中，以其沟通南北的地域之便兼采夷夏技艺之所长，不断吸收与融汇多元文化因素而发展形成的

---

① ［法］莫里斯·哈布瓦赫：《论集体记忆》，毕然、郭金华译，上海人民出版社2002年版，第39—45页。
② ［美］保罗·康纳顿：《社会如何记忆》，纳日碧力戈译，上海人民出版社2000年版，第40页。
③ ［德］哈拉尔德·韦尔策编：《社会记忆：历史、回忆、传承》，季斌、王立君、白锡堃译，北京大学出版社2007年版，第6—8页。
④ ［法］雅克·勒高夫：《历史与记忆》，方仁杰、倪复生译，中国人民大学出版社2010年版，法语版序言第2页。
⑤ ［德］阿莱达·阿斯曼：《回忆空间：文化记忆的形式和变迁》，潘璐译，北京大学出版社2016年版，第10页。

和边界》一书使这一观念进一步成熟，指出社会边界并非文化、体质上的特征是族群成员自我认定和建构的主要因素，由此掀起了族群理论和族群性研究的热潮。与此同时，20世纪60年代的现代—想象派强调族群和民族（Nation）的研究要考虑外部政治历史环境和民族政策环境对族群建构的影响。此后，20世纪七八十年代形成了以爱德华·希尔斯（Edward Shils）、克利福德·格尔茨（Clifford Geertz）等为代表的原生论和以冈纳尔·哈兰德（Gunnar Haaland）、阿伯纳·科恩（Abner Cohen）等为代表的工具论的理论对峙，这种对峙是族群自我建构中原生性的生理—情感联系与政治、社会或经济现象两种观点的博弈。此外，国内学者如郝时远、马戎、巫达等也对族群理论进行了充分的介绍与分析[1]。基于族群理论脉络和主要观点的梳理，我们可以将荆楚文化的历史和记忆研究，置于中华大地和中华文化融合发展的历程中来考察，既要看到荆楚文化所固有的区别于中华大地其他地域边界所具有的文化特殊性，又要看到在中华历史进程中，作为承接南北的荆楚大地所发生的各民族文化的交融与碰撞。从历史来看，中华大地上存在着"华地""夷地""边缘地"[2]三种不同构成部分，而荆楚文化与同宗同源的华夏文化有着密切的亲缘关系。随着中原华夏文化扩展到楚地，与当地的苗、蛮、夷、北越等少数民族文化相互吸收、相互融合[3]，楚地也从"夷地"到"华地"不断融合过渡，就形成了历史延续至今的荆楚文化。

荆楚文化记忆属于文化记忆的一种具体类型。文化记忆实际上贯通了集体记忆、社会记忆、历史记忆等众多记忆概念的一个范畴，是一种区别于个体层面的，具有集体、社会和文化层面意义的人类记忆形态。20世纪二三十年代，最初产生的"集体记忆"概念由莫里斯·哈布瓦赫明确提出并确立了记忆研究的基本范式，由此激起了此后百年间记忆

---

[1] 崔明：《历史记忆与族群重构研究——以"唐汪人"为例》，博士学位论文，兰州大学，2016年，第9—11页。

[2] 杨毅：《中华民族档案的历史形成轨迹探析》，《档案学通讯》2020年第4期。

[3] 杨荆楚：《加强汉族研究 促进各民族共同繁荣》，载段超、张昌东主编，曾少聪、田敏、哈正利副主编《汉民族与荆楚文化研究——汉民族学会2012年会暨荆楚文化学术研讨会论文集》，中国社会科学出版社2014年版，第13页。

研究的丰硕理论成果。其基本研究内容包括：记忆是一种集体社会行为；对记忆做类型学分析，包括指出历史记忆和自传记忆两种类型之间的差异；集体对其成员记忆的形塑作用；以及记忆的载体问题等①。保罗·康纳顿后来则更为关注集体记忆中的社会性特质和习惯性特质，从而形成了"社会记忆"的概念，并对社会记忆如何通过"纪念仪式和身体实践"②进行传承进行了深入的阐释。德国社会学家哈拉尔德·韦尔策（Harald Welzer）提出"互动、文字记载、图片和空间"是承载和形成过去的四种媒体，并通过描述其"记忆能量"以明确社会记忆的概念范畴③。法国历史学家雅克·勒高夫（Jacques Le Goff）认为回忆与历史是"原材料"与"反哺"的相互作用关系④。德国文化学家扬·阿斯曼（Jan Assmann）提出了"文化记忆"的概念，阿莱达·阿斯曼（Aleida Assmann）则深度阐述了文化记忆的"功能""媒介"和"存储器"⑤，分析特定的保存方式与传播媒介如何影响甚或决定什么能够被人述说和记住。此外，法国历史学家皮埃尔·诺拉（Pierre Nora）、哲学家保罗·利科（Paul Ricoeur），以及我国学者王明珂、景军、葛兆光、孙德忠等也都从各自研究的视野对这一问题进行了深入的探讨，对社会学、历史学、文化学、传播学、哲学、档案学等众多学科领域都产生着日益深刻的影响。

基于对族群理论和文化记忆研究的梳理，将"荆楚文化记忆"置于中华文化融合发展的语境之下可进行更为深入的解读：荆楚大地在其形成、发展与壮大的历史进程中，以其沟通南北的地域之便兼采夷夏技艺之所长，不断吸收与融汇多元文化因素而发展形成的

---

① ［法］莫里斯·哈布瓦赫：《论集体记忆》，毕然、郭金华译，上海人民出版社 2002 年版，第 39—45 页。
② ［美］保罗·康纳顿：《社会如何记忆》，纳日碧力戈译，上海人民出版社 2000 年版，第 40 页。
③ ［德］哈拉尔德·韦尔策编：《社会记忆：历史、回忆、传承》，季斌、王立君、白锡堃译，北京大学出版社 2007 年版，第 6—8 页。
④ ［法］雅克·勒高夫：《历史与记忆》，方仁杰、倪复生译，中国人民大学出版社 2010 年版，法语版序言第 2 页。
⑤ ［德］阿莱达·阿斯曼：《回忆空间：文化记忆的形式和变迁》，潘璐译，北京大学出版社 2016 年版，第 10 页。

一种独特的文化记忆类型。这一记忆既包含关于荆楚文化起源、流变与发展的历史记忆，又离不开具有荆楚当代地方特色及寄予未来想象期望的当下记忆；既有通过纪念仪式和身体实践等各种操演得以传承的记忆，又有通过特定的存储方式与物质媒介传递延续的记忆。

在荆楚文化记忆的形成过程之中，一方面官方的政治制度、公共仪式、节日庆典、历史文献等社会机制形成对记忆的"操纵和制作"，另一方面大众通过民间社会主动生发的记忆实践和文化传承活动，在国家与社会之间形成交融互动。在这一互动过程中，荆楚文化遗产作为荆楚记忆之源，从两种截然不同的意义层面，将官方记忆与民间记忆都纳入荆楚文化"记忆宫殿"的建造范围，形成了内涵丰富、多元并存的荆楚文化记忆。

第一，在荆楚历史进程的不同时期，官方统一行政建制和管理中产生的记述荆楚文化特征的史书、文书等文献记载，是荆楚文化的物质外化，也是一种媒介化的记忆保存。关于荆楚的起源，《史记·楚世家》中记有"楚之先祖出自帝颛顼高阳"，颛顼高阳氏被认为是古代华夏始祖黄帝之孙，其世系被详细记载在《史记·五帝本纪》之中[①]。这就意味着，楚人也是源自上古时代的中原华夏始祖黄帝。关于楚文化形成的主源，可追溯到祝融部落集团崇火尊凤的原始农业文化，它介于华夏文化与蛮夷文化之间，并将三者交汇合流[②]。祝融先祖被迫从中原迁徙，他们来到长江中游直至江汉流域一带，后世不断开辟山林、建国创业，这一历史被记录在《左传·昭公十三年》之中："辟在荆山，筚路蓝缕，以处草莽，跋涉山林，以事天子。"这一情境与周天子冕而朱和中原诸侯冕而青的穿着讲究有着天壤之别，但正是有了这样的生存态度和坚忍不拔的意志，当时被称为"南蛮"的楚人在荆山中"食尽一山"

---

① 徐亦亭：《近代汉族地域文化及其荆楚文化浅变色镜》，载段超、张晶东主编，曾少聪、田敏、哈正利副主编《汉民族与荆楚文化研究——汉民族学会 2012 年会暨荆楚文化学术研讨会论文集》，中国社会科学出版社 2014 年版，第 59—60 页。

② 张正明：《楚文化史》，谷城主编《中国文化史丛书》，上海人民出版社 1987 年版，第 26 页。

即转移,尽管采用落后的生产工具和生产技术,仍然通过艰苦卓绝的努力创造了一片新天地,从而发展出了"筚路蓝缕"的荆楚文化精神①。

第二,记忆并不一定与文字必然相联,它也可以借助节日、仪式、诗歌、神话、图像和歌舞等非物质文化传承形式保存下来。这一类荆楚文化遗存丰富多彩,如楚国的编钟乐舞就是具有独特荆楚地域特色的文化瑰宝,也是华夏音乐舞蹈史上的一朵奇葩。荆楚文化中的诗歌和文学,在中华文化中也占有重要地位。屈原就是荆楚文化的杰出代表,他对后代诗人和文学界都产生了深刻的影响,所创作的《离骚》《天问》《招魂》《哀郢》《怀沙》《九歌》《惜往日》《涉江》等25篇,由后世刘向辑集为《楚辞》,被鲁迅先生高度评价为"逸响伟辞,卓绝一世"。公元前278年,屈原因痛恨楚国政治腐败,不愿苟且偷生而怀石投汨罗江(在今湖南东北部)自尽殉国。楚国百姓悲恸欲绝,并将屈原投江的这一天即五月初五定为"端午节"。端午节由此成为全国各族人民共同的传统节日,人们吃粽子、划龙舟,缅怀和悼念伟大的爱国诗人屈原,以节日记忆这一种特殊的形式奠定了屈原在中国历史上的重要地位②。

三 数字记忆

人类记忆进化到数字时代,记忆方式发生重大变革。数字技术的广泛应用,产生了大量数字文本、动态图片、3D影像、虚拟全景等崭新的媒介形式,从而形成一种全新的记忆——数字记忆。数字记忆带来了社会记忆建构方式的演变,不仅催生了世界范围内数量庞大的数字记忆项目成果,同时也带来了记忆观念层面的根本性变革,使得现代的纸质文件观逐步过渡到后现代的电子文件观,并引起了个人以及社会对于如何创建、存储和传播记忆的认知变革。这些历史性变化不仅使人类记忆

---

① 徐亦亭:《近代汉族地域文化及其荆楚文化浅议》,载段超、张昌东主编,曾少聪、田敏、哈正利副主编《汉民族与荆楚文化研究——汉民族学会2012年会暨荆楚文化学术研讨会论文集》,中国社会科学出版社2014年版,第61页。

② 杨荆楚:《加强汉族研究 促进各民族共同繁荣》,载段超、张昌东主编,曾少聪、田敏、哈正利副主编《汉民族与荆楚文化研究——汉民族学会2012年会暨荆楚文化学术研讨会论文集》,中国社会科学出版社2014年版,第13—14页。

在量上极度扩张,而且促进了更大范围内记忆的共享与传播。

尽管数字记忆的实践成果纷繁复杂,但关于数字记忆的理论探讨还未全面深入地展开。阿莱达·阿斯曼曾指出,数字媒介时代的记忆"不再被看作是痕迹和储存器,而是看作一个可塑的团块"[1],但数字记忆的概念仍在进一步发展之中,并从不同研究视角形成了一些基本的看法,如表2-1所示。

表2-1 关于数字记忆的基本认识及主要论点

基本认识		关于数字记忆的代表性论点
强调虚拟空间的一种记忆形态	黄薇、夏翠娟、铁钟	"将现实世界的信息智能化地转换为虚拟世界中可读取和可交互的资源集和数据集"[2]
强调记忆的共享与传播	刘晗	"通过数字媒介功能的不断放大""变成一种具有全球共享性的信息和资源"[3]
强调对"数字技术"的应用	冯惠玲	"以数字方式采集、组织、存储和展示,在网络空间承载、再现和传播""用数字代码记录的人类活动信息"[4]
	加小双、徐拥军	"数字采集、数字存储、数字处理、数字呈现、数字传播"[5]
	周文泓等	"全要素与'全息'数字化的整体性"[6]
强调对记忆资源的开发与利用	牛力等	"对承载记忆属性的档案资源进行开发利用"[7]
	加小双、徐拥军	"将特定记忆资源转换成可保存、可关联、可再组、可共享的数字记忆形态"[8]

---

[1] [德]阿莱达·阿斯曼:《回忆空间:文化记忆的形式和变迁》,潘璐译,北京大学出版社2016年版,第173页。

[2] 黄薇、夏翠娟、铁钟:《元宇宙中的数字记忆:"虚拟数字人"的数字记忆价值》,《图书馆论坛》2023年第7期。

[3] 刘晗:《参与·网络·仓储:记忆实践路径下的数字记忆建构》,《新闻与传播评论》2023年第4期。

[4] 冯惠玲:《数字记忆:文化记忆的数字宫殿》,《中国图书馆学报》2020年第3期。

[5] 加小双、徐拥军:《国内外记忆实践的发展现状及趋势研究》,《图书情报知识》2019年第1期。

[6] 周文泓等:《进展与展望:面向数字记忆资源建设的网络信息存档》,《图书馆论坛》2020年第9期。

[7] 牛力、曾静怡、刘丁君:《数字记忆视角下档案创新开发利用"PDU"模型探析》,《档案学通讯》2019年第1期。

[8] 加小双、徐拥军:《国内外记忆实践的发展现状及趋势研究》,《图书情报知识》2019年第1期。

续表

基本认识		关于数字记忆的代表性论点
面向记忆的建构与文化的传承	冯惠玲	"数字形态的文化记忆,携带文化记忆和数字信息的各种基因和特征"①
	加小双等	"捕获、记录、保存、重现社会记忆""实现对文化的保护和传承"②
	加小双	"支持数字时代集体记忆的构建与传承"③

基于对数字记忆的基本理解,进一步探究数字记忆的构成,需要弄清记忆的基本形态结构。前文提到的保罗·康纳顿将记忆在人身体内的积累方式分为体化实践和刻写实践,而扬·阿斯曼则从文化记忆的角度将记忆分为潜在模式和现实模式,阿莱达·阿斯曼则提出功能记忆和存储记忆的区别。此外,彼得·伯克(Peter Burke)提出了"回忆社会史",并将其概括为口头流传实践、常规历史文献(如回忆录、日记等)、绘制和拍摄图片、集体纪念礼仪仪式、地理和社会空间几大范畴;沃尔特·阿丹姆森(Walter Adamson)将历史记忆分为了实录记忆、认识记忆、批评记忆;孙德忠从记忆客体层面将记忆划分为器物记忆、制度记忆、观念记忆;王铭铭则提出"社区历史形式"概念,并将其分为社会实践行为的历史习惯方式、象征和仪式所造成的社会性记忆、通过文字记载的本土社区史、口头传统等形式④。基于以上认识,本书将记忆从文化的角度划分为物态文化记忆、制度文化记忆、观念文化记忆、行为文化记忆四大类型,并以此作为数字记忆构成的基础,其中又包括纵横交错的记忆呈现形态:文字形式或非文字形式;物质载体或非物质载体;基于时间的累积记忆、现实记忆,或基于空间的地理分布、方位记忆;基于事实的实录性记忆,或基于认识的观念性记忆;等等。

---

① 冯惠玲:《数字记忆:文化记忆的数字宫殿》,《中国图书馆学报》2020年第3期。
② 加小双、李宜芳、谭悦:《数字记忆视域下非物质文化遗产的保护与传承研究》,《山西档案》2019年第5期。
③ 加小双:《档案学与数字人文:档案观的脱节与共生》,《图书馆论坛》2019年第5期。
④ 徐拥军:《档案记忆观的理论与实践》,中国人民大学出版社2017年版,第86—88页。

数字记忆需要将不同类型、不同形态的记忆转换并统一于数字形式之中，形成一个数字记忆的综合体。

基于对"媒介即记忆"的理解，记忆内容的感知直接受到记忆形式的影响，这也正是数字记忆的影响能超越以往记忆形态的根本原因。在数字媒介产生之前，记忆传承至今的媒介形式可以从物质性视角区分为两大类型：一类是以"档案、图片、雕塑、建筑、艺术品"等为代表的物质文化载体；另一类是以"风俗、节日、仪式、惯习"等为代表的社会文化实践形式[①]。随着数字信息技术的深入发展，这两种类型的记忆都可以转化并统一于"数字形式"，从而跨越时空、跨越群体、跨越地域得以传播。物质文化载体中的可移动文化遗产和不可移动文化遗产，包括具有历史凭证价值的文献资料、图片、雕塑、艺术品、遗址遗迹等，可以通过数字化的转换形成物质传承记忆，构成数字记忆的核心层；通过活态传承的非物质文化遗产，可以通过数字化的文字记录、拍照、录音、录像或实物补充等方式形成活态传承记忆，从而成为数字记忆核心层之外的重要拓展。此外，还有一部分记忆是原生于数字时代，且能修正数字记忆构成的外延信息，即产生于数字网络空间的原生数字信息，在数字记忆的发展需求下，也正逐渐成为数字文化建设的重要内容。

基于以上认识，可以形成数字记忆的基本结构图，它包含三个层次：核心层、拓展层、外延层（见图2-1）。核心层"物质传承记忆"以可收集、可采集的物质文化资源为主体，它是形成数字记忆的根基，缺少核心层，记忆就如同无源之水、空中楼阁；拓展层"活态传承记忆"主要指现实空间中通过各种记忆实践形成的非物质文化传承记忆；外延层"数字原生记忆"则主要以网络空间中的文化记忆实践为主，这是更能体现数字交往特征的功能记忆和现实记忆，也需要通过一定的信息保存机制进行存储构建，使其成为数字记忆的重要组成部分。

由此，对数字记忆可以形成一个基本的定义：人类在数字生存境遇下将现实世界记忆迁移映射于数字空间，或在其间自然产生且能迭代生

---

① 徐拥军：《档案记忆观的理论与实践》，中国人民大学出版社2017年版，第86页。

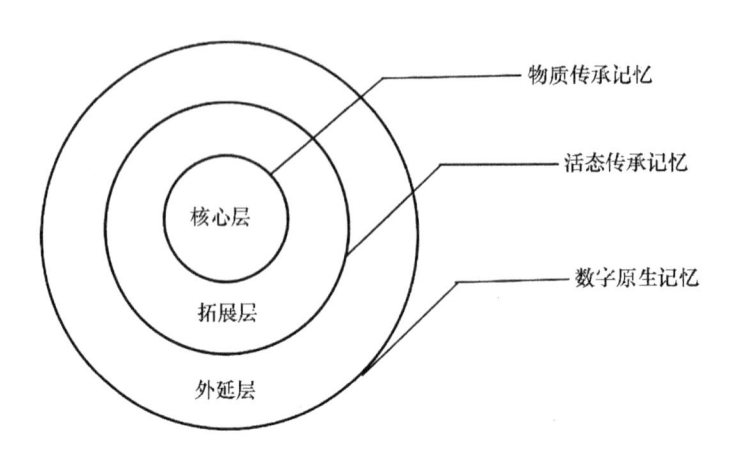

图 2-1 数字记忆基本结构图

（图中标注：核心层、拓展层、外延层；物质传承记忆、活态传承记忆、数字原生记忆）

长与无限生发的数字形态记忆。数字记忆包容并超越了人类社会以往的任何记忆形态，它以现实世界中已有的物质形态记忆为核心，拓展至其他活态传承的记忆，并进一步延伸到网络空间中具有保存价值的数字原生记忆，将它们以数字化的方式统一构建，以其庞大的知识容量和现场体验感极大地拓展记忆的能量，并通过记忆要素的提取、关联与重构，唤起主体的情绪、想象与认知，从而构建成为一个真正"丰富又活泼"的记忆宫殿。

四 数字记忆建构与传播

记忆的建构是通过一套系统的记录方法使得个体记忆突破自身身体，从而形成社会的记忆；记忆的传播则加强了记忆在社会之网中的连接和互动，进而撒播与扩散这一集体和社会的记忆。事实上，广义的"建构"概念中就包括了"通常所说的收集、保护、传承、展现、传播、控制、再现、强化等含义"[①]，这意味着传播其实包含在建构之中，两者是相互联系、相互影响的。数字记忆建构的目标不是封存记忆，而是分享和传播记忆，经过传播扩散的记忆才算真正实现了数字记忆的价值。在对记忆建构、荆楚文化记忆、数字记忆这些概念阐释的基础上，

---

① 徐拥军：《档案记忆观的理论与实践》，中国人民大学出版社 2017 年版，第 88 页。

需要进一步厘清数字记忆"建构什么"与"如何建构""如何传播"这一基本内容,才能对荆楚文化的"数字记忆建构与传播"有一个更为清晰的理解。

关于"建构什么",诗人北岛曾用"网"字来形容生活的包罗万象、经纬交织①,数字记忆正是这样一张纵横交错、密集编织的数字之"网",网中的每一个节点都是记忆构成的重要素材。对于荆楚文化而言,荆楚大地历史发展进程中流传下来的各种丰富多彩的文化遗产形态,以及承载着当代地域特征与社会风貌的各种资源类型,都应该成为其重构记忆的原材料,如表2-2所示。

物质文化遗产资源是构成荆楚文化记忆的首要来源。从资源的实物类型来看,包括文书、古籍、照片、音像、物件、场所、地点、遗址等,其中,场所、地点、遗址等主要涉及空间信息资源,包括古遗址、古墓葬、古建筑、摩崖、壁画,以及历史文化名城或特色村落等;从载体类型来看,有石刻、摩崖、金属、竹木、兽骨、纸质、磁带、胶卷、光盘、存储卡以及数字存储等。由于荆楚地域的开放性与兼容性,其文化遗产资源也具有多样性、丰富性与分散性,通过将这些分散保存的记忆资源实现数字化集中与管理,可以成为数字记忆的重要原材料。

表2-2　　　　　　　　　　数字记忆建构的资源范畴

类型	资源范畴	涵盖内容
物质文化遗产资源	实物类型	文书、古籍、照片、音像、物件、场所、地点、遗址(如古遗址、古墓葬、古建筑、摩崖、壁画,以及历史文化名城或特色村落)等
	载体类型	石刻、摩崖、金属、竹木、兽骨、纸质、磁带、胶卷、光盘、存储卡以及数字存储等
非物质文化遗产资源	口传形式	包括民族语言、口传文献、民间传说、歌咏口技等口语传播形式
	实践形式	被视为文化遗产的各种社会实践、观念表述、表现形式、知识、技能以及相关的工具、实物、手工艺品和文化场所②

---

① 冯惠玲:《数字记忆:文化记忆的数字宫殿》,《中国图书馆学报》2020年第3期。
② 联合国教育、科学及文化组织:《保护非物质文化遗产公约》,中国保护知识产权网,2003年10月17日,http://ipr.mofcom.gov.cn/zhuanti/law/conventions/other/ICH.html,2022年12月5日。

续表

类型	资源范畴	涵盖内容
网络原生数字资源	展示型网络数字资源	数字文化资源汇编、专题或网上展览等
	交往型社交网络资源	虚拟社群的文化记忆实践

具有记忆属性的非物质文化遗产也是荆楚文化记忆的重要来源。除包罗万象的物质文化遗产外，荆楚民间文化遗存也丰富多彩。口传文化是相对于书面文化而言的，荆楚各民族在长期生产生活中留有大量口头叙述、口头创作、口传心授的文化精品，尤其是土家族，其虽有本民族语言，却无本民族文字，更是将口头传播作为其民族历史文化传承的主要方式。除口传记忆之外，各民族世代相传的各种文化实践、表演、表现形式、知识和技能及其有关的工具、实物、工艺品和文化场所等也是重要的非物质文化遗产资源。

数字记忆除历史记忆之外，还应该包括现实记忆。在数字化时代，数字化生存、网络化生存是最能体现这个时代特色的记忆实践。一方面，网络中关于荆楚文化的数字记忆资源已经在零星地、片断式地构建之中，网络中分散地呈现着关于荆楚文化的记忆资源专题；另一方面，Web2.0时代也形成了基于网络的各种荆楚文化虚拟社群，网民通过社交网络中的文化交往实践，形成了大量具有记忆价值的网络原生数字资源。总之，凡是能对记忆之物具有"史实考证、文化阐释及情境再现"的作用，就可以将其网罗汇集并保存建构，形成对已有数字资源的补充印证。

关于"如何建构"与"如何传播"，是建构论者所关心的核心问题。"对社会的'现实是自成一体的'恰切理解，要求洞察社会被构建的方式。"[①] 值得注意的是，英文"Construction"所对应的中文"建构"或"构建"，尽管从词义上来说，两者没有本质差别，排除翻译者在语

---

① [美] 彼得·伯格、托马斯·卢克曼：《现实的社会构建》，汪涌译，北京大学出版社2009年版，第16页。

词选用上的习惯差异，从中文词性和使用语境来看，翻译者也还是有着一定的倾向性的。"建构"一词更具有学理层面的意义，在理论阐述、抽象表达、意义呈现等方面更为常用；"构建"则更适用于实践层面的应用，在目标指向、具体行为、方法指导等方面更能体现操作性效果。鉴于这一现象，本书在论述过程中，也根据这一差异性来选择适用的使用语境，"如何建构"在某些语境中也可以表述为"如何构建"。从记忆建构的目标来看，荆楚文化数字记忆建构是要以数字形式构建荆楚文化记忆，并形成一个以荆楚社会公众为依托的数字记忆生态群，同时实现记忆的分享与传播价值。要实现这一目标，还需要借助媒介功能的创新构建一个数字记忆传播平台，从更为广泛的意义上唤醒对荆楚的记忆。

首先，对具有荆楚文化价值的记忆资源进行采集整合。一是对物质文化遗产资源进行信息化、数字化工作，包括对图文、实物、影像、遗迹等各种历史文化资源的采集与整合工作；二是采用数字化方式直接记录荆楚文化活动并形成多媒体档案，不仅记录非遗客体的原生文化生态，还要记录非遗传承人的相关活动信息，包括非遗展示的准备、演示与详解过程，或记录个人亲历、亲闻、亲见者的口述信息，以及记录非遗保护主体的详细信息，如采集部门或相关责任人的基本信息，采集工作著录活动时间、地点、内容、缘由、方法等背景信息，以及保管部门和保护部门的相关信息等①，从而实施系统的"非遗"档案化管理；三是对网络中尤其是社交媒体中反映荆楚文化生活和具有传承价值的文化实践领域，采用机器与人工结合的方式进行目标明确的信息捕捉，进一步识别并分类汇聚资源，多方位满足用户对记忆的需求。

其次，对荆楚文化记忆资源进行数据化管理和知识挖掘。"数据"（data）这个词在拉丁文里是"已知"的意思，也可以理解为"事实"，数据代表着对某件事物的描述，数据可以记录、分析和重组②。通过对数据的叠加、重组、挖掘，从而找到信息之间的关联，让信息产生新的价值，激发记忆的活性，这是数字记忆的核心价值。数字记忆本身应具

---

① 胡莹：《少数民族文化遗产建档范畴与原则探析》，《档案学通讯》2016年第3期。
② ［英］维克托·迈尔－舍恩伯格、［英］肯尼思·库克耶：《大数据时代：生活、工作与思维的大变革》，盛杨燕、周涛译，浙江人民出版社2013年版，第104页。

备更为智能高效的信息管理技术，如数据开采、本体建模、智能检索、内容挖掘、文本聚类、社交网络分析等数据管理和分析方法，与大数据、区块链、人工智能等信息技术的紧密对接。荆楚文化的各种记忆资源所形成的数据，不仅为记忆建构提供原材料，更是直接凝结着荆楚大地在漫长历史实践中的经验积累和知识认知，从而以此构建荆楚文化的记忆表征与身份认同。

再次，借助智媒传播平台对所建构的荆楚记忆进行传播放大，进行交互式、可视化、智能性的传播。"可视化"是数字记忆的显性基因特征，其实现涉及资源组织结构、资源形态呈现、资源终端呈现等多维层面及相关技术的支撑，例如对大型物质文化遗产资源的可视化呈现，可以通过三维建模和AI辅助设计景观场景、构造数字化建筑模型，抑或利用仿真模拟进入数字模型结构内部进行观察和体验，还可采用逆向工程技术等手段复现其工艺流程、组织结构、功能特征及技术规格等设计要素，不仅能激发记忆的活性、唤起记忆的"通感"，也能大大提升其传播的创新和效能。

在理解"建构什么"和"如何建构""如何传播"的基础上，可见数字记忆建构与传播是一个相互影响且统一于实践的过程。这一过程可以描述为：利用数字技术恢复和保存文化记忆以及承载这些记忆的文化遗产，通过对各种记忆资源的数字化提取、智能编码和知识挖掘，使得原本分散的记忆元素之间关联聚合，形成特色鲜明的记忆主题和可视化的知识图谱，实现数字记忆在网络空间中的呈现、连接与传播。

第二节　理论基础阐释

荆楚文化数字记忆建构与传播这一命题，缘起于数字化背景下荆楚文化事业转型和记忆实践发展的需求。为更好地把握这一研究对象的目标与方向，理解其思想内涵，明确数字记忆建构与传播可采取的方法，需要立足于文化记忆理论的宏大背景，从媒介与文化记忆的关系视角来阐释荆楚文化遗产的保护与传播将如何经历向数字记忆转型的重大历史变革;借助记忆再生产理论,探讨作为再生产环节的记忆建构行为及其动态流程;采用数字人文理论与方法,开拓创新数字记忆存储、生产与传播的可行性路径。为此,本书分别对以上三种理论的主要思想进行系统梳理,并深入剖析其对荆楚记忆研究的理论借鉴意义。

一 文化记忆理论

(一) 文化记忆理论的主要思想

文化记忆的研究自20世纪80年代以来数十年的时间里影响日益深刻而广泛,它以一种独特的方式将人文学科、社会学科和自然科学整合在一起,决定性地开启了记忆研究的文化和社会视角。在"文化记忆"这一概念产生之前,将"文化"与"记忆"关联的思想实际上已经被多次提及并论述,在其前后出现了集体记忆、社会记忆、历史记忆等相关概念和语词,但它们实际上都是透过不同的学术焦点将个体记忆的字面含义隐喻转移到了社会文化的层面,这一段研究历史所呈现出的思想资源涉及多领域跨学科的相关概念范畴,如表2-3所示。

表2-3   "文化"与"记忆"关联研究的历史梳理[①]

时间	人物/学派	事件
1910年	阿诺德·范·根纳普 (法国人类学、民俗学家)	提及"文化秩序记忆"的顽强生命力
1925年	莫里斯·哈布瓦赫 (法国历史学、社会学家)	首次完整提出集体记忆(Collective Memory)的概念,以区分于个人记忆
20世纪初	阿比·瓦尔堡 (德国艺术史家)	对记忆活动的社会文化含义进行思考,在其后出版的著作中提出图像记忆的升华作用;此外,他还关注了记忆的媒介性
20世纪70年代	莫斯科—塔尔图 (苏联文学批评流派)	再度建立"文化"与"记忆"之间的松散联系

---

① 表格内容参考[德]阿斯特莉特·埃尔、[德]安斯加尔·纽宁主编《文化记忆研究指南》,李恭忠、李霞译,孙江主编《学衡历史与记忆译丛》,南京大学出版社2021年版,第107—122页。

续表

时间	人物/学派	事件
1984年	皮埃尔·诺拉（法国历史学家）	在其主持编写的《记忆之场》丛书中，用"记忆之场"关联了记忆与历史之间的场所问题
1989年	保罗·康纳顿（美国人类文化学家）	在《社会如何记忆》中探讨了群体的记忆应如何传播和保持
1992年	扬·阿斯曼（德国考古学、民俗学家）	出版《文化记忆：早期高级文化中的文字、回忆和政治身份》，成为对"文化记忆"系统性论述的奠基之作，且在其一系列研究中体现出浓厚的媒介视角特征

可以看出，文化记忆的思想资源涉及广阔的学科领域和范畴，它还涉及但不限于媒介研究和文化史、历史学和社会学、神经科学和社会心理学、认知心理学和历史学，以及社会心理学和语言学等学科之间的互动。正是这种学科之间的亲密对话，揭示了记忆和文化之间丰富多彩的交集。

近年来随着研究的进一步发展，文化记忆的研究框架开始日渐明确，从维度、层面和模式中形成了较为清晰的研究思路。其中，物质、社会和心态构成文化记忆研究的三维框架，"文化记忆"因此担当了总括"社会记忆""物质或媒介的记忆""心灵或认知记忆"的术语；同时，文化和记忆具有两个交叉层面，一个层面指向生物性记忆的认知层面，认为任何记忆都不是纯粹个体性的，人们总是在社会文化的语境中记忆，另一个层面则指向象征性的秩序、媒介、制度和实践，社会群体借此建构起一种共享的过去；此外，文化中还存在着不断被再建构、再表现的不同记忆模式，记忆方式不同，记忆的结果也不尽相同[①]。

（二）文化记忆理论与荆楚记忆研究

媒介和文化记忆之间的交叉问题构成了记忆研究的一个基本关注点和最大挑战。文化记忆的关键其实就在于媒介概念，因为唯有通过媒介

---

① ［德］阿斯特莉特·埃尔、［德］安斯加尔·纽宁主编：《文化记忆研究指南》，李恭忠、李霞译，孙江主编《学衡历史与记忆译丛》，南京大学出版社2021年版，第4—9页。

的外化，个体记忆、文化知识和各种历史的版本才能被共享①。这为荆楚记忆的研究提供了理论基础与开阔的思路，这也意味着，荆楚文化的数字记忆建构本质仍是在技术层面实现记忆的媒介化保存，而且这种技术也需指向"记忆自身的形成逻辑"。

1. 文化记忆理论为荆楚记忆研究奠定理论基础

"记忆的内容"与"记忆的形式"是文化记忆理论所要研究的一个基本关系范畴。"媒介记忆"这一语词，既能体现记忆的内容，也能表达记忆的形式。如前文"记忆建构"小节所述，这一概念包含着多层阐释的空间，它既可以理解为"媒介作为记忆的中介"，也可以阐释为"基于媒介发展历史所形成的记忆"，还可以解读为"媒介本身即构成记忆"，由此而对应于"媒介如何建构记忆""关于媒介的记忆""媒介本身即记忆"三种研究路径，体现出媒介与记忆的多维结构关系。但不论哪种解释，媒介都必然地参与到文化记忆的传承、建构与控制中来，在后现代话语所论及的权力关系与认同关系中，媒介都扮演着不可或缺的角色。而这一阐释也为数字时代的记忆研究奠定了传播学的理论基础。

事实上，文化记忆的理论和实践进展也集中呈现出对数字化媒介的诉求，这不仅暗合了记忆理论对"记忆载体、媒介与技术方式"的重要性的论述，也开拓了数字记忆这一全新记忆形态的研究视域。因此，将文化记忆理论作为数字化转型要求下荆楚文化记忆建构研究的理论基础，既能深化荆楚文化创新发展与唤醒荆楚记忆之间的固有关联，又能为荆楚文化记忆建构的数字化转型研究提供必备的理论工具，从而进一步关联传播学中的数字媒介相关研究，这是荆楚文化记忆研究在数字化境遇下不得不积极拓展的研究思路。

2. 文化记忆理论为荆楚记忆研究提供广阔的视野

在文化事业数字化转型的背景下，荆楚记忆的唤醒也处于关键时期，需要及时转变传统的文化建设模式，从文化记忆理论的宏大视野中

---

① ［德］阿斯特莉特·埃尔、［德］安斯加尔·纽宁主编：《文化记忆研究指南》，李恭忠、李霞译，孙江主编《学衡历史与记忆译丛》，南京大学出版社2021年版，第16页。

开阔思路，以满足具有区域特色的记忆建构与传播的实际需求。由于"荆楚文化记忆"在时间的流程中始终处于动态过程，其记忆资源整合的实践也处于动态的发展之中，而数字记忆建构的研究目前也处于阶段性的探索中，尚未形成成熟的理论模式，因此需要结合荆楚文化现状及其记忆建构的历史演变形成具有适应性的理论思想。在这一研究过程中，文化记忆理论作为数字记忆研究的基础理论，其在不同记忆项目场景中的理论应用与实践指导，为荆楚文化记忆研究提供了可供借鉴的范例。

文化记忆理论与实践领域的具体结合，主要表现为世界范围内各种记忆工程的蓬勃开展，包括国家记忆、地方记忆、组织记忆、事件记忆、互联网记忆等，并且都呈现出数字化建构的总体特征。具体来说，文化记忆理论在国家记忆层面的实践，如美国记忆、中国记忆、新加坡记忆等国家记忆工程，为思考荆楚文化数字记忆建构的根本目标、价值取向和发展战略提供了宏观层面的遵循；在地方记忆层面的实践，如佛罗里达记忆、上海记忆、中国台州古村落数字记忆等城乡记忆工程，为审视荆楚文化数字记忆所需的资源构建范围、资源整合困难及方法提供了空间建设视角的参考维度；在社会组织记忆层面的实践，如高校记忆、企业记忆、社群记忆等记忆工程，为考察荆楚文化数字记忆的现实条件、可能路径和实施方案提供了微观层面的借鉴思路；在事件记忆层面，如"9·11"数字档案馆等记忆项目为拓展荆楚文化数字记忆的资源架构框架、资源组织形式等提供了可供操作的方案；在互联网记忆层面，如各种互联网信息保存项目的开展，为丰富荆楚文化数字记忆建构的内容、体现记忆的完整性与现实性，提供了具体可行的互联网信息保存模式。因此，文化记忆研究丰富的场景应用，不仅有助于将荆楚文化数字记忆研究置于更为广阔的历史背景和时代进程之中，也从不同层面为数字记忆建构与传播研究积累提供了多角度的实践参考路径。

二 记忆再生产理论

（一）记忆再生产理论的主要思想

在文化记忆理论研究的视域下，"记忆再生产"指涉的是文化或曰社会层面的记忆再生产。文化学者阿莱达·阿斯曼曾借用意大利历史哲学家维柯的观点指出,"记忆不再仅仅是一种复制的能力,而是一种确确实实具有生产力的能力"①。记忆再生产的研究实际上是对记忆建构观的一种深化和拓展,它有利于将各种记忆资源作为再生产条件纳入系统性的分析体系,体现出记忆建构的连续性和积累性,从而反映出记忆的生产力和价值,也更符合目前记忆项目的特征②。

马克思所创立的社会再生产理论是记忆再生产研究的重要理论资源。作为马克思主义政治经济学的重要组成部分,科学的社会再生产理论是在对古典学派再生产理论批判继承的基础上,不断丰富和发展而来的。20世纪七八十年代以来,社会再生产研究逐渐拓展至哲学、文化学、社会学等多学科领域,涉及社会运行中文化再生产及与其相关联的精神再生产、知识再生产、符号再生产、制度再生产、权力再生产等问题,所涉领域极其广泛,成果较为丰富。例如,扬·阿斯曼在《文化记忆》中就提出了记忆也是一个群体分配的问题,皮埃尔·诺拉主编的《记忆之场》在某种程度上也是对法国国家记忆再生产的历史回顾与梳理③。

基于社会存在、社会文化与记忆的关联性,记忆再生产理论使人们较为清晰地认识到文化记忆既是一种精神现象或文化现象,也是一种社会存在或社会事实,它脱离不了社会物质再生产的总体结构,同时也对社会结构或生产关系具有形成、维系和促进等功能。可以说,记忆再生产理论是社会记忆范型之下的一次理论升级,它既可以看作是记忆研究的拓展和深化,也可以看作是一种新的研究视界与方向,是对涉及记忆的一切行为、过程和结果的系统化阐释。同时,"记忆再生产"也不只是孤立的理论演说,而是将其具体应用在文化、历史、社会、媒介、档案等一系列视域之下的研究成果,如表2-4所示。

---

① [德]阿莱达·阿斯曼:《回忆空间:文化记忆的形式和变迁》,潘璐译,北京大学出版社2016年版,第24页。
② 徐彤阳、顾婷婷:《信息空间理论视域下LAM参与灾难记忆再生产的路径和策略研究》,《档案学研究》2022年第3期。
③ 丁华东、张燕:《档案记忆再生产理论创建的构想》,《档案学通讯》2020年第4期。

表 2-4　　　　记忆研究不同领域的"再生产"思想①

研究领域		关于"记忆再生产"的代表性思想或文章
文化记忆	扬·阿斯曼	"节日和仪式定期重复,保证了巩固认同的知识的传达和传承,并由此保证了文化意义上的认同的再生产"②
历史记忆	皮埃尔·诺拉	各种历史文化事项通过对社会记忆的不断生产和再生产,进而成为"记忆之场";"记忆已经完全转化为最细致入微的重构"③
社会记忆	蔡政良	对都兰阿美部落内部社会记忆机制进行研究,探讨其如何成为"协调外部力量的资本"
	刘岩	《老工业基地的创意景观改造与城市记忆再生产》
	张建军	《创伤记忆:生成、承续与再生产》
媒介记忆	廖英	《论报纸的社会记忆再生产》指出,在新媒体使人们记忆日益快餐化、日趋短暂的时代,报纸等传统媒体的社会记忆再生产挽救了社会记忆的危机
	梁银湘	《后革命时期红色记忆再生产与执政安全研究》
	孔新苗	《中国美术的现代语言与文化记忆再生产——从"综合材料绘画"新现象谈起》
档案记忆	丁华东	展演"也是一种再生产行为","电子传媒与网络媒体的发展为档案记忆再生产、档案记忆展演、档案记忆能量释放提供了重要途径和广阔空间"④
		《论档案记忆再生产的实践特征与当代趋势》《论新媒体传播与档案记忆的意义再生产》《论社会记忆再生产的基本结构》《档案记忆再生产研究的学术价值与问题思考》等

从对以上研究内容的梳理中可以看出,"记忆再生产"理论横向贯通社会记忆再生产、文化记忆再生产、历史记忆再生产、媒介记忆

---

① 表格相关内容梳理自丁华东和张燕的《档案记忆再生产理论创建的构想》《档案记忆再生产研究的学术价值与问题思考》《论社会记忆再生产的基本结构》。
② [德] 扬·阿斯曼:《文化记忆:早期高级文化中的文字、回忆和政治身份》,金寿福、黄晓晨译,北京大学出版社 2015 年版,第 52 页。
③ [法] 皮埃尔·诺拉主编:《记忆之场:法国国民意识的文化社会史》,黄艳红等译,孙江主编《学衡历史与记忆译丛》,南京大学出版社 2015 年版,第 12 页。
④ 丁华东:《论现代传媒对档案记忆的展演形式》,《档案》2015 年第 6 期。

再生产、档案记忆再生产等不同阐释视角,是在不同领域记忆研究基础之上"自然延伸或自然深化的过程"。它针对已有记忆建构研究存在的"记忆资源的形成、累积以及功能机制关注不多、本体论探讨不充分、过程性解释不足"等问题,从社会整体性角度分析考察社会对记忆事项的选择、加工和重建,深化对社会记忆资源、再生产过程、再生产结果之间的关联性思考,进一步剖析社会记忆再生产的整个流程,从而促进社会记忆研究的深化整合、知识的系统化和体系化[①]。从再生产这一新的理论视点出发,可以开拓记忆研究的新空间,其主要观点如图2-2所示。

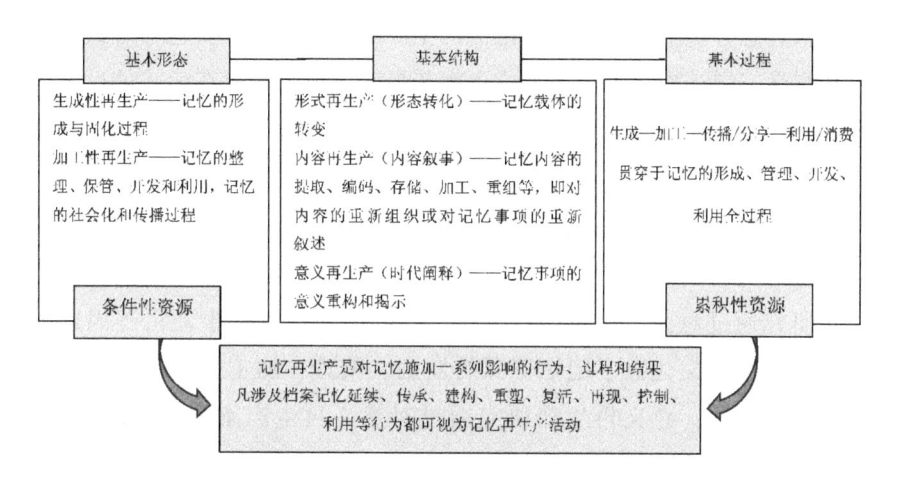

图2-2 记忆再生产主要观点思维导图

(二) 记忆再生产理论与荆楚记忆研究

理论的转型与社会的现实需求密切相关,记忆再生产理论契合记忆实践深入开展的迫切需要,从理论层面对社会记忆活动的全流程进行动态性研究,探讨记忆的生成、加工、传播和利用的全过程,并对特定记忆指向的再生产过程进行深入探讨,以回应现实热点和实践开展的需求,其研究成果为荆楚文化数字记忆研究提供了系统的分析框架和特定的参考指向。

---

① 丁华东:《论社会记忆再生产的基本结构》,《思想战线》2019年第2期。

1. 记忆再生产理论为荆楚记忆研究提供系统的分析框架

从记忆再生产理论来看，建构是记忆再生产的其中一环，记忆的建构与记忆的"延续""传承""重塑""复活""再现""控制""利用"等都是记忆再生产活动中的基本行为要素。记忆再生产理论延续了自哈布瓦赫以来所遵循的记忆建构观的研究传统，不仅研究记忆的"发掘、加工、形塑"等记忆建构行为，又将研究拓展至记忆活动的全过程①，加强了对记忆建构的连续性和资源基础的动态性分析，并在此基础上提出了记忆再生产的三层基本结构，为数字记忆建构与传播提供了系统的分析背景与框架。

从静态分析的视角来看，记忆再生产的基本结构主要包括形式、内容和意义三层结构。其中，形式再生产是对记忆事项存在形式的反复转化，内容再生产是对记忆事项内容的重新叙述，意义再生产是对记忆事项意义的时代阐释。具体来说，形式再生产研究通过对不同记忆形态的梳理，以及各种记忆形态之间的内外部转化的分析，为荆楚文化数字记忆资源的选择范围、采集类型、形式演化等开拓思路；内容再生产研究通过对记忆内容的叙事重构、叙事机制、叙事动机等因素的分析，为荆楚文化数字记忆资源的发掘、整理、加工、书写等系统性行为提供依据；意义再生产研究通过对意义再生产阐释机制的探究，为荆楚文化数字记忆意义建构提供宏大的分析背景及传播能量释放的依据。

2. 记忆再生产理论为荆楚记忆研究提供特定的参考指向

记忆再生产理论研究的重要特征之一，是指向特定记忆的再生产行为。由于记忆具有不同的划分类型，因此也形成了具体的研究对象和实践领域。从记忆空间上划分有城市记忆、乡村记忆、地区记忆、国家记忆等；从记忆形态上划分有文字记忆、图像记忆、口传记忆、数字记忆等；从记忆群体上划分有民族记忆、组织记忆、社群记忆、边缘记忆等；从记忆内容上划分有事件记忆、文化记忆、创伤记忆、青春记忆、

---

① 丁华东、张燕：《档案记忆再生产研究的学术价值与问题思考》，《档案学研究》2019年第3期。

红色记忆等。根据不同的划分类型，荆楚文化记忆既有独特空间范围内的记忆，又有特殊文化群体的记忆，可成为记忆再生产研究的典型场域。

在具有特定指向的典型场域研究中，记忆再生产理论强调领域议题与其他领域相关议题的理论或学术对话，如政治记忆再生产、文化记忆再生产、空间记忆再生产、媒介记忆再生产、地方记忆再生产[①]等领域。不同议题从各自专业的视角为记忆再生产理论提供知识给养，同时也为不同领域的研究增加思考的维度和实践经验。具体来说，荆楚文化记忆研究要关注荆楚文化的集体记忆、历史记忆、文化记忆、媒介记忆等相关领域的再生产问题，同时与荆楚文化资源体系的构建等研究也会形成相互交叉的研究范畴和可供参照的指向性议题。

三 数字人文理论

（一）数字人文理论的主要思想

数字人文虽然仍未形成一个统一的定义，但这并不妨碍数字人文研究的持续升温，并吸纳了多学科领域的交叉研究成果，从而形成一门影响广泛、应用深远的新兴研究领域。也正因如此，数字人文仍处于一个不断发展变化的进程之中，对"数字人文"概念的界定也将是一个不断发展变化和实时更新的过程。无论是认为"数字人文的主要范畴是改变人文知识的发现、标注、比较、引用、取样、阐释与呈现"，还是认为数字人文"通过更智能的工具帮助人文学者提出、重界定和回答人文领域的问题"[②]，数字人文对信息的全新组织和处理都重新建构了"我们理解、组织和判断世界的方式"，这也意味着"数字人文对数字对象的处理其实就是对现实中生活空间的建设"[③]。数字人文的研究和发展经历了一个逐步深化拓展的过程，如表2-5所示。

[①] 丁华东、张燕：《档案记忆再生产理论创建的构想》，《档案学通讯》2020年第4期。

[②] 朱本军、聂华：《跨界与融合：全球视野下的数字人文——首届北京大学"数字人文论坛"会议综述》，《大学图书馆学报》2016年第5期。

[③] 李慧楠、王晓光：《数字人文的研究现状——"2019数字人文年会"综述》，《情报资料工作》2020年第4期。

表2-5　　　　　　　　　　数字人文研究的内容层次①

层次	具体内容	范例
基础设施建设（人文数据库或数据集的建设）	将非数字的人文资料加工转化为数字内容	谷歌数字图书项目、中国学术期刊项目、西文过刊全文库等数字化项目
	对非结构化的数字文本内容按照某种使用目的进行规范化标注著录的数据集建设	哈佛大学费正清研究中心发起的"中国历代人物传记资料库"项目（CBDB）
人文数字工具的开发使用	使用或设计数字工具和平台解决传统人文问题	如文本比对工具、文本标记工具、自然语言处理技术、语义网技术、文本挖掘技术、检索工具等
	使用或设计非人文领域研究方法的数字工具来理解和分析数据集，解决传统人文领域无法解决的问题	如社会网络分析工具、空间分析工具、卫星影像、不间断拍摄、可视化、VR/AR与GIS技术等
创新人文研究方法和研究范式	将人文学者较多采用的定性研究转变为定性研究与定量研究相辅助的形式	如将数据可视化工具、数据分析与挖掘工具、主题数据关联技术等用于研究之中
人文领域的创造性破坏与建设	通过数字技术切入人文领域，对人类文化遗产的传承、传播、全球化和创新提供新的方法	中国2010年上海世界博览会期间所展示的全息《清明上河图》，以全息视频的形式将静态的人、物进行动态展示，推动了古代中国文化的传播

从表2-5内容层次的梳理可以看出，数字人文尽管存在着难以统一的研究范式，但其研究程式大体相当，通常以数据采集和数据处理为起点，再进行定性或定量的分析，并将结果通过可视化的方式呈现出来②。将数据作为研究起点，也是图情档等信息学科的共通之处，但数据最终需要通过传播才能发挥其信息价值，而这正是新闻传播学科关注的焦点。从这个意义上来说，数字人文正是通过与各学科的跨界融合，以一种崭新的方式构建着人类的精神世界，特别是将目标指向具有记忆

---

① 表格相关内容梳理自朱本军和聂华的《跨界与融合：全球视野下的数字人文——首届北京大学"数字人文论坛"会议综述》。
② 李慧楠、王晓光：《数字人文的研究现状——"2019数字人文年会"综述》，《情报资料工作》2020年第4期。

价值的各类人类文化遗产，全面展开了对记忆资源的数字保存、文本编码、数据聚合、知识挖掘、信息可视化等方面的应用，拓展了人类的记忆能力与范畴。数字记忆则是在与数字人文的交叉融合、逐步深化拓展过程中形成的，同样也是跨学科融合之下的产物，既可以深度借鉴数字人文研究成果，也形成了更具有记忆意味的自身特质。

（二）数字人文理论与荆楚记忆研究

数字记忆可以大体上理解为数字人文研究的第四个层次，即人文领域的创新性破坏和建设。它与数字人文最大的共同点就在于信息的整体性与系统性，它们所构建和保存的都是关于特定的人或群体的"全景式"信息，如针对荆楚文化记忆的建构，需要以荆楚文化遗产资源为基础而确立其架构体系，并以荆楚文化领域知识本体建模、共享和利用为核心，完成相关信息资源的采集、加工、组织、服务、研究、教育及传播等一系列行为活动。尽管两者在侧重点上略有差异，即数字记忆更侧重于记忆资源的长期保存与传播利用，数字人文则更关注以知识服务为核心特征的数字资源的整合、组织与开发，但从资源处理层面而言，数字人文可以为荆楚文化数字记忆研究提供重要的应用路径和必备的技术方法。

1. 数字人文为荆楚记忆资源的整合提供了重要路径

数字人文的出现与跨学科、跨媒体、跨语言的分散知识整合的现实需求有着密切的联系。现实世界中的人类个体或者群体都是作为客观存在的完整对象，而历史和社会现实的文献记录却往往是"信息的碎片"，人们通常只关注和记录与自身需要相关的属性和事件，导致信息往往是分散的。数字人文正是研究如何借助数字技术完成信息碎片的"拼接"①、实现资源的整合构建，数字人文这一研究方法对于记忆资源的聚合及应用有着较强的适用性。张卫东等梳理了基于数字人文的档案文化资源整合过程，具体包括：建立资源联合目录，实现统一的资源控制；进行结构化处理，完成实体的标引描述；构建本体，形成领域的应

---

① 赵生辉、胡莹：《面向数字人文的多语言藏学知识融合框架研究》，《农业图书情报学报》2020年第9期。

用模型；进行工具开发，加强数据的整合分析；提供服务，构建面向用户的服务平台；实现虚拟现实、语义出版等增值加工[1]。这一套流程与方法对荆楚文化数字记忆资源整合来说有着借鉴意义。

从资源控制来说，可以为荆楚文化数字记忆建立一个统一的资源目录数据库，包含资源的主题、类型和来源信息，这既有利于实现对记忆资源的集中管理，也是对荆楚文化记忆资源整合构建的重要基础；从结构处理来说，在对荆楚文化遗产数字化的基础上对资源进行结构化处理，并通过语义标引和描述的方式提取其知识单元；从本体构建来说，在荆楚文化记忆资源的若干主题集合中，对每一主题下的知识概念和信息之间进行关联聚合，以此为基础建立领域的本体模型、设计应用场景、揭示语义之间的关联；从工具开发来说，利用各种信息工具对荆楚文化记忆资源进行数据处理、知识挖掘与信息分析，并提供各种可视化知识图谱及工具应用；从传播利用来说，为荆楚文化数字记忆建立一个支持各类终端接收设备的自适应记忆平台，实现统一平台的多终端兼容访问、网络交互、参与反馈等功能；从记忆增值来说，通过虚拟现实、人工智能、语义出版等技术深挖记忆产品的价值，从而激发用户的记忆"通感"。

2. 数字人文为荆楚记忆研究提供了必备的技术方法

数字人文不仅触发了"记忆功能研究思路与方法体系的更迭"，实现了社会记忆向数字记忆的转型，还为数字记忆研究"提供了崭新的工具和平台"[2]，从而确保全媒体环境下数字记忆功能的实现。荆楚文化数字记忆研究可以按照数字人文的理念和方法对荆楚文化领域信息和知识本体进行整体性优化和重组，实现跨学科、跨语言、跨媒体的大规模记忆资源的深度融合，解决记忆资源的碎片化与分散性等问题，为荆楚文化遗产传承与知识创新提供系统性的工具和方法。

数字人文常用的技术方法都可以应用于荆楚文化数字记忆建构之

---

[1] 张卫东、张天一、陆璐：《基于数字人文的档案文化资源整合研究》，《兰台世界》2018年第2期。

[2] 郑爽、丁华东：《数字人文对档案记忆功能实现的启示》，《档案与建设》2019年第7期。

中，主要包括资源组织、分析和呈现的方法，如时序分析、空间分析、文本分析和社会关系分析等。时序分析可以通过时间序列归结出概率较高的模式，也就是用已知数据预测发展方向；空间分析专注于揭示数据的时间属性，表明其在三维空间中的绝对位置和相对位置[①]，如空间分析工具 Qgis 可以用来分析和展示历史人物的分布与变迁；文本分析有文本识别、文本挖掘和分析，其中文本识别采用自然语言处理技术 NLP[②]，文本挖掘可利用 Ctext 文本比对工具、MARKUS 文本标记工具等处理低水平重复的工作，文本分析有常用词频分析、共现分析、关联分析等方法，需要借助本体模型的语义网技术；社会关系分析以文本挖掘技术为基础，揭示人物和事件之间的复杂网络关系与社会结构，再利用信息可视化技术将数据结果直接呈现在用户眼前，如可视化社会网络分析工具 Gephi 可以用来呈现人物之间的各种社会关系。此外，VR/AR、GIS、人工智能等技术也是数字人文平台可提供的重要内容，荆楚文化数字记忆可以根据不同类型记忆资源的形式特点，选择不同的工具实现可视化的呈现效果。

---

① 张卫东、张天一、陆璐：《基于数字人文的档案文化资源整合研究》，《兰台世界》2018 年第 2 期。

② 李慧楠、王晓光：《数字人文的研究现状——"2019 数字人文年会"综述》，《情报资料工作》2020 年第 4 期。

第三章 现状梳理：荆楚文化的保护与传播调查

进入数字时代，数字技术为社会记忆的形成、保存与利用提供了新的样式，也为荆楚文化记忆研究带来了新的契机。荆楚文化要实现创造性转化与创新性发展，需要借助数字力量的驱动转向数字文化资源形态，构建"可解读、可保存、可关联、可再组、可传播与共享"[①]的荆楚文化数字记忆。数字记忆实现的首要前提是数字文化资源建设达到一定的程度，在当前数字化转型的背景下，荆楚文化数字资源建设得到一定程度的开展，如何进一步适应新的技术环境，建构与传播荆楚数字记忆，需要对当前荆楚文化遗产保护和荆楚文化新闻传播现状进行深入调查，从整体上把握荆楚文化数字化转型的程度，进一步探寻其转型过程中所面临的困难与需求，厘清这一发展现状与数字记忆之间的真实差距，为全面系统地建构与传播荆楚数字记忆确定明确的目标。

第一节 荆楚文化的保护与传播调查设计

一 调查思路与方法

从认识论角度来看，一切社会实践和认识活动都包含着主体、客体和中介这三个最基本的要素，作为社会实践和认识活动的社会记忆也具备"谁（建构）的记忆、记忆什么、如何记忆"这一基本结构。与这

---

① 加小双：《档案学与数字人文：档案观的脱节与共生》，《图书馆论坛》2019年第5期。

一结构相暗合，形成了社会记忆理论研究的"三种切入式传统"，具体来说，即主体切入式、客体切入式和中介切入式①。本书以此三种维度的记忆框架为基础，为厘清不同记忆维度之间的逻辑关系并全面揭示其所对应的实践内容，特以能表征荆楚记忆的荆楚文化遗产与荆楚文化新闻为调查对象，分别从文化保护与传播主体、文化资源及传播内容、文化建设与传播方法三个方面进行全面的调查，以期勾勒出当前荆楚文化保护与传播的现状。

调查是了解事实的基础，即采用一定的方法对调查对象进行考察、了解、分析和研究，从而认识其本质及其发展规律。在对荆楚文化记忆研究相关概念和理论阐释的基础上，本书进一步对荆楚文化遗产的保护及荆楚文化新闻的传播现状进行调查，采用网络调查与实地调查相结合的方法，具体运用实地观察、访问调查等多种调查方式探求其发展现状及存在的问题。其中，网络调查主要通过互联网、移动社交网络等信息工具，对相关信息进行收集、记录、整理与分析，并结合重点问题进行在线访谈；实地调查则以有代表性的荆楚文化相关事业单位为重点，以访问、观察、咨询等多种方式进行。网络调查法有助于对调查对象进行全面了解，充实调查数据，实地调查法能够获取更为详尽的第一手资料，弥补网络调查中可能遗漏或无法深入的问题。此外，本书还借助网络民族志方法，深入荆楚文化社群，以便近距离地接触或观察荆楚文化的记忆实践，亲身感知其当下的语境。

二 调查范围及对象

文化资源建设是荆楚文化记忆建构行为的基础，也是体现和揭示以荆楚文化为对象的记忆传播行为的外在依据。依据记忆研究的三种传统路径，记忆建构的主体、记忆建构的对象、记忆建构的方法是构成记忆行为的基本要素，从这三种研究视角进一步延伸至荆楚文化新闻的传播主体、传播内容和传播形态调查，因此形成文化保护与传播的主体、文化资源及信息传播内容、文化建设与传播方法三个总体调查层面，从而

---

① 丁华东：《论档案记忆研究的学术坐标》，《档案管理》2011年第2期。

明确勾勒出荆楚文化记忆的基本现状及其总体特征。

具体而言，主体维度主要调查荆楚文化的保护与传播主体，以及各主体之间的相互关系与组织形式。荆楚文化遗产分布广泛、类型多样，涉及多元化的利益主体与差异化的利益诉求。从多元主体协作层面来看，各官方文化遗产保护单位如档案馆、图书馆、博物馆、非遗中心、科研院所等是荆楚文化资源的主要保存和研究阵地，传媒、民族、历史、旅游、文化等专业部门承担着宣传责任，民间各类社会组织以及土司后裔、艺人工匠等民间文化传承人也担负着一定的记忆收集、保护和传播之责，共同参与了荆楚记忆资源的开发、创新与传播活动。因此，调查主要以荆楚文化遗产保护和荆楚文化新闻传播主体为对象，以官方主体为主并兼顾民间文化组织及个人等民间保护主体的调查，获得了参与荆楚文化保护与传播的多元化主体信息。

资源层面主要调查荆楚文化及其记忆建构所涉及的对象世界以及针对这一对象文化资源的信息传播范围。首先，荆楚档案文献遗产是构成荆楚记忆的首要来源。英国档案学家库克（Terry Cook）曾指出"记忆，就像历史一样，根植于档案之中"[①]，从这一观点出发，沉淀于历史长河中卷帙浩繁的档案文献遗产是构成记忆的首要来源，也是可直接收集的文化信息资源，其按照形成时间、呈现形态及载体类型等划分有着不同的表现形式。其次，具有记忆属性的其他荆楚文化遗产也是荆楚记忆之源，既包括不可移动物质文化遗产资源，如古遗址、古墓葬、古建筑、摩崖、壁画，以及历史文化名城或特色村落等，也包括经由活态传承的非物质文化遗产资源。此外，Web2.0 时代荆楚文化传播的受众主体也形成了基于网络的各种虚拟社群，他们通过社交网络空间的文化交往实践，形成了大量具有现实文化价值的网络原生数字资源，也可成为构筑荆楚记忆的原材料。总之，凡是对记忆之物具有"史实考证、文化阐释及情境再现"的作用的，就可以将其网罗汇集并保存建构，形成对已有数字文化资源的补充印证。

---

① Joan M. Schwartz and Terry Cook, "Archives, Records, and Power: The Making of Modern Memory", *Archival Science*, Vol. 2, Nos. 1 – 2, March 2002, p. 18.

方法层面涉及"如何建构与传播"的问题,在数字化语境之下,荆楚记忆的唤醒需要同时拓展保护与传承两个向度,即以数字形式构建其文化记忆,并建立一个大型的数字记忆平台将此记忆传播分享,以实现记忆的"固化"与"撒播"。为弄清现实情况与这一目标之间的真实差距,对荆楚文化数字资源建设与传播形态现状进行调查,主要包括以下两个方面:一是针对官方主体建设与传播情况的调查,对具有荆楚记忆价值的文化遗产的数字化、信息传播情况进行调查,既包括文字、图像、实物、口述录音录像及其他各种史料资源的数字化收集、整合与传播工作,也包括文化遗产的数据库建设、非物质文化遗产的现场展示与传播情况调查;二是对网络空间中在线资源发展情况的调查,尤其是对社交媒体中反映荆楚文化生活和具有记忆价值的文化实践领域进行亲身体验,在与荆楚历史文化相关的微博、B站等社交媒体中参与互动。无论是现实世界还是网络空间,由各种荆楚记忆资源构建所形成的数据,不仅为数字记忆建构提供原材料,而且还凝结着漫长历史实践中的荆楚文化经验和知识认知,可反映出当前荆楚文化数字化程度和发展水平。

基于荆楚地域特征和文化特色,荆楚文化保护与传播调查范围如表3-1所示。

表3-1 **荆楚文化保护与传播调查范围**

类型	调查对象	涵盖内容
文化保护与传播的主体	荆楚文化遗产保护主体	档案馆、图书馆、博物馆、科研院所、文化馆、非遗馆、传承人等
	荆楚文化新闻传播主体	专业媒介、机构媒介和个人媒介
文化资源及信息内容	荆楚文化遗产资源	可移动的档案文献遗产、不可移动的物质文化遗产、活态传承的非物质文化遗产、网络原生数字资源
	荆楚文化新闻内容	炎帝神农文化、楚国历史文化、秦汉三国文化、清江巴土文化、名山古寺文化、长江三峡文化、江城武汉文化、现代革命文化
文化建设与传播方法	荆楚文化数字资源建设	数字化工作进展、在线资源建设、数据库建设
	荆楚文化传播形态构建	图文、影音、数字化以及人际互动

三 调查内容及设计

根据以上调查思路及调查范围,以荆楚文化遗产、荆楚文化新闻为调查对象,拟从荆楚文化保护与传播主体、荆楚文化遗产及传播内容、荆楚文化建设与传播方法三个方面进行重点调查,确定了初步的调查内容,并设计了相应的调查方案,调查时间截至2023年5月18日。其中,荆楚文化保护与传播主体包括保护主体和传播主体,保护主体侧重于对文化遗产的保存、修复、管理等方面,传播主体侧重于对文化资源的传承与传播,两者在实际过程中有时是融合统一的,例如宜昌市群众艺术馆非遗保护中心不仅建设有非遗的传承展示厅,还建设有宜昌非遗特色资源库,既承担保护之责,又力行推广之任;荆楚文化遗产分布广泛涉及地域分布、类型分布、时间分布、载体分布、形式分布、内容分布,其传播内容包括各单位馆藏文化资源信息传播情况;荆楚文化资源建设与传播方法主要从方法的维度进行考察,主要包括现阶段各单位进行数字资源建设,以及当前新闻传播形态的调查,这些都构成了记忆建构的特殊形式,可以了解当前数字化转型程度及存在的问题。

在调查内容确定的基础上,为更深刻地理解文化发展转型对荆楚文化数字资源建设的现实要求,把握荆楚文化向数字记忆转型的契机,本书设计了开放式访谈的提纲,以了解各相关主体在实践中的现实情况和具体建议,设计访谈提纲如下:

①您认为荆楚文化具有什么样的特征?哪些文化遗产能体现出其地域或文化特色?哪些文化遗产是具有记忆价值的?

②您怎么理解文化遗产和记忆之间的关系?您认为有哪些工作是与记忆的保护、传承及建构相关的?

③对于具有记忆价值的文化遗产应该采取什么样的措施予以保护?又该如何开发和传播这些记忆?

④您认为数字文化资源建设与数字记忆之间是什么样的关系,或者说数字记忆需要构建什么样的数字文化资源?

⑤您认为目前荆楚文化数字信息在传播中存在哪些困难或者亟待解决的问题?

⑥您认为哪些原因造成了目前的困难？从管理制度到具体的受众接受层面有哪些可供参考的建议？

⑦您体验过与荆楚文化相关的记忆产品或让您印象深刻的记忆项目吗？

⑧您认为荆楚文化数字记忆应该有怎样的呈现方式？和其他类型的数字记忆相比会有什么样的不同？不同对象之间的数字记忆又有哪些相同之处？

荆楚文化数字记忆这一问题的提出不仅反映了荆楚记忆研究的新拓展，也体现了荆楚文化数字资源建设发展过程中面向新思考、新实践的转型。只有了解了实践工作的进展和需求，才能更好地把握荆楚文化创造性转化与创新性发展的真正动力。

第二节 荆楚文化遗产保护调查结果

一 荆楚文化遗产保护主体情况

现今的湖北全域自古就是"荆楚"之地，荆楚文化浸润着湖北各地的历史与发展，因此保护主体调查对象主要涉及湖北省各地相关文化事业单位。由于荆楚文化遗产种类丰富，从其形态上主要分为可移动文化遗产、不可移动文化遗产和非物质文化遗产等类型，其保护主体也呈现出多元性结构。各种文化遗产保护场馆如档案馆、图书馆、博物馆、美术馆、方志馆等是荆楚文化档案、图书、文物类可移动文化遗产的主要保存阵地；各种文化遗址公园、地质公园等则是不可移动文化遗产的聚集地，包括古遗址、古建筑、古墓葬、巨型雕塑、名山古寺等空间场所，这些空间中流淌着荆楚文化所特有的传说、故事和历史，如炎帝神农尝百草、清江巴土源头、三峡移民人家、辛亥革命历史等文化资源；另外，源远流长的荆楚文化中还有大量的非物质文化遗产，包括民间技艺、戏曲、游艺、音乐、舞蹈、文学等，这类遗产体量庞大、覆盖面广，在调查中主要以各市县的非遗保护中心、非遗展示馆、文化馆、群艺馆等作为调查对象，并予以单独呈现，如表3-2、表3-3所示。

表3-2　　　　　　　　荆楚可移动文化遗产保护代表性单位

序号	单位名称	场馆建设
1	湖北省博物馆	国家一级博物馆，总建筑面积11.4万平方米，是中国最大的古乐器陈列馆
2	湖北省档案馆	国家一级档案馆，建有特藏库、名人库、图纸库、音像库等
3	湖北省图书馆	国家一级图书馆，总建筑面积10.33万平方米
4	湖北考古博物馆	湖北考古出土文物的保管、收藏、保护、展示与研究，占地面积100亩
5	武汉博物馆	国家一级博物馆
6	武汉市档案馆	国家一级档案馆，总建筑面积6169.87平方米
7	辛亥革命博物院	国家一级博物馆，建有藏品保护部、陈列展览部等9个部门
8	宜昌博物馆	国家一级博物馆，总建筑面积4.3万平方米
9	荆州博物馆	国家一级博物馆，建筑面积达2.3万平方米，正在推动扩建
10	十堰市博物馆	国家二级博物馆，内设有考古部、陈列部、保管部等8个部室
11	荆门市图书馆	国家一级图书馆，新馆建筑面积1.8万平方米
12	恩施土家族苗族自治州档案馆	按市级一类档案馆标准，正在积极推进新馆建设，预计总建筑面积1.28万平方米
13	鄂州市博物馆	国家二级博物馆，设有藏品保护部、陈列部等12个部门
14	赤壁市博物馆	国家三级博物馆，建筑面积3400平方米
15	谷城县图书馆	国家一级图书馆，设有古籍部、采编部等8个部室
16	长阳土家族自治县图书馆	国家一级图书馆，馆舍面积2600平方米，设有特藏室、电子阅览室等
17	五峰土家族自治县民族博物馆	依托湖北省文物保护单位——五峰精制茶厂对公众开放

从各单位场馆建设及馆藏情况来看，省级到市县一级的相关文化事业单位都保存有一定数量的荆楚文化遗产，一些民族高校图书馆也非常重视对荆楚民俗的保护。尽管目前各单位场馆建设规模不同，但不少单位在新场馆的建设规划中，将相关荆楚文献作为馆藏的特色资源，并且在馆内陈列荆楚文化特色展览。除档案、文献、文物等馆藏可移动文化遗产之外，不少不可移动文化遗产被纳入旅游文化资源，归属此类空间文化资源所在地的政府或协会管理。例如，归元寺是全国重点文物保护

单位,由武汉市政府管辖;古德寺是国家级文物保护单位,由武汉市佛教协会管辖;神农祭坛是祭奠神农、祈求祖先赐福与庇佑的场所,由神农架国家公园管理局管理;武当山则由武当山特区景区管理局管辖;恩施土司城则隶属咸丰县唐崖土司城遗址管理处。由于其文化资源的特殊性,未纳入此次调查对象之列。

表3-3　　　　　荆楚非物质文化遗产保护代表性单位

名称及建立时间	参加主体	工作内容/主要成果
湖北省群众艺术馆(1956年)	省文化和旅游厅、省群众艺术馆	负责全省非遗工作的组织实施,包括总体规划、标准规范制定、非遗项目及传承人的申报、建立全省非遗档案数据库等
武汉市群众艺术馆(1956年)	市人民政府、市文化和旅游局等	是向社会免费开放、为群众提供文化服务的公共文化场所,承担政府公共文化事业、繁荣全市群众文化等责任
襄阳市非物质文化遗产保护中心(2006年)	市文化和旅游局、市群众艺术馆等	指导文化信息资源共享工程建设和古籍保护工作,拟定非物质文化遗产保护规划及相关政策,承办国家级和省级项目的申报与市级非物质文化遗产代表项目和代表性传承人的评审工作
宜昌市群众艺术馆/宜昌市非物质文化遗产保护中心(2008年)	市人民政府	负责组织民族民间文化遗产搜集、整理、研究和开发,保护传承非物质文化遗产,公共文化建设辅助和服务性工作
荆州市荆楚非物质文化遗产博物馆(2014年)	市文化和旅游局、市非遗保护中心等	负责全面展现荆楚民间手工技艺,培育工匠精神
孝感市群众艺术馆(1978年)	市人民政府、市文化和旅游局等	负责文艺演出、美术摄影展览、文体比赛、文艺创作培训、业余创作团体管理、业余文艺创作组织、群众文艺理论研究、文化交流、民族民间文化艺术遗产收集整理与保护
荆门市群众艺术馆(1950年)	市人民政府、市文化和旅游局	负责加强本市非遗项目的保护与传承,开展多项非遗展示活动,利用非遗项目服务乡村旅游发展,引导非遗类传统工艺企业延伸产业链,推进非物质文化遗产的产品转化和市场开发等

续表

名称及建立时间	参加主体	工作内容/主要成果
黄石市群众艺术馆（1949年）	市文化和旅游局	组织开展具有示范性、导向性的文艺展演；收集整理、开发保护民间文化遗产；培训业余文化骨干、研究群众文化艺术
咸宁市非物质文化遗产展示馆（2021年）	市文化和旅游局、非遗保护中心	负责宣传教育、展演展示、民俗物件收藏、文化产业等
恩施土家族苗族自治州非物质文化遗产保护中心（2013年）	州政府各部门、州文化馆	贯彻州级非遗保护的法律法规及条例，参与制定具体的执行措施及工作方案，积极推进非遗项目及传承人申报工作等
鄂州市群众艺术馆（1984年）	市人民政府	以非物质文化遗产为主题，主要负责非物质文化遗产的宣传展示、体验互动、教育研发等，是锣鼓艺术（鄂州牌子锣）、剪纸（鄂州雕花剪纸）、端午节（泽林旱龙舟）的保护单位
秭归县非物质文化遗产保护中心（2008年）	县文化馆、县文艺创作室	全面负责非遗保护与传承，指导所辖各乡镇文化站的业务工作
长阳非物质文化遗产保护中心（2020年）	县文化和旅游局、县非遗保护中心	负责"条例"贯彻实施；传统文化保护、传承、研究；项目、传承人申报及名录建立；传统文化资源数据库建设和管理等
五峰土家族自治县非物质文化遗产保护中心（2008年）	县人民政府等	申报各级非遗名录，并建立起四级名录体系，探索重点项目传承保护工作模式
竹溪县文化馆（1949年）	县文化体育新闻出版广电局	承担全县群众文化艺术工作的创作指导，群众文化活动的组织辅导，群众文艺骨干的培训辅导；负责和指导县内非物质文化遗产的挖掘、整理、保护、研究和开发利用等职能

表3-3主要对各省市群艺馆、非物质文化遗产保护中心、传承展演中心等保护单位进行了调查，以对荆楚非物质文化遗产保护现状进行全面了解。从调查情况可以看出，目前全省各市、州、县均已普遍建立起非物质文化遗产保护制度，尤其各市的群艺馆建立时间都较早，属于

早期非遗保护的雏形，而非物质文化遗产保护中心则大多是近几年才开始建立，且多依附于群艺馆、文化馆等而建。恩施州所辖的 8 个县市，以及宜昌市及其所属的 2 个自治县都成立了由官方主体全面负责的保护中心、传承展演中心。其实长阳县的民间文化保护工作开展较早，于 2006 年就建立起长阳土家族自治县民族民间传统文化保护中心，经过长期的发展改组成为现在的"长阳非物质文化遗产保护中心"，围绕非遗资源普查、项目申报、传承人保护、文化推广展示及非物质文化遗产数据库建设等内容开展活动，获得了都镇湾故事、薅草锣鼓、撒叶儿嗬等国家级非物质文化遗产代表性项目保护单位的资格。2022 年 7 月，位于长阳文化馆二楼的长阳土家族自治县非物质文化遗产馆正式开馆，通过文字、图片、场景、声光电等形式再现长阳的非物质文化遗产，展示了夷水巴方、夷水沧桑、巴土风韵、梦幻土家等地域文化风情。从各保护中心名称的历史变化可以看出，各保护主体对非物质文化遗产保护的内涵有了更为明确清晰的界定，拓展了民间传统文化保护的范围。

此外，除官方建立的各类保护中心之外，还有不少民间组织和个人开展的非物质文化遗产保护与传承。以长阳土家族自治县为例，就有资丘镇土家文化生态保护区、土家民间文化传习园、毕兹卡民俗文化村等民间的文化传承基地和生态保护区，其中不少是由非遗传承人所创建的，如"南腔北调"传习园的主人是国家级非遗——长阳南曲的传承人谢克富，这一传习园同时还是当地村落民俗文化传承的试点基地。可见，民间传承人对非遗的活态保护与传承发挥着积极推进的作用。截至目前，已认定湖北省国家级非遗代表性传承人 102 人、6 批省级非遗代表性传承人 787 人，具体数据如表 3-4 所示。

非物质文化遗产代表性传承人是非遗文化活态传承的重要承载者、集成者和传播者。湖北地区得益于得天独厚的地理位置和滋养深厚的历史文化底蕴，汇集了地域色彩浓厚的非遗资源，需要荆楚文化传承人继承与发扬。湖北省非遗代表性传承人传承项目种类多样，既有民间文学、传统戏剧和曲艺，又不乏传统体育和传统医药类。第一批国家级非遗传承人赵剑英的武当武术、第五批国家级非遗传承人镇水清的中医诊疗法（镇氏风湿病马钱子疗法）都极具实践意义，也有一些非遗传承人将传播发扬荆楚文化落在实处，如长阳土家族自治县非遗传承人秦先菊，自费7万多元出版《长阳渔峡口民歌选》，其中收录了作者多年来从众多民间艺人收集中整理出来的90余篇民歌，共14.4万字，其中以花鼓子为主，还有山歌，薅草锣鼓、撒叶儿嗬等经典唱词。此外，一些民俗类文化活动，如当阳关陵庙会、泽林旱龙舟也入选国家级非遗项目，对荆楚民间文化的承续起到了促进作用。

表3-4　　　　　　　湖北省非遗代表性传承人数量统计　　　　　　单位：人

非物质文化遗产传承人共787人						
	第一批	第二批	第三批	第四批	第五批	第六批
国家级	3	13	23	18	45	40
省级	183	116	153	119	100	116

类型	民间文学	传统音乐	传统舞蹈	传统戏剧	曲艺	传统体育等	传统美术	传统技艺	传统医药	民俗
国家级	11	25	12	47	8	6	17	6	5	5
省级	58	152	73	156	69	23	82	118	28	28

二　荆楚文化遗产资源分布情况

通过对荆楚文化遗产整体分布情况的调查可以发现，由于它本身受鲜明的地域特色、文化习俗、历史渊源等因素的影响，其文化遗产分布广泛、类型多样，尤其是借助口头传承的非物质文化遗产内容极其丰富，因此形成了目前普遍存在的分散分布状态，这使得大量散存于民间的文化遗产可能由于缺乏专业有效的保护而处于逐年消失的危险之中。例如，土家族语言正在成为一种濒危语言，久而久之附着于土家语之上的各种口头传承和艺术表现形式就会丧失其独有的民族特色，从而面临消失的可能；民间散存于户外的一些碑石建筑，以及一些载体稀缺、内容珍贵的档案文献遗产，有的尚未得到及时保护与修复，有的虽然得到抢救保护，但仍可能因外在自然条件恶化、人为破坏等而面临损毁的风险，这些问题导致荆楚文化遗产资源的丰富性与濒危性并存。为了解目前荆楚文化遗产资源分布的主要特征和代表性单位的馆藏情况，本书对荆楚文化遗产的主要分布和馆藏情况进行了系统梳理，如表3-5、表3-6所示。

表3-5　　　　　　　　荆楚文化遗产主要分布情况

主要分布	覆盖范围	主要特质	代表性例证
地域分布	荆楚地处中国内陆中部偏南地区，其文化遗产分布广泛，核心区域主要集中在湖北省，覆盖湖北全域及其周边十堰	承南接北的地域文化，也是南方文化的代表	荆楚文化遗产主要分布在湖北省各市县的图书馆、档案馆、博物馆、文化局、文物局、民委、地方志、非遗中心、高等院校及民间都有分布，如湖北省博物馆现有馆藏26万余件、荆州博物馆现有馆藏文物13万余件
类型分布	档案文献等可移动文化遗产；古建筑、古遗址、土司遗物等不可移动文化遗产；汉绣技艺、土家摆手歌、长阳花鼓子等非遗类型	具有地域文化特色和民间传承特性	按文化起源和形式共分为三大类24种文化流派；按其内涵可概括为八大类型：炎黄神农文化、楚国历史文化、秦汉三国文化、清江巴土文化、名山古寺文化、长江三峡文化、江城武汉文化以及现代革命文化
形成时间	先秦时期起在江汉流域兴起的一种地域文化	历史底蕴浓厚，形成时间较长	"荆"作为地方名称，最初出现在夏朝，禹伐三苗，控制长江中游后，设立了传说中的古荆州；以荆或楚作为地域方国的政治实体名称，在商代已经出现
载体材料	金属、石刻、竹木、织锦、纸张及磁带、存储卡等新型材料	载体多样、形式新颖、就地取材	碑刻文较多，有墓碑、纪念碑、纪事碑等，如唐崖土司皇坟覃鼎战功铭刻碑、巴东田氏土王碑；还有古老的楚式漆艺、成文的楚辞、具象的黄鹤楼建筑等

续表

主要分布	覆盖范围	主要特质	代表性例证
记录形式	以实物、文字、图形、符号、图案、纹饰、声像、口传、数字等方式记录	大量实物载体	湖北省博物馆四大镇馆文物越王勾践剑、曾侯乙编钟、郧县人头骨化石、元青花四爱图梅瓶皆为实物，历史遗存的名山古寺、大遗址等都承载了大量文化
		重视新型材料的记录	对口头传统、民间技艺、古建遗存、土司遗址、戏曲音乐等采用了影音图文相结合的数字化多媒体记录
主题内容	荆楚文化内涵可概括为八大系列：炎帝神龙文化、楚国历史文化、秦汉三国文化、清江巴土文化、名山祷文化、长江三峡文化、江城武汉文化、现代革命文化；荆楚文化遗产主题集中体现在价值观、语言、传统技艺和历史文化四大方面	价值观念	自强不息、重诺尚义、上善若水、爱国爱乡、兼容并包
		特色方言	荆楚方言是汉越语系中的一种方言，在汉越语系中与其他方言有一定的差异，如重音、发音、变音等不同
		传统技艺	包括书法、剪纸、茶艺、陶瓷、佩刀、织毯等，如宜昌夷陵区的民间版画、安陆的民间漫画、丹江口伍家沟村的民间故事、黄梅县挑花和老河口木版年画等
		历史文化	古老的建筑、传说事迹、荆楚文学、历史文献和博物馆等，如黄鹤楼、辛亥革命博物馆等

将荆楚文化遗产资源按照地域、类型、时间、载体、记录、主题进行分类调查发现，其资源分布及内容广泛多元且具有鲜明的地域特色。这得益于其文化历史久远，也得益于其得天独厚的地理位置，兼取夷夏文化之所长而多元融通，使得荆楚文化遗产在内部传承、对外沟通以及向外传输等方面的优势都较为明显。无论是工艺精湛的传世青铜器、自成一系的楚式鬲、恩施唐崖土司城、道教名山古寺等物质文化遗产，还

是大量的非物质文化遗产,如屈原传说、武当山宫观道乐、黄梅戏汉剧、湖北评书、武当武术、荆州花鼓戏等,无不展示着荆楚文化的独特韵味。

在中华文明的历史长河中,荆楚文化以其特有的风貌泽被后世,荆楚文化的气质与中原华夏文化形成互补。其中,楚辞被誉为中国浪漫主义文学的源头,运用楚地的方言声韵,叙述描绘楚地的山川人物、历史风情,具有浓厚的地域文化色彩。另外,以湖北随州、谷城和神农架为代表的地区也是炎帝神农文化的主要传承地,炎帝神农在此遍尝百草为民治病、发明农业教民耕种,其深厚的历史文化底蕴标志着中华文明从渔猎时代向农耕时代的过渡。此外,各地还有大量遗传至今的显性的物态文化,展示出荆楚民族的独特韵味,如土家族四色土布服装、走马转角的木质吊脚楼、沧桑厚重的土司城遗址。2015 年,湖北咸丰唐崖土司城遗址被列入《世界遗产名录》,它尽管残垣断壁、遗世独立,但却透视着土司王朝的历史兴衰。发展到现代社会,武汉成为重要的工业城市、革命城市,产生了《江汉关档案》《汉冶萍公司档案》《武汉抗战档案》等国家重点档案文献遗产,成为承载这段历史的珍贵记忆。这些类型多样、内容丰富的荆楚文化资源亟待进行全面系统化的保护,建构并传播荆楚文化记忆。

为进一步弄清目前各文化事业单位已建档保存的荆楚文化遗产的管理现状,特对不同单位文化遗产馆藏数量及主题分布进行了调查,如表 3-6 所示。

表 3-6 代表性单位荆楚文化遗产馆藏数量及主题分布

序号	单位名称	馆藏数量	主要馆藏/代表性馆藏
1	湖北省博物馆	馆藏文物达 24 万余件	史前文化、青铜文化、明代精品文物等,综合馆展览陈列文物 85% 与楚文化有关,并设置"楚国八百年"展览
2	湖北省档案馆	馆藏档案共 471 个全宗,1107596 卷(册)	馆藏丰富,尤其是对荆楚特色文献的信息开发,开展以"展非遗档案 存荆楚记忆"为主题的档案日宣传活动,是荆楚红色历史记忆库和红色基因资源库

续表

序号	单位名称	馆藏数量	主要馆藏/代表性馆藏
3	湖北省图书馆	文献总藏量达 840 万册	湖北地方特色资源,官网设有"荆楚民俗"专题
4	湖北考古博物馆	收藏有 200 余处遗存出土文物标本 2 万余件	包括三峡宜昌杨家湾、白庙、三斗坪,秭归官庄坪等遗址,以及 20 世纪 50 年代的丹江库区调查文物,还有建始人、郧县人、鸡公山、屈家岭、石家河、盘龙城、铜绿山、雨台山等多个湖北重要考古发现的文物标本
5	武汉博物馆	馆藏文物约 6 万件	藏有兽面纹十字孔青铜尊、《江汉揽胜图》、凤纹方罍等,举办《荆声玉振 楚韵生辉——古代玉器精品展》
6	武汉市档案馆	馆藏档案 489 个全宗,约 100 万卷件	以清代、民国和新中国成立后档案资料为主
7	辛亥革命博物院	文物藏品约 3.5 万件	以辛亥革命历史文物、照片和场景为主
8	宜昌博物馆	馆藏文物近 5 万件(套)	藏有反映楚文化的楚季宝钟和 12 件青铜甬钟
9	荆州博物馆	馆藏文物 13 万余件	藏有反映荆楚文化特色的文物,如"虎座鸟架悬鼓"、战国丝绸、吴王夫差矛、战国秦汉漆器等文物
10	十堰市博物馆	馆藏各类文物藏品 3 万余件	馆藏种类丰富,藏有旧石器时代手斧、春秋第一玉剑、汉代陶锅等珍贵文物,并举办《楚风汉韵》展览
11	荆门市图书馆	全馆现有藏书约 60 万册	收藏有《四库全书》《古今小说集成》等巨型工具书,藏有荆楚特色图书,并获得"十佳荆楚图书提名奖"
12	恩施土家族苗族自治州档案馆	190601 卷	藏有当地土家族、苗族的历史和现行档案
13	鄂州市博物馆	馆藏文物 80121 件	设"鄂楚历史文化""鄂州民俗文化"等五个基本陈列
14	赤壁市博物馆	馆藏品 19953 件,珍贵文物 97 件	以传世文物、出土文物和革命文物及工艺品为主

续表

序号	单位名称	馆藏数量	主要馆藏/代表性馆藏
15	谷城县图书馆	藏书10.5万册,其中古籍书2.1万册	以《金刚般若波罗蜜经》为代表的善本书
16	长阳土家族自治县图书馆	馆藏书126450册	反映当地民族社会发展的档案文献
17	五峰土家族自治县民族博物馆	藏品905件、珍贵文物26件	以展示万里茶道茶源地陈列室为主,正在布展非遗厅

在荆楚文化遗产的馆藏调查中发现,大多数调查对象对荆楚主题的文化遗产都较为重视,特别是博物馆基本都收藏了与荆楚有关的文物,并且还会开设相关荆楚文化展览,例如,湖北省博物馆的"楚国八百年"展,鄂州市博物馆的"鄂楚历史文化"陈列展。馆藏总量的多少体现了该单位文化遗产保存的规模,从各单位馆藏调查数据分布来看,其数量差距还较为明显。其中,省级文化事业单位馆藏数量较大,大多达到了百万以上的数量规模,湖北省图书馆以馆藏总量840万余册书目数据遥遥领先,并建设有湖北地方特色资源库,官网开设"荆楚民俗"专题;荆州市博物馆地处江汉平原腹地,是楚文化的发祥地,其收藏范围往往也更体现当地楚文化的特色,如馆内设有楚汉文化丝织品精品展室,有被国家文物局评为十佳精品展的楚汉简牍文字展等。

三 荆楚文化数字资源建设情况

荆楚文化数字资源建设以文化遗产保护单位为主要调查对象,主要围绕荆楚文化资源数字化工作进展、在线资源建设、数据库建设三个方面展开详细调查。数字化工作是将原始形态文化遗产转化为数字记忆资源的前提,在线资源建设是数字记忆资源呈现的重要形式,其中也包含一部分在线数据库,由于数据库建设的相对独立性,且目前数据库建设程度差异较大,因而调查中将数据库建设单列为一项,具体调查内容和结果如表3-7、表3-8所示。

表3-7　　　　　　　　荆楚文化数字资源建设现状调查内容

调查内容	内容细分	调查说明
数字资源可利用率	数字资源的获取情况	主要调查可获取的数字资源情况，根据在线资源和数据库建设情况大致了解各单位数字资源可利用率，具体划分为：A. 90%以上；B. 60%—90%；C. 30%—60%；D. 30%以下
在线资源建设	栏目类型	主要调查展示型数字资源的栏目形态。根据初步调查，划分为专题、教育、文化三大类，其中专题是指按照一定的主题，系统展示和介绍相关内容的组织方式，包括专题展览等；教育是指数字资源所形成的教育资源，包括在线课堂、资料下载、视频讲座等知识信息；文化主要指各种数字化的文化内容或产品，包括文化记忆、编研出版物、影视作品及其他文创产品等
	媒体形式	主要调查在线资源的呈现媒介，包括网站、微博、微信公众号
	利用服务	主要调查以提供利用为目的、面向公众互动的服务形式，包括馆藏查询、信息检索、公众互动等
数据库建设	数据库类型	主要调查数据库呈现形式，包括目录数据库、全文数据库、多媒体数据库、专题数据库、特色资源数据库等
	开放性	主要调查数据库是否面向公众开放，开放包括账号登录或在公共机构局域网访问

表3-8　　　　　　　荆楚文化数字资源建设现状调查结果统计

调查项目 统计结果	数字资源可利用率				在线资源									数据库					开放利用
					栏目类型			媒体形式			利用服务			数据库类型					
	A	B	C	D	专题	教育	文化	网站	微博	微信	查询	检索	互动	目录	全文	多媒体	专题	特色	
省级单位	3	2	0	0	5	4	5	3	3	5	5	5	5	3	3	4	4	3	3
市级单位	4	7	4	4	15	10	13	12	10	16	13	13	11	7	12	7	10	8	12
县级单位	0	4	1	3	6	5	7	5	0	7	4	4	1	3	4	4	5	4	4
合计	7	13	5	7	26	19	25	20	13	28	22	22	17	13	19	15	19	15	19

注：表格统计的数字为所调查单位在线资源和数据库各项指标完成的数量，数字资源可利用率根据在线资源和数据库指标完成比重得出，详细数据表见附录二。

对以上文化遗产保护单位的数字资源建设情况进行统计分析可知，

省级单位和经济较发达地区数字化程度较高，且数字化建设进程与文化遗产资源类型、资源整合程度和新媒体建设情况相关，其总体数字化建设尚有较大的提升空间；非遗文化资源相比于档案文献资源，由于其数字化难度相对更大，所以总体进展较慢。但即使是文献保存单位也面临诸多数字化的难题，如文献载体及其尺寸形制不统一，有折件式、簿册式、毛装、线装、卷轴式等，以及一些不同幅面的特型档案。清咸丰二年（1852年）编纂的土家族长乐县志共18卷8册，其中就含有舆图、分野、疆域等不同幅面的插图，不同形制需要不同的数字化形式，且大幅面文件对扫描仪、绘图仪、计算机、服务器及存储设备等都有更高的要求。另外，实物颜色、字迹等规格也不统一，如土家族织锦有着丰富的图案、颜色等设计元素，这对数码拍摄参数设置、后期处理、OCR光学字符识别技术等都有较高的要求。

在线资源建设方面，各单位基本建设有自己的融媒体传播矩阵，大多实行"1+1+n"的模式：以官方网站和微信端为主导，覆盖PC端和移动端用户，辅以微博、抖音等新媒体平台账号。专题栏目对基础资源建设要求较高，更多出现在省级档案馆、博物馆和非物质文化遗产保护中心等单位，能较为集中地突出文化特色、为用户提供便利。例如，湖北省图书馆挑选出具有较强地域特色、广泛群众基础和较大影响力的荆楚地方文化资源，建设成湖北地方特色数字资源库，开设了"荆楚史话、楚天揽胜、楚地民俗、凤舞九天、文化传播"等板块，其中不仅包含红色历史文化，也包含荆楚文化典籍、视频传播资源等。相较而言，文化栏目建设也有相当的进展，网站服务性功能有所提升，不少设置了检索和查询路径，但还缺少更为便利有效的反馈互动机制。

数据库建设整体情况参差不齐，多媒体文化资源总体开发还不足，数据库开放程度有待进一步提升。一是经济发达地区、全省资源整合较为集中的单位，其数据库建设更加完备。例如，湖北省档案馆是湖北省重要的档案保管基地，是"国家一级档案馆"，馆藏档案共471个全宗，1107596卷（册），相关图书资料共15万余册；已建成目录数据库、全文数据库、专题数据库，提供9个全宗2196卷、18274件档案面向公众开放，建立了特藏库、名人库、图纸库、音像库等特色档案专库。相较而言，恩施土家族苗族自治州档案馆现累计完成数字化档案 140599 卷、档案原文扫描 9555191 页的资源建设量，还处于数字化建设的基础阶段。二是地方传统文化特色突出、受重视程度较高的地区数据库建设在专题、特色、技术方面更为突出。例如，黄冈市博物馆建设了黄冈红色文化数字馆和黄冈特色资源库，还在相应的微信公众号端口开设"元文博"板块，将"数字人"概念引入实践中，利用虚拟技术实现云参观；荆门市图书馆建成了高带宽的局域网和数字信息服务系统，不仅包括馆藏资源、镜像资源、特色资源，还具备外购数据库和试用数据库，其中含有"郭店楚简"和"非物质文化遗产"专栏。

在已建成的初具规模的数据库中，较能体现荆楚文化内涵的有湖北省图书馆的"湖北地方特色数字资源库"，包含着"湖北三国文化多媒体资料库""湖北红色历史文化数据库""问道武当多媒体资源库""汉水文化多媒体资源库""汉剧多媒体资源库"等丰富的地方特色文化资源（详见附录三）。此外，也有一些地方自建的资源库，如宜昌公共文化数字平台建设的"宜昌非遗特色资源库""宜昌地域特色文艺作品资源库"，五峰土家族自治县文化馆建设的"五峰土家族自治县文化馆非遗特色资源库"等。在公众开放与检索利用方面，湖北省博物馆、湖北省档案馆、湖北省图书馆、湖北考古博物馆、宜昌博物馆、荆州博物馆、荆门市图书馆、长江土家族自治县图书馆、武汉市群众艺术馆、宜昌市群众艺术馆、荆门市群众艺术馆，都提供了面向公众的开放利用，但各馆的开放程度不一，有的是面向全社会公众访问利用，有的则将数据库仅作为本馆信息资源管理的工作方式，只对单位内部相关人员，如档案管理员提供访问，有的则需要在单位内部访问，可提供电脑查档、阅档服务。

第三节　荆楚文化新闻传播调查结果

一　荆楚文化新闻传播主体情况

新闻是当下的记忆。新闻特有的记忆规则和习惯，使它在某些方面非常适合唤起记忆①。新闻又不仅仅是当下的记忆，在新闻的叙述、阐释和制作中常常还要关联过去，通过诉诸历史背景而与当下需求重新联结。荆楚新闻就成为负载荆楚文化意涵、传播荆楚记忆的重要途径。荆楚文化新闻传播主体调查主要在于弄清何种媒介在荆楚新闻的传播中担当了重要角色，这些主体又是基于何种需求而欲唤起荆楚记忆。调查将媒介类型划分为专业媒介、机构媒介和个人媒介三种，今天的新闻界正呈现出专业媒介、机构媒介和个人媒介三者并存的媒介景观。"专业媒介"指主要专职从事新闻传播活动的专业机构，既有传统意义上的大众媒介，如报纸、广播、电视、杂志等，也包括网络新闻媒介以及互联网平台之上的各种专业媒介渠道；"机构媒介"主要指政府、企业、公益机构等所开设的自媒体或信息平台；"个人媒介"则指社会大众在各种自媒体中开通自建的信息传播媒介，如微信公众号、微博、B站、抖音等。传播主体调查情况如表3-9所示。

表3-9　　　　　　　　不同媒介组织传播荆楚文化概况

类型	名称	传播概况（典型案例）
专业媒介	人民日报	微博：发布创意沙画呈现湖北千年历史；五一期间联合@直播中国慢直播镜头展现荆楚古韵；发布#荆楚大地的百年英雄答卷，展现荆楚英雄历史
	新华社	微信公众号：发布《战荆楚》京剧MV；发布《习近平同印度总理莫迪共同参观湖北博物馆精品文物展》；端午节发布纪念屈原等文字展现荆楚大地魅力
	湖北发布	微信公众号：发布《文物中的楚文化》阐释楚文化的当代价值，展示新时代湖北形象；发布精选旅游线路，展现从三峡大坝到荆州古城的荆楚风光；发布"博物馆日特刊"，介绍荆楚文化的博物馆与代表展品
	湖北文旅之声	微信公众号：发布《关于荆楚文化，看两会代表怎么说》，介绍两会代表为荆楚文化传承代言；发布《擦亮荆楚文化标识，讲好中国文明故事》，介绍荆楚大遗址传承发展工程成果；发布《荆楚非遗，惊彩绝艳》，介绍湖北非遗代表项目

---

① ［德］阿斯特莉特·埃尔、［德］安斯加尔·纽宁主编：《文化记忆研究指南》，李恭忠、李霞译，孙江主编《学衡历史与记忆译丛》，南京大学出版社2021年版，第474—475页。

续表

类型	名称	传播概况（典型案例）
专业媒介	湖北广播电视台	抖音：创建专题"第三届荆楚文化旅游节"介绍荆楚风韵，发布《我的家乡2022》系列宣传片，包括"楚韵虾乡，灵秀潜江""游荆州古城，品荆风楚韵"等视频
	荆州广播电视台	抖音：创建 Hi 荆州账号，创建首届楚文化节专题分79集展现楚文化节的魅力，包括《楚楚动人》《荆州荆州》等宣传视频
机构媒介	湖北省博物馆	微信公众号：发布《弘扬中华文明，展现荆楚文化》《一眼万年，国际博物馆日带你阅尽荆楚文物瑰宝》等内容介绍荆楚博物馆文物
	湖北省图书馆	微信公众号：发布《走进"荆楚文化基因库"——听专家解读"千年文脉——长江文明考古展·湖北"》《古色悠然传雅韵 荆楚方志谱新篇——湖北方志馆在省图书馆开馆》等介绍荆楚图书馆特色内容
	荆州博物馆	微信公众号：发布《荆楚文物瑰宝亮相"丝路之魂"文物特展》《荆州博物馆"荆楚瑰宝 趣味讲堂"系列教育活动入选2022年度"全国文博社教百强案例"》《"荆楚瑰宝 趣味讲堂"微课堂系列》等介绍荆楚文物
	鄂州市博物馆	微信公众号：发布《文物系荆楚 祝福颂祖国——战国青铜复合剑》《文物系荆楚 祝福颂祖国——吉州窑瓷梅瓶》等一系列通过不同文物主题介绍荆楚文化的内容
	荆门市博物馆	微信公众号：有专门陈列展览专题，有介绍荆楚文物的语音图片和视频，并且设有微课堂专题讲解荆楚文化
个人媒介	悦兮	抖音开设荆楚文化专题，讲解荆楚文化的发展，定位为"讲好荆楚文化，弘扬荆楚精神，记录灵秀湖北"，每晚八点半到十一点直播
	晓夕	抖音科普自媒体，定位为"荆州市文化和旅游推广大使"，有专题介绍湖北，其中24个视频与荆楚文化相关
	荆旅文创	抖音系列视频"走进荆楚非遗传承院""参观首届楚文化节""参观荆楚文物博物馆"
	在荆楚逛老街	抖音号定位为"传承荆楚传统文化、珍爱古建、宣传保护老街老巷、非遗民俗"，其中荆楚专题更新到33集，荆州专题更新到105集
	凤眼观荆楚	抖音号专题介绍湖北博物馆镇馆之宝、湖北的历史文化发展、湖北文化的内涵和历史人物形象

续表

类型	名称	传播概况（典型案例）
个人媒介	寻宝队长	B站知识UP主，介绍全国博物馆，其"镇馆之宝系列"中有《湖北省博物馆，揭秘被大禹封印至今的荆楚大地》，播放量达44.5万、点赞1.1万、弹幕讨论数1900+
	少年王生鲜	B站知名Vlog、UP主，疫情期间制作《献给荆楚》篇，播放量10.6万、点赞1.6万、弹幕讨论数1000+

在上述调查的专业媒介中，主要选择了两个全国性的综合性权威媒介——人民日报和新华社，两家主流媒体都在微博和微信公众号等新媒体账号上传播荆楚文化的内容，尽管数量较少，但较为注重现场感、时事性和深刻度，或通过慢直播镜头展现"荆楚古韵"，或挖掘节日、时事焦点来丰富透视荆楚文化的价值。例如，在端午节时开设专题探寻"屈原精神的时代价值"，诠释荆楚文化中忠君爱国、直面生死、叩击未知的"天问"精神；报道国家主席习近平同来华进行非正式会晤的"印度总理莫迪在湖北省博物馆参观精品文物展"的新闻，这则时事新闻字数不多，但出现在领导人的重要外事活动报道中，其中特别强调了荆楚文化在"悠久历史的中华文明"中的位置。可见，作为全国性的新闻媒体，在地方新闻报道的出发点上讲求的是"顾全大局、总体平衡、重在引导"。相较而言，地方主流媒体在传播策略上更侧重本土化考虑，以促进地方发展、文化创新为动力，因此，省、市综合性专业传播平台上有更多的荆楚文化内容，发布频率也相对较高，尤其是荆楚影像的全方位展现，从三峡宜昌到荆州古城，从历史、人文、艺术、旅游等方面系统呈现了新时代荆楚文化的当代魅力和荆楚大地的蓬勃景象。

机构媒介以荆楚文化遗产保护单位为主，如湖北省博物馆、图书馆等，它们具有记忆功能属性，故也可以称之为"记忆机构"。在新媒体传播的时代际遇下，各记忆机构的主体也不得不参与到网络传播的阵营中来，主动利用网络新媒体来传播本机构动态、展现馆藏文化、倡导社会的共同关注。调查中的大部分记忆机构主要以微信公众号为其官方媒介，基本都设有专门的陈列展览专题、微课堂专题等，通过展品展示、分类讲解或专家解读等多样化形式，展现出湖北各地的荆楚风光和地方风物，在某种程度上也发挥了向大众进行知识教育的功能。

个人媒介主要针对抖音和 B 站上的个人账号进行调查，这类短视频平台利用专题影像、在线直播等形式来传播荆楚文化内涵，包括历史人文、传统节日、非遗民俗、名人逸事和文化旅游活动等。实际上不少官方机构也开设了与荆楚文化相关的自媒体账号，如湖北省博物馆、湖北省文化和旅游厅、湖北省社会科学界联合会都在 B 站上开通官方账号，其发展情况详见附录四。在表 3-9 所列的调查对象中，专门以荆楚文化为传播内容的自媒体一般与荆楚地域都有着紧密联系，或生活于湖北当地，如抖音号"悦兮"的家乡即襄阳；或从事与荆楚文化相关的产品开发或文旅产业，如"荆旅文创"；或是荆楚文化的爱好者、拥趸者，如"在荆楚逛老街""凤眼观荆楚"。值得一提的是，B 站中关于荆楚文化播放流量较高的视频并非出自垂直做荆楚文化的个人账号，而多是做综合性内容的，如"寻宝队长""少年王生鲜"，它们有着较高的关注度，吸引了不少用户群体的弹幕互动，在虚拟空间中形成一种新的文化反馈与创作回路，产生了复杂的知识体验效应。

二 荆楚文化新闻主题分布情况

湖北是荆楚文化的发祥地，也是古代楚国的政治、经济和文化中心。随着古代楚国在周朝的正式建国，发轫于江汉流域一带的荆楚文化便在历史的车轮中滚滚向前发展而延续至今，成为一种具有鲜明地域特色的文化类型，其文化内涵可以概括为八大系列：炎帝神农文化、楚国历史文化、秦汉三国文化、清江巴土文化、名山古寺文化、长江三峡文化、江城武汉文化、现代革命文化[①]。对这些主题内容传播情况进行调查，调查时间截至 2023 年 5 月 18 日。初步调查发现，有关荆楚文化的传播报道多以中央级或地方级官方新闻报刊首发，再由网易新闻、腾讯新闻、新浪新闻等媒体进行转发。因此，首先对不同级别的官方新闻报刊传播内容进行调查，通过分析对比发现，地方级报刊如《湖北日报》

---

① 湖北档案信息网：《荆楚文化的八大特点》，2016 年 10 月 21 日，http://www.hbda.gov.cn/info/549.jspx，2023 年 3 月 5 日。

对荆楚新闻传播的信息量和下载量相对更有优势,如图 3-1 所示。

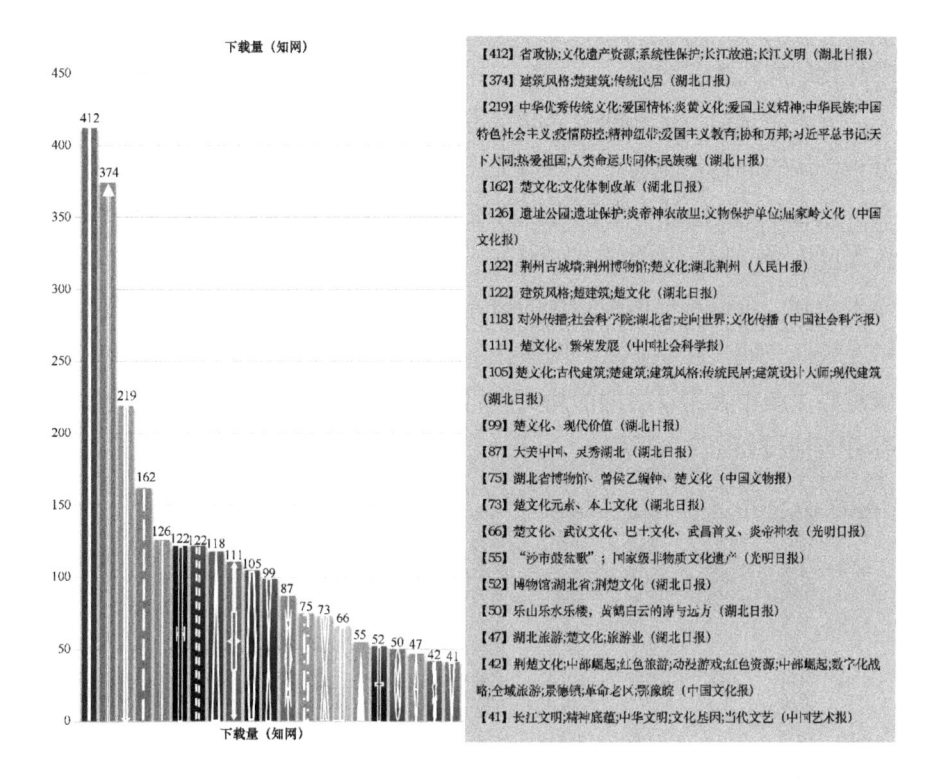

图 3-1 荆楚文化新闻传播媒介分布情况

中央级报刊《人民日报》《中国文化报》《中国社会科学报》《中国文物报》《光明日报》《中国艺术报》对具有强烈地方特色的荆楚文化新闻也时有报道。例如,《中国文化报》新闻《荆楚大遗址:湖北文旅融合发展重要一招》对荆楚盘龙城、铜绿山、屈家岭、龙湾、擂鼓墩、苏家垄、走马岭、凤凰咀等大遗址保护规划进行报道,人民政协网、中华社会文化发展基金会也都相继转发。但总体来说,荆楚新闻在中央级刊物中所占的传播比重还较小,在此类中央级刊物中,传播内容以"荆楚文化""长江文明""楚文化""对外传播""中部崛起"等大方向为主,着眼于"荆州古城墙""炎帝神农"等文化特征鲜明突出的新闻内容,强调荆楚文化中的独特性元素,展现中国文化的丰富内涵,也凸显出荆楚文化在中国传统文化中的价值和意义;地方级报刊则对荆楚文化的传播内容介绍得较为细致和多样，包括"荆楚派"建筑风格、"以荆山楚水讲好中国故事"、"武汉欢乐谷将呈现楚文化元素"等更多本土化的文化生活内容。

进一步选取不同新闻报刊和学术期刊对荆楚文化相关传播内容进行分析。调查的传播主体中既有《光明日报》《中国文化报》《中国艺术报》《湖北日报》等中央和地方新闻报刊，也有《中国社会科学》、《中国人民大学学报》、《武汉大学学报》（哲学社会科学版）等人文社科类学术学刊。可以看出两种刊物的研究重心较为一致，报刊的传播重点集中在长江三峡文化、秦汉三国文化、楚国历史文化之上，学术期刊的研究重心也集中在秦汉时期的楚文化研究方面，且占有相当比重。具体内容分布情况如图3-2所示。

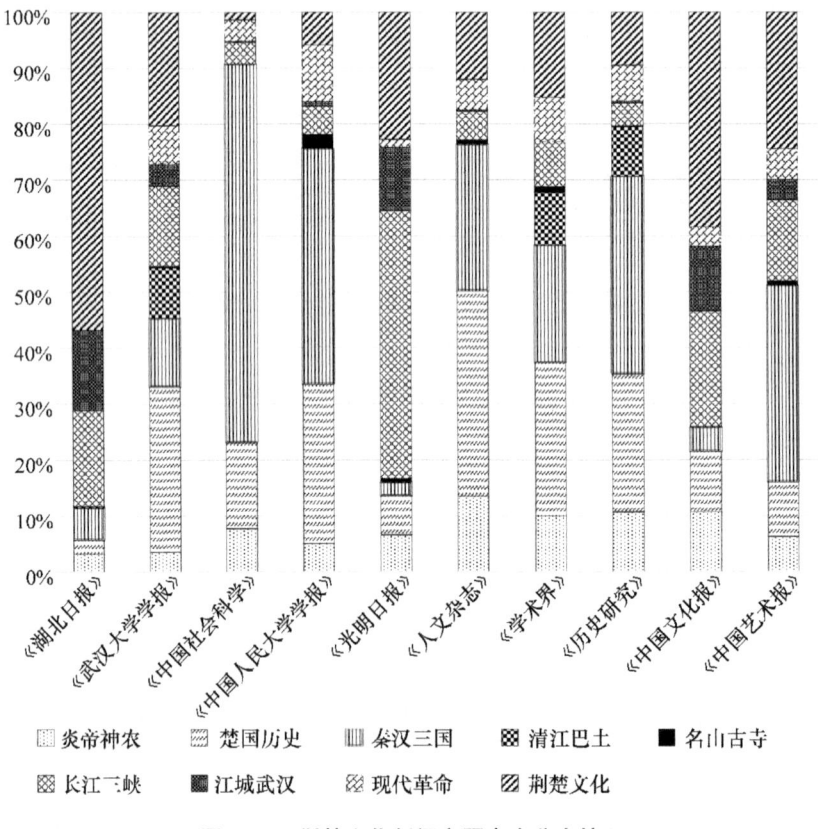

图3-2 荆楚文化新闻主题内容分布情况

由图 3-2 可知，荆楚文化新闻传播中有关楚国历史文化、秦汉三国文化、长江三峡文化的内容多且覆盖面广，各大传播主体均有涉及；炎帝神农文化和现代革命文化传播数量持中；再次是江城武汉文化传播数量也较多，但主要集中在《湖北日报》等新闻报刊，在人文社科学术期刊上所涉较少；清江巴土文化和名山古寺文化的相关内容传播较少。

此外，为了解荆楚文化话题的热度排名，进一步以影响力较大的社交媒体新浪微博为对象，调查其中的荆楚文化话题的传播程度和影响力情况，如表 3-10 所示。

表 3-10　　　　　　　　荆楚文化热点话题传播情况

热点排行	话题热点、关键词	传播程度/影响力	
		讨论（条）	阅读量（万次）
1	#荆楚文化#	1131	1502
2	#荆楚文化旅游节#	239	44
3	#荆楚文化节#	55	9.3
4	#荆楚乡村文化旅游节#	432	127.5
5	#第二届荆楚乡村文化旅游节#	412	494.4
6	#15 个荆楚文化特色词有了英文名#	54	79.5
7	#第三届荆楚乡村文化旅游节#	70	18.6
8	#荆楚文化主题餐厅#	10	5.4
9	#520 荆楚数字文化产业园盛装开园#	7	2.3
10	#荆楚文化大观园首个项目交付#	5	0.9

微博虚拟社群中关于荆楚文化热点话题的传播影响范围还较为局限，参与者多为荆楚地域网民，话题热度排名前十的为荆楚文化旅游节、荆楚文化特色词条翻译、荆楚文化主题餐厅、荆楚数字文化产业园、荆楚文化大观园等文旅相关内容。可见，随着经济的发展和文旅行业的复苏，荆楚地区凭借着深厚的文化底蕴和独特的文化魅力，吸引了一批游客带动地区发展和文化知名度的提升。但是，话题下的讨论热度相比微博其

他类热门话题总体还是偏低,互动性不够强,用户黏性也较弱。事实上,文化新闻的报道需要借助于文化品牌和文化事件,通过品牌效应扩大报道范围、增强传播影响力,这是文化传播和媒介记忆需要思考的方向。此外,探讨深化荆楚文化新媒体传播发展的路径也迫在眉睫。

三 荆楚文化传播形态发展情况

所谓"传播形态",指的是传播在一定技术环境中的表现形式和情景,它是媒介系统的具象化,其核心要素包括媒体形态、受众、传播方式、传播技术、传播环境与情景[①]。基于这一定义,按照常见的几种传播形态对荆楚文化进行分类,可划分为图文、影音、数字化以及人际互动四个部分。调查中对每类传播形态分别选取了几个极具代表性,且在内容和形式上都较为突出的传播主体进行详细分析,如表3-11所示。

表3-11　　　　　　　　荆楚文化传播的基本形态

传播形态	代表性传播主体	传播内容及形式
图文	湖北语言文字网	专门针对语言文字、信息处理等资源进行整合,面向个人、社团、刊物、会议等开办专辑专栏
	湖北日报传媒集团	除纸质版报纸之外还开设了微博、微信公众号、百家号、手机APP等,发布湖北省相关要闻,以及与荆楚文化传承发展相关的信息和最新动态文章
	荆楚文化网	发布介绍荆楚历史文明、艺术成就、民风民俗、地理环境等图文信息
	土家族民族网	分设多个版块:土家族文化、土家族历史、土家族文艺、土家族节日、土家族工艺、土家族人物等,并配以图文进行相关介绍
	湖北省新华书店集团	线上与线下结合出售《荆楚文化丛书》系列,官网发布相关图书信息、动态、专题报道等信息
	恩施女儿城美食街	在整条街上挂满写有方言词汇的木牌,如细娃儿、二黄腔、哒扑趴等,以传承本地的方言文化

---

① 王君超:《未来传播形态的三个重要维度》,《人民论坛·学术前沿》2017年第23期。

续表

传播形态	代表性传播主体	传播内容及形式
影音	湖北广播电视台	拥有广播、电视、电影、电视剧、新媒体等资源，开设《家住长江边》《楚国八百年》《荆楚文化漫游记》《飞越荆楚》系列节目等特色栏目
	湖北省博物馆	开设官方抖音账号、视频号、哔哩哔哩官方账号，发布相关新闻报道、馆藏信息等，并以生动有趣的动画形式讲述代表性馆藏文物
	荆州广播电视台	以"江汉风"客户端为航母，宣传荆州、发展荆州；设置特色荆楚栏目，例如，与"中国之声"共同推出《跟着声音去远方（荆州篇）》节目，对荆州进行全景呈现
	湖北文旅之声	创建有微博、百家号、抖音、视频号、微信公众号等，发布荆楚相关报道，其抖音号传播力指数居全国文旅系统第一名
数字化	湖北省图书馆	建立了电子图书馆、数字图书馆，包含数字资源库、古籍数据库、外文数据库、影音数据库等，并同时开发湖北省图书馆手机端APP"掌上鄂图"
	楚文化资源库	集研究与普及楚文化知识的专业网站和数据库，所设栏目有新闻公告、楚文化资源库、楚文化研究新论、楚文化论坛、楚文化鉴赏
	长江云	APP和微信公众号推出"全省政务通"，汇聚全省政务微博、微信、APP等终端，设置荆楚文化相关栏目，承办线上线下联动"荆风楚韵"文博会等
	湖北数字文化馆	将线下文化馆群众文化艺术创作、非遗文化保护传承等移到线上，运用网络云平台、艺术普及数字资源库、线下数字体验等方式，改进服务、增进服务便利度
	数字文物体验馆	"3D古乐器演奏"是其最有代表性的虚拟体验项目，现场设计有很多虚拟场景，观众可通过触屏演奏7件先秦时期的乐器，与文物面对面交流
	荆楚传奇手游	多款游戏IP设计依据楚文化的相关元素，如"尊凤尚赤、崇火拜日、喜巫近鬼"等习俗，并以此三个特征进行游戏角色的设计
人际互动	湖北省群众艺术馆	先后举办了"湖北省首届春节花灯调展""湖北省民间音乐舞蹈电视比赛"等全省性大型群众文化活动；圆满完成"上海世博会·湖北活动周""悉尼春节巡游"等相关展演任务；官方微博实时更新相应活动，以现场直播的方式与观众互动

续表

传播形态	代表性传播主体	传播内容及形式
人际互动	湖北省地方戏曲艺术剧院	有楚剧、汉剧、黄梅戏三大地方戏曲剧种，下设楚剧团、汉剧团、黄梅剧团和青年艺术团四个演出实体，从20世纪50年代至今，创作、改编、整理和移植演出剧目300余台，视频上传至B站好看视频等平台，提供用户二次转发及互动
	湖北省荆楚文化研究会	全省性、学术性、非营利性的社会团体，由湖北省从事荆楚文化研究的专家学者及实际工作者自愿组成，探讨交流研究荆楚文化最新动态以推动其向前发展
	咸宁市非物质文化遗产展示馆	可亲临现场与文物进行"互动"，并通过"咸宁民俗动画""听音辨曲""方言谜语"等互动软件，动态展示非遗；通过"戏台""中医脉案台""砖茶制作VR游戏"等现场体验，展示非遗文化的魅力，让非遗"活起来"
	恩施土家族苗族自治州文化馆	场馆内设置有多功能演艺厅、美术展览大厅、非物质文化遗产展示厅、音乐欣赏室等，供当地居民以及外来游客实地观赏，经常举办民族特色活动、专业讲座、传承人教授等活动

表3-11是为强调四种传播形态视角所进行的刻意划分，从以上梳理可以看出，当前不同传播形态正呈现出融合发展的传播路径，并总体上从两种性质迥异却又彼此交叉发展的传播方向上予以融合，其中一种是以"人际互动"为核心的现场传播活动，另一种则是以"数字化"为核心的新媒体传播路径。前者以各式各样的现场传播活动助力荆楚文化走进群众生活、走出地域限制，在现场活动中融入图文、影音等数字传播形态，开展线上与线下同步体验，发展了民间活动、微课堂、展演展览与社教活动等多元结合的现场传播路径。

与此同时，数字媒介技术的深入应用，会形成新的媒介环境，进而引发媒介情境的变化，这种变化则会进一步影响社会发展。因此，新媒体传播能弥补人们以往接收平面媒体信息如图片、文字、平面广告等单一形态的枯燥性、延迟性、非互动性等的不足，通过整合数字技术、无线技术和互联网技术，改善冗杂信息以及残损信息对受众的干扰，在保证信息质量的基础上使多用户群体能及时沟通交流并反馈,以达到市场、受众、市场反馈的良好循环模式。从调查结果来看,在荆楚文化的传播上,湖北数字文化馆、湖北省图书馆、数字文物体验馆等都通过数字化、虚拟体验、互联网等技术的结合,在拉近受众与文化距离的同时,达到了影响更为深刻的传播效果。

在数字转型背景之下,除公共文化事业单位通过创建微信公众号、微博等新媒体之外,不少社会组织和个人也纷纷通过网络新媒体的传播,传承建构荆楚记忆。荆楚文化信息在网络微博、微信、主题社区、视频网站等公共虚拟空间中得以延续和传播,成为荆楚历史记忆、身份认同凝聚和当代文化传播的基地与场域。事实上,在由网络社交媒体所形成的荆楚虚拟社群中,荆楚大地上那些古老的历史人物、神话传说、传奇故事、民间信仰、民族语言、传统技艺、文学作品等被广泛地分享与传播,成为生活在网络中的荆楚"数字居民"触手可及、可参与、可流动的数字记忆,这不仅改变了记忆传递的场域空间,而且改变了记忆的内容与形式。在微信公众号中搜索荆楚历史、荆楚文化,所获得的主要公众号类型及代表性账号和特色如表3-12所示。

表3-12　　　　荆楚微信公众号主要类型及代表性账号和特色

类型	账号名称	栏目及特色内容
综合性账号	武汉大城事	荆楚文化、湖北崛起等
	长阳土家族自治县图书馆	历史民俗知识、保护工作动态等
	武汉革博	革命知识、中国共产党红色遗址等
	荆州博物馆	预约、藏品展示、特色展览等
	恩施州文化馆	文化慕课、文化艺汇、非遗保护
产业推广	三国赤壁古战场景区	景区导览、服务预约、遗址介绍等
	恩施土家女儿城景区	女儿城事、旅游美食、服务预约等
	炎帝故里	炎帝神农文化、神农洞等人文景观和自然风光
	三峡大坝旅游	导航、大坝VR、大坝预约和介绍等
	九畹溪屈原故里	在线预约、三峡文化介绍与工作动态等
	神农架景区	景区介绍、攻略与门票预订等

续表

类型	账号名称	栏目及特色内容
文化传播	荆楚文化集团	荆楚文化讲堂、文化宣传工作动态等
	荆楚周文化交流基地	荆楚历史文化介绍、中华传统文化宣传等
	秦楚文化传播	湖北十堰秦楚区域民俗、文化、历史等
	土家族口述史	土家族口述史、口述史料
	鄂西土家乡情	传播土家族的风土人情和文化，提供投稿和交流的平台
品牌传播	荆州市荆楚文化对外交流协会	荆楚文化交流、论文著作、工作动态
	赤壁文旅投公司	羊楼洞VR、古战场导航、工作动态和公告等
	湖北文旅之声	门票预约、游湖北专题、文旅矩阵等
	荆州文旅之声	介绍荆州市文化和旅游局咨询等
	炎帝故里网	介绍炎帝神农文化、供交流投稿等
非物质文化遗产	荆楚非物质文化遗产技能传承院	"文物、非遗、科技、设计、旅游产业""大漆工艺"等
	湖北省非物质文化遗产保护中心	组织指导非遗保护、宣传和非遗展示等
	纺大非遗	非遗文化介绍和宣传、研究成果、非遗资讯等
	长阳土家族自治县民族民间传统文化保护中心	非遗简介、非遗文化展示等
	恩施市非物质文化遗产保护中心	非遗项目与传承人、传承保护动态等
	孝感市非遗保护中心	非遗资讯专题报道、非遗展示和介绍等

从表3-12统计来看，不少账号主体将荆楚文化的记录、保存、学习与分享搬到互联网之中，他们以传承荆楚文化为使命，不仅使得一些口头传统和文化遗产记录和保存于互联网这样一个大型数据库之中，还通过系统的规范化构建使其具有学习模板的功能，对传统非遗传承人所扮演的角色也有很好的补充效用。此外，在现代文旅融合的背景之下，荆楚文化也孕育出丰富的旅游资源，三峡大坝、神农架景区、赤壁古战场、恩施女儿城等都通过发展旅游业吸引更多的人了解和传播荆楚文化，所开设的公众号也大多含有预约购票、地址导航等场景应用功能。值得注意的是，这些荆楚文化信息尚以一种零散的状态分处于网络的任

意角落，如若缺失了系统完整的记录和整合构建的平台，其记忆价值终将被湮没在浩瀚无垠的信息海洋之中，失去了对当代荆楚文化的真实而全面的呈现。未来在元宇宙深入应用的背景之下，为荆楚文化数字记忆搭建一个虚实交融的具身性智媒平台，将为荆楚记忆形态开拓出全新的创意与可能。

第四章　历史与现实：荆楚记忆建构的历史、重构与再造

古代荆楚文化巅峰时期正处于人类文明发展的"轴心时代"，在文学、哲学、数学、化学、美学、艺术、建筑等众多领域创造了举世瞩目的文化成就①。这些文化成就传承至今能为后世所享，就在于其通过各种物质载体或非物质形式加以固化、流传而成为一种文化的记忆。这一过程所显示出的文化的穿透力，从某种意义上来说正是其记忆建构的历史所造就的。记忆建构作为一个术语的提出虽还不足百年，但作为一种文化自觉的记忆实践活动，它始终伴随着文化的形成与发展，这一观念也就成为了自哈布瓦赫以来"社会记忆的理论根基和研究传统"②。

荆楚文化的历史发展及其管理活动，反映了这一过程是如何收集和保存荆楚记忆的，而媒介在其中则扮演着重要的角色。从媒介记忆的角度来看，媒介通过选择性的"历史叙事"和"特定的媒介手段"来讲述历史，实际上是一种社会记忆的建构行为。换言之，荆楚文化的形成与发展离不开这一历史过程中所使用的媒介的记录与传播，媒介如何书写其历史也就构成了一部荆楚文化的记忆建构史。对荆楚文化发展的现状梳理，使我们得以厘清荆楚历史流传至今所呈现的记忆形态，也思考了这些记忆在当前保护与传播中面临的问题。在此基础上，进一步追溯其记忆建构的历史，有助于探讨其记忆何以成为今天

---

① 徐梦瑶、韩美群：《论荆楚文化的精神特质、时代价值及其保护利用》，《决策与信息》2023 年第 3 期。

② 丁华东、张燕：《档案记忆再生产研究的学术价值与问题思考》，《档案学研究》2019 年第 3 期。

的样貌，我们又该如何面对未来的际遇，为记忆的全面唤醒寻找新的可能性方向。

第一节 荆楚记忆建构的历史

尽管历史与记忆的关系问题一直是重要的议题，但媒介记忆的历史却常常隐于对记忆的宏观历史论述，而忽略了对媒介技术与社会文化互动的具体情境的阐释。以荆楚文化为主体的媒介记忆历史是荆楚文化记忆研究的重要内容，它有利于强化从"媒介记忆"的视角对这一研究领域的历史性认知。这一研究不同于以媒介作为中介的荆楚文化记忆历史研究，由媒介而生发的记忆研究倾向于媒介的记忆载体功能，较为关注媒介记忆文本本身，或某一更为具象的文字内容和语言文本；它也不同于荆楚文化历史上的媒介发展研究，而是在探究媒介自身演变的同时，更为关注的是荆楚文化基于何种媒介形态而产生记忆的历史，以及媒介形态的变革所带来的记忆的更迭，体现出媒介技术与社会文化互动的历史进程。因此，对于荆楚文化记忆历史的研究应更倾向于将媒介记忆作为本体，即基于"媒介即记忆"这一认知，对媒介记忆在信息技术变迁的不同阶段所呈现的文化样态予以抽象和提炼，进而在其自然发展的逻辑中去探寻其实践进路。从媒介记忆的发展轨迹中，可以窥见荆楚记忆建构的历史变迁，主要发展脉络如表4-1所示。

表4-1　　　　　　　　媒介视角下的荆楚记忆建构历程

荆楚记忆建构的历史变迁	
荆楚文化记忆缘起（以口语传播为主）	原始媒介形态的记忆建构
	书写媒介形态的记忆建构
荆楚文化记忆演进（以文字传播为主）	媒介更迭变迁中的记忆建构
	统一建制与抢救保护下的记忆建构
荆楚文化记忆转型（以数字传播为主）	"项目化、建档式"记忆建构
	数字转型下的记忆建构

一 荆楚文化的记忆缘起

在媒介漫长的历史演进过程中,每一次媒介技术的变革都会带来社会记忆形态的更迭升级,与此同时也伴随着各种文化传统的形成与建构,在媒介的传播行为中不断进化着记忆的"原始机能"与"社会功能"①。因此,探寻媒介记忆的源流与发展应从媒介技术与文化互动最早的历史时空开始。

(一) 原始记忆与口头传承

"原始记忆"② 是勒高夫在《历史与记忆》一书中所分析的一种社会记忆形式,它是一种野性记忆、人脑记忆和无文字记忆,在人类社会早期最初的信息传播活动中就孕育而生。人类社会产生之初,因生存需要而促发了信息的交流与传递,产生了语言、图形、结绳、标记、烽烟等这些原始形态的媒介,它们孕育了人类最早的信息传播活动,也成为早期原始记忆的承载之物。

在荆楚地区遗存有许多关于炎帝神农的民间传说和文化遗址,如神农架、神农溪、神农洞、神农九井、日中街、谷城等。在《说文解字》中有"神农氏结绳为治而统其事"的记载,其中的"结绳"印证了古者无文字,其为"约誓之事"的社会功能。在文字出现之前,"上古结绳而治"曾发挥了非常重要的媒介记忆作用,是当时一种重要的记事方式。世界现存较为完整的结绳记事是印加帝国时代使用的"魁普",古秘鲁人利用它进行所有关于记忆的工作③。稍晚一点,又出现了刻契记事,其他类似的具有原始社会"助记忆"特征的媒介载体在荆楚大地被广泛使用,有的还一直延续到现代社会,如土家族就保存着这种结绳记事的传统,他们的巫师还会为其做出解读。还有那些被先民们镌刻在大自然高高崖壁上的崖画,以及铸造于器物表面的造型或纹饰图案,如

---

① 覃兆刿:《档案文化建设是一项"社会健脑工程"——记忆·档案·文化研究的关系视角》,《浙江档案》2011 年第 1 期。
② [法] 雅克·勒高夫:《历史与记忆》,方仁杰、倪复生译,中国人民大学出版社 2010 年版,第 63 页。
③ 林凯、谢清果:《重返部落化:结绳记事的传播模式、机理与功能探赜》,《国际新闻界》2021 年第 2 期。

展现"平衡、整齐、和谐之美"的对称造型、象征"天圆及四面八方"的柿蒂纹饰、彰显"平衡、稳定、地位和权力"的饕餮纹等，都是极富楚文化韵味而承载楚人早期哲思的记忆之物。尤其是在还无法使用文字交流的社会里，早期先民们采用那些最为简化的刻写实践方式记录他们眼中的重要历史，成为早期记忆建构的一种重要源头。

这些原始的记忆媒介载体常常需要辅之以口头解说，因此，原始社会时期的口传记忆活动作为另一种重要的早期记忆之源也逐渐发展起来。此时，人将身体作为传播载体，利用语言、动作、神态、手势等传递信息，与"结绳刻契"等原始形态的体外媒介同时发挥着记忆的作用。随着人类语言的逐步发展成熟，它成为体化记忆中最重要的记忆形态[1]。相比于原始实物形态的记忆物，口传记忆更多以艺术化的手法记录人类社会产生及发展的艰辛历程，呈现人类思维发展的复杂性[2]。人们正是在进行信息传递的历史过程中，通过一些"固定的语言叙说"记录下原生态的生活场景和浪漫想象，将其凝结成具有记忆价值的特定的语言、仪式、音乐、诗歌、史诗、传说等文化形态，代代相传就形成了今天丰富的口传文化遗产。荆楚土家族中流传的《张古老制天李古老制地》《雍尼和补所》《太阳月亮》等创世传说蕴含着其先民对本族文明起源、自然万物的理解，折射出他们的宇宙观、世界观和自然观，也不同程度地反映了其社会早期结构状态、民族特性、宗教信仰、价值取向等。这些对族群起源和遥远历史的口口相传，构建了荆楚文化记忆的元点和族群身份认同的基础。

(二) 书写革命与文字传播

随着人类社会的发展，人们的交往和信息传播范围日益扩大，原始形态的媒介已不能满足扩大记忆传播的需求，因此需要突破人体之外去寻求新的记忆载体，于是结绳刻契、图形、符号等早期的体外记忆媒介有了进一步发展的可能，直至更为清晰地具备表意功能的象形文字产生，使文字记忆的意义变得深远而重大。在记忆与媒介技术的关系发展

---

[1] 彭恒礼：《论壮族的族群记忆——体化实践与刻写实践》，《广西民族研究》2006年第2期。

[2] 谷颖：《满族天神创世神话研究》，《长春师范大学学报》2019年第7期。

上，口头语言到书写文字的过渡具有划时代的意义：文字不仅是永生的媒介，而且是记忆的支撑①。公元前3000多年，由苏美尔人创造的楔形文字持续在西亚地区使用了3000多年，是人类最早达到成熟水平的文字。两河流域的苏美尔人利用这些文字记录他们的"粮食产量""投入与产出""祭祀内容"等具有记忆价值的内容，成为传播史上最早可追溯的基于文字的信息传播活动。延续这一文字技术，公元前1500年前后，世界上延传至今的两种文字架构体系逐渐成型，一种是以汉字为代表的较为抽象的表意文字体系，另一种是以英文为代表的基于字母的表音文字体系。

文字一旦产生，仪式作为记忆媒体的功能就逐渐被文字和文本所代替②，"鲜活的记忆将会让位于一种由媒介支撑的记忆"③。当国家正式产生以后，基于文字撰写的具有现代意义的文书、典籍等也就随之出现，而贯穿于文字书写所需要的信息收集、整理、编撰等活动中也渗透着明显的新闻传播活动。例如，殷墟甲骨文中就记载了当时"巴方"即今天生活在鄂西南清江流域的古巴族人的境况。根据学者潘光旦的观点，土家族为巴人的后裔。我国最早的一部档案文件汇编《尚书·牧誓》中记载了发生在公元前1122年的商郊牧野伐纣之战，不少西南古代民族参与了这一战事，其中就包括古巴族人，他们因此建功受封建立巴子国，后被秦国所灭。2002年，湖南龙山里耶出土了2万余枚秦简，记载了秦对这一地区的统治情况。随着巴人的不断迁徙，其居住地逐渐覆盖整个武陵山区，此后的《后汉书》《晋书》《华阳国志》等将生活于此地的人们统称为"蛮"。另一"土著说"认为巴人只是土家族的流而非源，据汉文古文献考证和考古学、民族学等相互印证，在旧石器时代土家族世居的武陵山地区就有了古人类——土著人活动的印迹，除巴人之外，濮人、楚人、秦人、彭氏等也先后融入土家人世居疆域。土家

---

① [德] 阿莱达·阿斯曼：《回忆空间：文化记忆的形式和变迁》，潘璐译，北京大学出版社2016年版，第206页。
② 王霄冰：《文字、仪式与文化记忆》，《江西社会科学》2007年第2期。
③ [德] 阿莱达·阿斯曼：《回忆空间：文化记忆的形式和变迁》，潘璐译，北京大学出版社2016年版，第6页。

人自称"毕兹卡",即土家语"土生土长的本地人",土家本土文化从彭头山文化发展到商周文化,又融入了外来的巴文化、楚文化和秦文化等,逐渐形成了具有稳定特质的土家族民族共同体。土家语没有书面文字系统,出现在历史文献中的土家语不仅数量很少,而且固着在汉文之中,以汉字形式出现,汉文中保留了土家语的发音和意义。屈原的《离骚》中就有"前望舒使先驱兮",其中的"望舒"是土家语"月亮"的意思,《元史》《明史》以及清朝的《永顺府志》《古丈厅志》《永顺县志》《龙山县志》中也记录了不少土家语的地名、人名和词条。由于土家族缺少文字,其族源史的传承除口耳相传之外,就主要通过汉文直接记载,并形成了土家族的多种族源说①,这也是构成巴土文化记忆的重要内容。

从荆楚文化的重要代表巴土文化的历史文献记录可以看出,其民族形成发展的历史显示了多个古老族群之间迁徙融合、交往分化的历史进程。由此,推而广之至更大的范围,整个荆楚大地也是在不同族群的融合分化之中,你中有我、我中有你,相互吸收、相互借鉴,既固守其文化传统,又在"文化撞击"之中产生融合与适应,才形成了今天融通多元、交汇合流的荆楚文化。在这一文化体系形成的过程中产生了大量珍贵的文献遗产,将荆楚文化记忆浸润于这块辽阔而丰富的大地之中留存至今。

二 荆楚文化的记忆演进

荆楚文化的记忆建构起源于原始媒介形态的记忆传递与身体书写,在经历了文字刻写的记忆实践与媒介变迁之后,又在新中国文化事业的发展中呈现出趋于稳定的形式,逐步发展演进至今。

(一) 文献传承与媒介更迭

随着封建王朝的交替更迭,发挥着信息承载及记录作用的媒介也在不断变革演进之中,其技术特征在某种程度上反映出当时的王权力量及社会生产力水平,也映射了科学技术的发展程度。文字书写的材料经历

---

① 杨快:《土家族主要古籍及其文化研究》,武汉大学出版社2018年版,第4—22页。

了从甲骨、青铜、竹简、帛书到麻纸、纸的发展过程①，其中所涉及的青铜冶铸、丝织刺绣、木竹漆器等物质性技术都是楚文化形成的重要支柱。其他文字存在方式也遍及摩崖、金属、印章、竹简、兽骨、皮书、陶书等不同媒介形态之中，如湖北最具代表性的出土文献是云梦睡虎地的秦简、荆门郭店的楚简等，特别是郭店楚简保存良好，字迹清晰，篇幅大多完整，其内容的丰富性和重要性是以往所发现的楚简无可比拟的。这些出土文献是荆楚文化的记忆源头。

梳理荆楚学人文献著述的历史脉络，唐以前的荆楚传世文献数量不多，其中最具影响力的历史人物可以追溯到屈原，其所著《离骚》等作品成就光耀千秋；后汉枣阳人刘珍参与撰写的《东观汉记》曾与《史记》《汉书》并称"三史"；宋代安陆人张君房择要辑录《大宋天宫宝藏》内容而编成大型道教类书《云笈七籖》；明代黄冈人樊维城的《盐邑志林》则是郡邑丛书之祖；明代蕲春人李时珍撰写的《本草纲目》被称为"东方医学巨典"；明代公安派、竟陵派的作品也领一代之风骚，都是具有较高学术文化价值的荆楚学人典籍。

在现有荆楚传世文献中，反映1911—1949年这段革命历史的文献也较多，包括湖北革命史相关文献、湖北抗战相关文献（如《日本在长江中游地区（以武汉为中心）扩张史料丛书》《武汉抗战史料丛书》《鄂西抗战史料丛书》等），以及荆楚近代学人文集，如杨守敬、王葆心、黄侃、熊十力、闻一多等湖北优秀的学人文集。

此外，湖北历代的民间文献非常丰富，散存各地。民间收藏的古籍、手稿、抄本等是古人思想成果的体现；宗谱、契约文书，乃至碑铭墓志，都是社会生活、民间风俗的反映。方志是地方的百科全书，具有"资治、教化、存史"的作用。据不完全统计，湖北省现有历代旧志约500种，并产生了像章学诚、王葆心、朱士嘉这样的方志大家，其内容的丰富性堪称全国典范②。

书写革命为记忆脱离人体提供了必要的条件，但文字也成为少数人

---

① 孔得兵：《媒介传播的发展历史及作用研究》，《今传媒》2018年第10期。
② 家谱研究：《〈荆楚文库〉——"地方文献整理出版与保护"系列之二》，网易号，2021年11月3日，https://www.163.com/dy/article/GNRLEOFS0552DR54.html，2023年5月6日。

的特权，并未在广阔的范围内得以迅速传播。只有当一种大众性的物质媒介技术突破这种知识的特权，使得传播更为广泛而便捷之时，人类的文明与记忆才能真正超越时空的距离而共享。譬如，印刷术使文字的记忆得以广传，留声机则将声音记忆有效保留，摄影术使得感知记忆成为定格，摄像术又将连续的影像记忆存储，广播电视进一步让音像记忆瞬间传之千里、流向万户。大众媒介的更迭使得记忆的分享真正大众化与世俗化。从物传、言传、文传、音传到像传，人类实现了从语言到文字、从画面到声音以及流动影像的记忆手段的全覆盖，一切的记忆都可以被存储、复制、再现和传播①。

（二）统一建制与文化保护

新中国成立之后，中国历史开启了新的篇章，荆楚大地在几千年的族群互动中逐渐形成、留存的历史记录，随着现代国家的建立得到了继承与保护。在国家统一的文化建制之下，作为延续文明的记忆建构行为也在变革中逐渐成熟。

中国文化事业的发展进入新的历史时期，迅速建立起全国规模的文化管理工作体系，各地文化事业被纳入统一的文化建制和管理之中。与此同时，大众性的物质媒介技术也在国家的大力扶持之下发展，使得人们的信息传播活动更为广泛而便捷。譬如，新中国成立后我国有计划地在中央及各省创建了广播电台和电视台；20世纪80年代党中央开始推行中央、省、地市、县"四级办广播、四级办电视"的新闻事业方针；国务院于1998年启动广播电视村村通工程，逐渐构建起覆盖全国的广播电视公共服务体系。现代大众媒介的发展突破了书写时代少数人享有知识的特权，电视媒体的低门槛性为知识的传递、文化的传播插上了翅膀，为各地文化事业的发展奠定了基础。经历了一系列的技术变迁与媒介演进，荆楚优秀传统文化中的记忆逐渐以更为多样的表现形式为社会大众所享有而成为更具普遍性的经验、知识与智慧。

与此同时，由于我国经济社会转型发展、自然生态与社会文化的同

---

① 邵鹏：《媒介记忆理论——人类一切记忆研究的核心与纽带》，浙江大学出版社2016年版，第301—302页。

步变化、西方思潮渗透等因素的共同影响，荆楚文化遗产的保存环境逐步恶化，濒危遗产的老化、损毁、流失和消亡等现象也日益严重。为了适应新形势的发展，这一时期国家围绕文化遗产开展了一系列抢救保护工作。1982年2月，国务院公布了第一批24个国家历史文化名城保护名录，江陵（现湖北荆州）被列入其中，此后，武汉、襄樊（现湖北襄阳）、随州、钟祥也先后被列入保护名录；1982年11月，全国人民代表大会常务委员会审议通过《中华人民共和国文物保护法》并正式施行；1984年，国家民委发起"关于抢救、整理少数民族古籍的请示"、国务院办公厅批准下发，全面部署了民族古籍工作机构、经费、抢救保护和落实知识分子政策、人才培养等方面工作；1996年，"世界记忆工程"中国委员会成立；2000年，国家档案局正式启动"中国档案文献遗产工程"，截至目前已公布的前五批名录中，湖北省申报的汉冶萍煤铁厂矿有限公司档案、江汉关档案文献、辛亥革命武昌起义档案文献、随州曾侯乙编钟、武汉大学早期建筑设计图纸2件（组）档案文献、丹江口水利枢纽初期工程档案和武汉长江大桥建设档案，共7件（组）珍贵档案文献都被列入保护之列。

　　通过一系列的抢救保护工作，荆楚文化的口述史料征集、档案文献编纂、古籍整理编目等"抢救与保护"式记忆建构成效显著。以荆楚土家族文化为例，从20世纪50年代开始，中南民族大学与武汉大学联合开展了摆手歌的搜集整理工作，吉首大学图书馆自1959年建馆以来逐渐形成了以土家族口述史料为特色的馆藏体系。到20世纪80年代至90年代初，一系列反映土家族文化的民族古籍相继出版，包括《摆手歌》《梯玛歌》《哭嫁歌》等口传古籍和《土家族土司史录》等汉文典籍汇编，及时地抢救了一批重要的民族文化遗产。此外，少数民族古籍编目工作在这一阶段也开始全面展开，1997年，国家民委下发《关于印发〈中国少数民族古籍总目提要〉编写纲要的通知》，对民族古籍总目提要编撰工作作出全面部署，开启了系统性的民族记忆建构工程。其中，《中国少数民族古籍总目提要·土家族卷》收录了1949年以前反映土家族历史特征的存世古籍条目共2830条，其中书籍类304条，铭刻类（含石碑、牌坊、墓碑、摩崖石刻等）480条，文书类176条，讲唱类（口传传统文化资料）1870 条①，初步呈现了土家族历史古籍的全貌。

三 荆楚文化的记忆转型

21 世纪以来，荆楚文化在中华文化的总体保护与建设中不断丰富和发展。作为中华文化信息系统中一个颇具特色的子系统，它既是我国现代化建设不可忽视的文化信息资源，也是承载着传统文化的记忆宝库。在记忆的数字化浪潮中，荆楚地方特色文化也逐渐跻身于数字文化建设行列而有机会得以大放异彩。

（一）"项目化、建档式"记忆建构

21 世纪是我国文化事业不断丰富与发展创新的重要阶段，这个阶段的一个重要特征，就是多元的文化和政治一体格局的形成，使得各种文化遗产保护工作重视程度与日俱增。2005 年，《关于加强我国非物质文化遗产保护工作的意见》《关于加强文化遗产保护的通知》等文件相继出台，将非物质文化遗产保护、历史文化名城和历史文化街区村镇保护纳入城乡发展规划；2011 年，全国人民代表大会常务委员会会议通过《中华人民共和国非物质文化遗产法》；2017 年，中共中央办公厅、国务院办公厅发布并实施《关于实施中华优秀传统文化传承发展工程的意见》；2022 年，中共中央办公厅、国务院办公厅印发《关于推进新时代古籍工作的意见》；2023 年，国务院总理李强在第十四届全国人大一次会议中强调要"保护和传承好地域文化、乡土文化"。在这一系列文化遗产保护框架的确立之下，各种文化保护与记忆建构工作也在 20 世纪末掀起的世界记忆项目建设浪潮中加快了进程。

1992 年，联合国教科文组织发起"世界记忆工程"；1994 年，美国启动"美国记忆"项目，通过其同名的多媒体网站提供信息。此后，包括国家记忆、城市记忆、乡村记忆、社群记忆、事件记忆等诸多类型的记忆项目，在世界范围内广泛兴起，如今已逐渐遍及全球。在我国各

---

① 国家民族事务委员会全国少数民族古籍整理研究室：《中国少数民族古籍总目提要·土家族卷》，中国大百科全书出版社 2010 年版，条目分类目录第 1—37 页。

种记忆建构的浪潮之中，有国家记忆如"中国记忆"，城市记忆如"北京记忆""上海记忆"，乡村记忆如"台州古村落数字记忆""梅州古民居数字记忆""铜川村庄记忆"，高校记忆如"安徽大学记忆""西南石油大学记忆"，特殊群体记忆如"江西知青记忆""云南抗战老兵口述记忆"，等等。明确以荆楚文化为对象的记忆工程还未出现，但与此相关的文化资源建设项目逐渐开展起来。例如，2014年4月湖北正式启动文化建设重大战略工程——《荆楚文库》，这是湖北有史以来规模最大的一项文献整理与研究出版工程。《荆楚文库》计划收录历代文献和今人研究专著1000种左右，约1200册。分为文献编、方志编、研究编，其中"文献编"甄选自先秦到民国时期的代表性典籍；"方志编"对现存湖北地方方志应收尽收；"研究编"主要收纳现代学术著作和相关工具书，涵盖荆楚史地文化、人物、风物等多个领域。2019年，《荆楚文库》还启动了数字文库的建设工作，计划建成真正的全媒体文库[1]。这一建设项目为荆楚记忆建构提供了较为"全景式"的资源基础。

这一时期，非物质文化遗产和不可移动文化遗产也开启了建档式保护。非物质文化遗产是涉及语言、表演、艺术、习俗、医学等传统文化不同领域的多元复杂体系[2]，与其相关的"工具、实物、工艺品和文化场所"等也是支撑非物质文化遗产的重要组成部分。因此，非遗的建档范畴实际上既包括无形遗产，也包括有形遗产。记忆机构利用多样化的记录手段对无法直接保存的无形遗产部分进行一种转化式记录，使之得以固化存储，同时对有形遗产中的空间场所、实物器具、建筑纹饰等物质实体通过一套档案化的管理流程进行建档式保护与开发；此外，建档主体在建档行为过程中也会形成相关的档案管理工作信息，如"收集、申报、管理、保护"[3]等建档信息，也属于非遗建档工作的范畴。2006

---

[1] 家谱研究：《〈荆楚文库〉——"地方文献整理出版与保护"系列之二》，网易号，2021年11月3日，https://www.163.com/dy/article/GNRLEOFS0552DR54.html，2023年5月6日。

[2] 周耀林、叶鹏：《我国非物质文化遗产的保护机制与实现路径——基于文化与科技融合的视角》，《学习与实践》2014年第7期。

[3] 胡莹：《少数民族文化遗产建档范畴与原则探析》，《档案学通讯》2016年第3期。

年我国第一个县级保护条例《长阳土家族自治县民族民间传统文化保护条例》就提出，"开展普查、收集、整理、出版、研究等工作，建立保护档案和数据库，对民族民间传统文化进行真实、全面和系统的记录"。不可移动文化遗产则包括古遗址、古建筑、石窟、碑刻、历史名城或传统村落等，对不可移动文化遗产的建档实际上也包括无形遗产和有形遗产两部分，例如传统村落中的非遗文化资源也是村落建档不可缺少的组成部分。可见，文化遗产视角下的两种资源建档式保护存在相通之处，这种保护方法使得不同类型的文化遗产都可转化成记录性资源，从而大大强化了记忆建构的可见范畴。

（二）数字转型下的记忆建构

数字技术是21世纪时代进步的重要力量，它带动了21世纪以来各种数字文化资源建设的蓬勃发展。数字文化资源建设依靠数字化技术与数字化迁移实践，既包括对文化遗产原件的数字化迁移，如纸质数字化、照片数字化、音像数字化等，也包括缩微胶片的数字化转换，以及传统出版向数字出版方向的转型等。随着数字技术的发展成熟，以数字化为基础的文化资源建设成为文化遗产再生性保护的重要内容之一。文化遗产在线资源及数据库建设是数字资源建设与共享的实现基础，也成为文化记忆资源数字化构建的重中之重。

在数字化转型的时代背景之下，荆楚文化数字资源建设也取得了一定的成绩。2005年公布的《恩施土家族苗族自治州民族文化遗产保护条例》第十一条明确提出"要建立安全预警系统、信息化数据库"。长阳县是鄂西地区较早列入试点进行数据库建设的土家族自治县，2015年长阳县对国家级非遗项目及传承人孙家香进行了数字化采录、编辑、整理等抢救性保护工作，数据提交至国家图书馆传承人专题资源库。2017年，恩施州文化馆提出要对非物质文化遗产四级名录项目和传承人逐步进行电子录入，为建立非遗电子数据库打好基础。2019年，《荆楚文库》项目在前期文献数字化的基础上，正式启动制作荆楚文献数字化文库，将逐步建立起荆楚文库数字版、荆楚文库资料库、荆楚文献数据库，按主题、关键词等多种方式，制作荆楚儒学、荆楚史学、荆楚文学、荆楚宗教、荆楚科技、荆楚地理、荆楚医药、荆楚水利、荆楚出土文献、荆楚文物以及荆楚人物等一系列数据库，以多种形式充分发挥荆楚文献的作用。这些都是构建荆楚文化数字记忆平台的基础性资源。

总之，人类记忆进化到数字时代，数字媒介使得记忆功能不断放大，变成一种可为全球共享的信息和数据，不仅能大大拓展基于信息传播的记忆实践，而且使知识的提取也变得更为简易便捷。在人类记忆的4.0时代，媒介在知识存储与信息记忆方面具有了较之过去更为完备的功能，数字技术欲将记忆引向更为广阔的知识全景呈现之景观。数字革命所带来的种种变化有待进一步深入地考察，探讨如何将数字知识融入媒介记忆之中，如何充分利用数字化知识管理工具与方法，从以往对记忆的信息管理转向对数据的发现与智慧的探求，从而挖掘出各种记忆资源中最为"基本、稳定、深层"的要素，以帮助记忆的取用者建立宽广的视野、获得渊博的学识和文化的认同。

第二节　荆楚记忆重构：目标、原则与构想

一　荆楚记忆重构的基本目标

荆楚文化在其长期发展演进的历程当中，已经形成了用以记录其文化内涵及表现形式的记忆建构实践样态，但面对当前数字媒介的转型发展，其记忆也亟须经过数字化重构改变传统记忆形态，同时借助网络、微博、微信、短视频等多种数字传播媒体，以及图文、动画、音视频和数据等不同传播符号加以传播放大，使其适应数字记忆的基本特征。世界范围内业已产生数字记忆项目的丰硕成果，形成数字记忆建构的总体趋势，这是荆楚文化记忆重构的外部需求与参照目标，这与荆楚文化数字化转型的内部需求相并立，为荆楚文化的记忆重构确立了"全面立体、生动活泼、全员共享"的数字记忆建构目标。

建构全面立体的数字记忆。世界各国都在积极推进的"数字转型"，体现了兼顾现实转型需求和对记忆进行抢救保护的双重初衷。数字记忆不同于人脑记忆，数字环境为记忆提供了充沛无比的存储空间，

大大超过人脑或纸张等传统记录载体的记忆容量,而数字信息的可拷贝、可迁移特性使之天生具有抵抗物理老化的能力。因此,荆楚数字记忆项目应将数量宏大的信息资源、涉及广泛的主题内容、精彩纷呈的呈现方式,与兼备历史、文化、科技、艺术的记忆形态完美融合,在若干记忆主题之下形成浩瀚的知识网络,借助各种信息工具使记忆空间扩展至无限。

建构生动活泼的数字记忆。数字记忆与人脑记忆又有着诸多相似之处,从记忆的感知再现角度来看,数字记忆甚至可以看作人脑的"复制"。计算机科学家们认为,"数字化技术可以使人工思维拥有蜂群思维一样的分布式优势","计算机和微型芯片好比神经元;网站存贮信息;网页链接形成语义图;因特网则将信息传输到世界各地"。未来信息技术的发展更将使得互联网不仅拥有"视觉、听觉、触觉、运动神经系统",还将拥有"记忆神经系统、中枢神经系统、自主神经系统"①,这种模拟人脑再现记忆的技术发展,可以大大拓展数字记忆的丰富体验。凭借这些技术力量,荆楚文化的数字记忆要实现如同人脑活的记忆神经一般,就需要进行知识的关联聚合,使记忆内容生动又活泼,从而大大激发用户的记忆通感而沉浸于记忆的盛宴之中②。

建构全员共享式的数字记忆。荆楚数字记忆虽然是关于荆楚地域的社会记忆和文化记忆,但并不是其所独享的记忆,它也应遵循于"社会记忆属于大众"这一数字记忆秉持的准则,通过记忆的分享来促进记忆的传播,以放大其文化标识,传承其独特的文化价值。大数据专家维克托·迈尔-舍恩伯格(Viktor Mayer-Schönberger)认为"数字化系统已经使一个更大、更为全球化的共享记忆成为可能"③,这促使数字记忆需要建构面向大众的全员共享式记忆,它既是项目行动者共同拥有的记忆,更是一种由大众书写的记忆,大众在互联网、社交媒体中所形成

---

① 邵鹏:《媒介记忆理论——人类一切记忆研究的核心与纽带》,浙江大学出版社2016年版,第57页。
② 冯惠玲:《数字时代的记忆风景》,《中国档案报》2015年11月19日第3版。
③ [英]维克托·迈尔-舍恩伯格:《删除:大数据取舍之道》,袁杰译,浙江人民出版社2013年版,第82页。

的各种记忆实践也应成为记忆建构的重要资源。

二 荆楚记忆重构的基本原则

数字记忆建构是一个复杂的过程,它实际包含着同一过程的两个方面,一是记忆资源经历"社会记忆化"的过程,二是记忆的"数字化建构与重现"过程。前者涉及整个文化资源形成及其管理活动所体现的社会记忆构筑活动,包括记录形成、归档整理、编纂开发、提供利用,后者则从数字信息的采集、组织、存储和展示中建构记忆。"被认知才能被记忆",特定的记录总是需要先行进入当下个人的视野之中,才能真正参与到社会记忆的构建中去[①]。荆楚记忆的重构即在已有记忆的基础之上建构全面系统的数字记忆,这既要充分发挥记忆资源在重建过程中的加工性优势,又要维护原始记忆的真实性基础,因此需要遵循一些基本的原则。

(一) 广泛采集

广泛采集原则既是数字记忆的特性使然,也是荆楚文化记忆资源的多元化要求。从记忆内容来看,荆楚文化有八大主题系列都是数字记忆重要的原材料;从记忆来源来看,各种官方记忆机构和民间文化遗存都是广泛采集的对象,其形成的官方记忆和民间记忆可以相互补正;从记忆形态来看,既包括负载于实物载体之上的有形的物质文化遗产,如反映荆楚文化的档案、古籍、手稿、遗址、古村落等,也包括各种口耳相传、代代流传至今的非物质文化遗产,如口传史诗、民间传说、家传技艺、纪念仪式、风俗习惯等;从记忆空间来看,既有现实世界中所形成的各种文化资源的整合,又有网络空间中与荆楚文化主题相关的虚拟社群及个人交互产生的记忆实践的集合。

广泛采集不仅体现在宏观层面的资源采集和选择上,还体现在微观层面的资源组织和呈现上,包括主题的广泛性、主题呈现的多线索和记忆体裁的多样性。从选题来看,某一主题的数字记忆应承载非常广阔的题材范围,如地域风情、民风民俗、传统民居、宗族家谱、传统服饰、

---

① 卫奕:《论档案编研与社会记忆的构建》,《档案学通讯》2008年第6期。

远古传说、民间信仰、艺术生活等这些多元素的素材都可以用来诠释一个共同领域的文化传承；从主题呈现的脉络来看，每一个记忆主题之下又可划分出多条线索的主题分支结构并再逐层细分，如通过对某一荆楚名人宗族家谱的信息采集，既可以时间为线对其历史源流进行考察，又可以空间为轴勾画出其地理分布结构，还可以从大量素材中形成重要的纪事年谱或人物关系图；从记忆体裁来看，不拘泥于单一的记忆呈现形式，既可以包含文本、图片、音频、视频等常规形式，又可以呈现多媒体、VR 技术、全景影像等新技术景观。例如，土家族的数字记忆建构，既需要通过数字化方法广泛采集土家族口头传承的具有历史文化价值的资料和汉文记载的有关土家族内容的文献典籍及碑刻铭文等，也可以借助数字化技术将清江流域独具韵味的土家族特色服饰、美食、转角楼、土司城遗址、摆手舞、舍把节等原生态影像记录下来，或转化成为更具可视性的虚拟场景及 3D 元素，由此形成多元化的清江巴土文化记忆景象。

（二）适度阐释

文化阐释是数字记忆建构的重要一环，文化阐释旨在揭示记忆对象的文化框架与内涵，包含着对记忆对象的梳理、解读、考据、挖掘和阐发。文化阐释应先着重于宏观层面的阐释，为题材选择、文化结构、呈现方式等提供依据，再具体到微观层面的文本解读，此时应该遵循适度阐释的原则。适度阐释是典籍文献编撰的重要原则，它可以追溯至孔子"述而不作"的编撰观念，即客观还原原始记录、展现真实历史背景，避免纯文本阐释的负面作用；系统整理分散保存的各种记录，通过中心明确、逻辑分明的方式关联组合，使其呈现出具有一致性的整体面貌；对文献内容进行详细考证和精确的文字校勘，使阅读者能准确把握和理解其中的真实含义[①]。

适度阐释的原则对荆楚文化数字记忆的建构提出了相应的要求。它要求在荆楚记忆建构的过程中既要有相应的文化阐释，又要使这种阐释符合其固有的文化基因，既全面又准确地反映其地域特色。首先，要基于荆楚文化内涵进行精准定位。文化阐释是一个研究过程，其精准定位

---

① 卫奕：《论档案编研与社会记忆的构建》，《档案学通讯》2008 年第 6 期。

要以全面研究所采集的记忆资源为前提,只有透彻理解记忆对象的概念范畴、历史源流、发展脉络、社会背景、文化性质、资源结构和地域特色等,才能使这一文化的阐释内容言之有据、落地有根。其次,要有明显的主题架构。面对纷繁复杂的记忆资料,文化阐释需要借助逻辑主义思维对记忆对象进行观察、分析和文化拓展,将其组织于一定的编排规律之中,从时间与空间、宏观与微观、物质与精神、传统与现代、环境与人等对应关系中寻找其内在联系与意义。最后,要有多样化的原生态文化记录。原生态文化记录不仅指文化遗产的原始样貌,还包括对歌谣舞蹈、古老仪式等社会文化原生态场景的记录。例如,对荆楚编钟文化的阐释,不仅可以从其用料、铸造、调音、雕刻等方面反映当时楚国先进的冶铸技术和音乐审美水平,也可从其现场独奏、合奏和歌舞伴奏演绎中展现其"和鸣千古、铿锵震动"的艺术价值,还可以对其在古代礼仪、文化活动、战事演奏等方面具体应用的史料进行挖掘解读,使得这一记忆全方位还原出古荆楚的社会形态及其文化特征。

(三) 深度加工

数字记忆的建构性本质赋予了记忆的"可加工"范畴,使得记忆在数字技术的支持下可进行深层次的加工。深度加工与适度阐释并不矛盾,适度阐释主要是基于文化层面的理解与定位,偏重文本解读的内涵,深度加工则偏重于从文本解读的技巧层面对记录内容和形式进行技术化处理,使记录内容能够获得更广泛的认知与情感的共鸣。具体包括:基于文本细读挖掘生动、真实的叙事题材、历史故事;采用技术化的数字叙事手法突出重点、制造悬念,获得引人入胜的效果;借助计算式远读(distant reading)关联各种记忆元素,实现知识图谱的构建;设计不同形式的可视化呈现效果,增强信息的吸引力和影响力,提升用户的体验感,从而促进更广泛的传播。

"细节最能体现一个民族的心理奥秘",对于荆楚文化记忆而言,完整、真实、深度的记忆,不仅仅是浮于主题表面的历史纲目,还需要大量有血有肉的鲜活细节予以填充,才更容易被接受、记忆和传承,这是人们追溯记忆的本能和需求。例如,从反映荆楚重大事件的历史记录中揭示事件发生的详尽过程,从荆楚典型人物的事迹中寻找细微的生活细节与情感元素，将这些隐于宏大主题之中的琐碎细节按照一定的主题和逻辑加以串联，还可以将文字转变为视频、音频及动画等多媒体形式的数字叙事元素，并设计清晰可读的叙事导航模式，将主题故事的多媒体形式展现给大众，给人留下更为深刻的记忆和情感共鸣。此外，深度加工还可利用数字技术提取荆楚文献中的人物、地点、事物、活动等关键信息，从而构建荆楚社会的社交网络关系图，或呈现出历代建筑细节与城市变迁景象。

三 荆楚记忆重构的基本构想

（一）依存之本：荆楚文化遗产的数字化保存

从最宽泛的意义上来理解，文化遗产是人类文明和记忆的承载之物。人类记忆不只通过符号、图像、文本、手稿、文件、口述历史记录等文献遗产保留下来，还存在于节日、仪式、诗歌、故事、歌曲、意象及文化遗迹等各种物质的和非物质的文化遗产之中，即阿斯曼所称的"记忆形象"（Figures of Memory）[1]，它们经受了历史长河的冲刷淘洗，从而形成一座座"时间的岛屿"，结晶而成文化的记忆。

文化遗产亦是"一个开放的概念"。由于数字化改变了人类生活的方方面面，极大地提升了人类记忆储存的阈值，网络则进一步消融了交往记忆和文化记忆之间的界限，"即便是最无关紧要和最短暂的都可以'凝结'成文本，而文本也可以'溶化'成无形的、随时可以变革和重新塑造的大量数据"[2]。基于此而产生了"数字遗产"（Digital Heritage）的概念，它首先是一种数字形态的遗产，其次指具有文化遗产价值的数字信息，既包括原生的数字信息，也包括经由数字化转换而形成的具有长久保存价值的数字信息，是当代人类遗产的重要组成部分，也是构成人类文明与记忆的根本。

遗产保护的观念与记忆建构的意识紧密相联。保护是为了遗产的

---

[1] 陶东风：《从集体记忆到文化记忆》，新浪博客，2011年3月22日，https://blog.sina.com.cn/s/blog_48a348be01017dzi.html，2023年5月6日。

[2] ［中］冯亚琳、［德］阿斯特莉特·埃尔主编：《文化记忆理论读本》，余传玲等译，北京大学出版社2012年版，第18页。

形成和记忆的存续。选择哪些遗产进行保护，直接影响着该记忆以何种内容、何种形式存在。创造了璀璨文化的荆楚大地，在面对由现实遗产危机而引发的记忆浪潮时，"数字化保存"也就不可避免地成为数字时代荆楚文化遗产保护的行动计划与记忆建构的指南。荆楚地区文化遗产分布广泛、载体形态多样，荆楚人民在漫长岁月中创造了丰富多彩的历史与文化，既包括物质文化遗产，也包括非物质文化遗产，既有可移动文化遗产，也有不可移动文化遗产，还正在产生存在于网络空间的数字文化遗产。这些遗产有的尚未数字化，有的已经数字化，有的正在数字化，有的从诞生初始就已具备数字形态，只有将这些不同类型的文化遗产全部转化为机器可读的标准化信息格式，才能将它们所记录或反映的荆楚社会方方面面的信息，构筑成为珍贵的数字记忆宝库。

荆楚历史文献是其可移动文化遗产的重要组成部分，也是荆楚文化的核心记忆资源，它包括从先秦到民国时期的历代荆楚籍人士的著述、其他作者（包括外籍寓鄂人士）撰写的反映荆楚历史文化的著作中有较大社会影响和较高学术价值的稿本、钞本、刻本等。从其类型上可划分为荆楚传世文献、荆楚出土文献、荆楚民间文献。其中，荆楚传世文献主要包括荆楚经、史、子、集四部文献，以及荆楚文征、宗教文献、晚清民国文献、报刊文献八大类型，还有湖北特色山水文献、水利文献、汉冶萍公司文献、海关文献等对湖北经济文化产生重要影响的著作。从年代上划分，可分为"先秦至唐""宋元明清""1911—1949年"，以及清末以来具有较大影响的"荆楚近代报刊"等不同时段的历史文献，可以反映出荆楚社会生活、生产劳动、宗教祭祀、文学艺术等方方面面的历史景象。另外，有历代旧志约500种，传本3部以下的有187种，孤本123种，这些稀世珍本亟须进行数字化保护和抢救。此外，今人撰作的研究荆楚历史地理、人物风物等重要学术著作和工具书200种左右，共约300册[①]。这些也可以转化为数据库资源，成为阐释

---

① 家谱研究：《〈荆楚文库〉——"地方文献整理出版与保护"系列之二》，网易号，2021年11月3日，https：//www.163.com/dy/article/GNRLEOFS0552DR54.html，2023年5月6日。

荆楚文化的重要参考信息。

相比于文献载体的自然损坏或人为破坏，荆楚非物质文化遗产和不可移动文化遗产本身因缺少记录性的记忆资源，更易面临"共识符号系统载荷"缺失所导致的记忆消亡。从空间视野来看，非物质文化遗产属于"民俗文化空间"的范畴①，不可移动文化遗产属于历史遗迹的空间范畴，从这一意义上，两者可以统一于空间记忆资源的数字化采集与保护。具体而言，荆楚"非遗"民俗文化空间包括民间艺术表演空间、工艺技能展示空间、传统生产生活空间、民俗节庆仪式空间等，不可移动的历史遗迹类空间资源则包括建筑、街区、道路、物体布局与形态等实物资源类型。对这两种资源可通过文字、录音、摄影、录像、多媒体等数字化记录手段进行真实、系统和全面的记录，将其信息进行固化保存并传播利用，为荆楚记忆的保真、复原、建构提供真实的依据。荆楚文化虚拟空间的记忆遗产在此不再赘述。

总之，无论是现实世界中小到一件器物、一本古籍，大到一个古城建筑群，还是网络空间记忆资源的聚集呈现或由虚拟社群所形成的关于荆楚文化讨论的舆论场，都是荆楚文化遗产的重要内容，也是其数字记忆建构的依存之本。

（二）核心价值：荆楚文化知识的数字化重构

在知识管理的视野中，文化记忆亦是在一个集体互动框架下所形成的各种行为和经验的知识集合，因此为荆楚记忆提供了一种知识视角的解读。挖掘荆楚文化遗产中所蕴含的知识并进行数字化重构，是荆楚文化数字记忆建构的核心价值，它集中体现为荆楚世世代代在反复进行的社会实践中所获得的知识，这些知识以一种"固化""客观化"的文化形式得以传播。一个群体正是从这种知识储存中建立自己的整体性和独特性意识，从而获得"身份固化"和"视野建构"，而身份和视野取决于知识中所传递的关于"我们属于谁""我们不属于谁""什么和我们相关""什么和我们不相关"等隐含意识②。

---

① 乌丙安：《民俗文化空间：中国非物质文化遗产保护的重中之重》，《民间文化论坛》2007年第1期。
② 陶东风：《从集体记忆到文化记忆》，新浪博客，2011年3月22日，https：//blog.sina.com.cn/s/blog_48a348be01017dzi.html，2023年5月6日。

对于知识的重视，在 20 世纪后半叶以来"知识管理"所开启的对知识的研究和描绘中获得新生。这一背景之下，各种社会记忆机构纷纷转变思维，从以往的实体保管转向对知识的提供和服务，进行一种以来源和知识为中心的管理①。值得注意的是，每个时代的知识都是依据当代社会的参照框架所重构的，这种重构的知识首先是以积累了"文本、意象和行为规范"的记忆形式存在的，以此确定其总体的知识视野；其次是以现实的客观化的记忆形象存在的，通过将当代语境下的意义置于其中而赋予其当下性。

荆楚文化遗产中包罗万象、覆盖广泛的知识内容，是荆楚历代生存哲学和生活经验的积累与传递。例如，荆楚简帛种类甚多，内涵丰厚，其中不乏道家、儒学思想，诗赋史书，以及有关天文、历法、占卜的数术书籍也占有相当大的比例。荆楚知识的数字化重构就是要从这些学科知识的汇集中获取对当代社会发展和科学进步具有积极作用的历史经验，使其以一种数字化信息的形式展现出来，并能生成和传播新的时代意义。面向数字知识的荆楚文化记忆，需要涵盖关于荆楚地域历史起源和发展、宗教法律知识、文学艺术知识、科学技术知识、哲学知识等丰富内容，还要将这些知识中的历史经验与集体智慧高度提炼，并与当下的现实结合从而积聚并激发智慧的创新。

荆楚历史的起源可追溯至考古发掘出的屈家岭文化、石家河文化等文明遗址，荆楚大地上也流传有不少上古时期的神话传说，如祝融火正、神农尝草、共工触山、刑天争神等，而流传于神农架的叙事长诗《黑暗传》则系统而生动地记录了远古的创世神话及其发展历程。荆楚文化历经秦汉一统、三国战乱、移民南迁等历史进程渐与周边区域文化相融合，北宋至清代中叶的近世又逐渐分化，直至近现代社会荆楚文化的精神特质呈现，从这些曲折的历史轨迹中透视出丰富的知识内容。

荆楚是中国源远流长的道教和禅宗文化的重要发源地。荆楚古寺古观众多，如十堰武当山、当阳玉泉寺、汉阳归元寺、来凤仙佛寺、武昌

---

① 冯惠玲：《电子文件时代新思维——〈拥有新记忆——电子文件管理研究〉摘要之六》，《档案学通讯》1998 年第 6 期。

宝通寺及荆州天星观等，不仅成为后世信仰与祭拜的重要宗教场所，也因其所承载的悠久历史和人文景观，成为挖掘当地文化和知识的游览胜地。法律文书也是历史所遗留下来的大量荆楚简帛中的一项大宗内容，如包山楚简、云梦睡虎地秦简、云梦龙岗秦简、江陵王家台秦简、张家山汉简等皆包含了早期中国的法制思想和文书条律，对现世具有重要的参考价值。

荆楚历来也是一个神秘浪漫、富有神奇色彩的艺术之地，闻名遐迩的楚辞楚赋、楚乐"八音"、编钟乐舞等就诞生于荆楚。早在春秋时期，楚国就倡导诗教，常以《诗》中词句传情达意。战国时期，以屈原、宋玉为首的诗人大家，为后世留下了至今影响深远的诗词歌赋作品，不仅拓展了诗歌的题材和领域，具有极高的美学价值，也以其所描绘的楚国方言声韵、楚地山川物产、楚人风土人情等画面折射出楚文化的精神特质与浪漫想象。此外，楚人优孟是戏剧的鼻祖，楚国的音乐、舞蹈、绘画、雕塑等都技艺高超，楚国的编钟演奏中蕴含着丰富的文化和艺术价值。

在战国汉初的荆楚简帛中，有关天文、历法、占卜的数术书籍数量也较大。在这些早期的科学著作中，有介绍时日吉凶的数术书《日书》，有属于历谱的《算数书》等。《算数书》的出现不仅早于《九章算术》约200年，而且集中呈现了当时已有的数学方法和实际应用，极具历史研究价值。楚国的科技当时也处于领先地位，包括青铜冶炼、铸铁、楚丝、漆器等技艺均早于古希腊，不少青铜器皿如曾侯乙墓出土的尊盘就显示出当时楚国高超的青铜铸造技术。

荆楚哲学思想深厚，中国传统儒学也是荆楚文化所体现的重要内容。春秋时的楚人就有传习五经六艺的传统，楚国申叔时是当时著名的儒学家，他在谈论对楚国皇子的教育问题时，提出了一套"耸善而抑恶"的经典儒学主张，开儒家思孟学派的心性学和"性情"论之先河，成为荆楚后世传习儒家经典的重要特色。这些思想被历史文献记录下来，在湖北荆门郭店出土的楚简和现今上海博物馆馆藏的楚竹书中都能寻其踪迹，使后人得以探寻其思想要义。

鉴于荆楚文化的丰富性与多样性，以上各方面知识并不能概全其悠久历史中所蕴含的知识价值,如荆楚社会发展的状况,包括其社会制度、社会结构、社会组织、社会行为及社会心理发展的历史也分布于这些知识类型之中,需要进一步地梳理。尤其是当代网络社群发展中对荆楚知识的传播,能否反映传统社会意识和社会心理在当下的发展现状,有待于进一步深入地考察。荆楚文化数字记忆建构应充分利用数字化的知识管理工具与方法,将传统的数据库建设转向知识库的建设,将以往对信息的管理转向对知识的发现及智慧的探求,挖掘出各种记忆资源中最为"基本、稳定、深层"的要素,从而将数字知识融入荆楚文化记忆之中,不仅能帮助记忆的取用者建立宽广的视野、获得渊博的学识,更能帮助荆楚社会成员在中华文化的大视野中建立对其文化的自信与认同。

(三) 实现方法:荆楚文化领域的数字人文创新

借助数字人文开拓人类记忆的能力与范畴,拓展文化遗产的可及性与知识创新的潜能,是荆楚文化数字记忆建构的实现方法。作为一种新兴的人文学科研究方法,"数字人文"起源于20世纪末,其概念源于文学与语言的研究传统,其发展基于对电脑和互联网的运用,依托数据和元数据的标准化,在大量数据基础、统计学计算、可视化图表之上,进行一种更广阔意义上的"计算",并在极短的时间内成为一种遍及全球且"超越历史、学科和媒介"的创建知识及意义的生产路径。随着与电子文件管理领域的进一步融合,数字人文逐步将资源的范围拓展到单一文本之外,展开了对各种记忆资源的保存、编码、聚合、挖掘、可视化等方面的应用,拓展了文化遗产的可及性与知识创新的潜能。

记忆原本是人类世界的一种精神现象或文化现象,然而记忆一旦与数字相联、与网络相接,将彻底改变人类未来的栖居方式。欧文·拉兹洛(Ervin Laszlo)所提出的"全球脑"(Global Brain)[①]概念,或许正是由此得到的启示:未来地球成为一个巨大的"全球脑",个体则成为

---

① [美]欧文·拉兹洛:《全球脑的量子跃迁:新科学如何能够改变我们及我们的世界》,刘钢等译,金城出版社2010年版,中文版序言第1页。

贯通这个"全球脑"的一个个神经元。尽管这一记忆景观的构想离现实还存在一定距离，但数字人文将电脑计算的方法应用于人类的精神文化世界，却推动现实往前跨越了一大步。面对荆楚文化遗产中浩如烟海的文本与数据，基于计算的数字人文可以一种新的"丈量文化"①的方式，通过聚类整合、数据分析与深度挖掘等智能化处理，创造出一个由有序富集的资源、持久创新的知识、趋于真实的体验所构筑的连接荆楚历史与未来的数字文化宫殿。

在弗朗科·莫瑞蒂（Franco Moretti）看来，数字人文中与"细读"相对的"远读"模式，通过量化的方法，对庞大文本体系中的类别因素和形式元素做出解释②，对于传统的记忆方法来说是一种很好的补充。面向数字人文的荆楚文化记忆，可通过"历史域（社会域）""文献域""知识域""数据域"和"智能域"这五大模块的知识融合框架③，将多来源、多载体、多模态的荆楚文化记忆资源融合建构，形成智能性、可视化、沉浸式的记忆体验，从而在唤醒荆楚人内心记忆的同时又在更大的范围内分享与传播。

第一，数字人文通过确定历史域和社会域而明确其研究的范围。荆楚文化数字记忆是关于荆楚地域集体、历史、文化和社会的记忆，它以荆楚现实世界的历史文化遗产和网络世界的数字遗产为基础而建构，从中提取与其相关的，具有一切记忆价值的事实、知识和智慧。荆楚文化既包括现今以湖北地区为主要辐射范围的古荆楚历史文化，也包括历史乃至未来湖北地区所呈现的地方特色文化，这一历史域和社会域就构成了荆楚文化数字记忆建构的对象范围。

第二，文献域是数字人文研究的起点。由数字人文和电子文件管理融合所产生的数字记忆，将资源范围极度拓展至所有能够承载记忆的范畴。对于荆楚文化的记忆资源而言，包括通过调查和创作所获得的关于

---

① ［德］Gerhard Lauer：《文化的数字丈量："数字人文"下的人文学科》，庞娜娜译，《澳门理工学报》2018年第3期。
② ［美］戴安德、姜文涛：《数字人文作为一种方法：西方研究现状及展望》，赵薇译，《山东社会科学》2016年第11期。
③ 赵生辉、胡莹：《面向数字人文的多语言藏学知识融合框架研究》，《农业图书情报学报》2020年第9期。

其历史文化的多模态的记录性资源，也包括缺少记录性资源的非物质文化遗产、不可移动遗产等，如承载着记忆与历史的一条民俗风情街或一处古老的建筑居所，对于这些缺少了记录性资源的记忆载体，则要利用各种技术手段将其转化为3D建模或者其他记录性信息内容进行固化与释放。最终形成数字人文中的"档案"——一个经过整理的资源集，构成了数字记忆多来源、多载体、多模态的文献域。

第三，知识域是数字人文基础设施的核心资源。它通过对领域知识的抽取和整合，将其语义内容表示为领域知识本体，从而构建出大规模知识图谱，其中涉及的知识建模包括时空地理模型、实体—属性—关系模型、事件框架模型等。面向数字人文的荆楚文化记忆建构的本质，是对荆楚历史发展脉络之上所形成的各种相关概念进行梳理、提取与整合，通过对信息的集成与模型化表达，建立荆楚领域知识本体（Knowledge Ontology），从而不断模拟和趋近荆楚历史域和社会域的真实面貌，并为基于本体的智能化信息传播服务提供支撑。

第四，相较于知识域从文献内容层面建立知识模型，数据域则是从文献形式层面建立文献篇章结构等外在形式表达的语义框架模型，不仅包括"题目、作者等粗粒度数据"，也包括"内容等细粒度数据"，这样，融入了知识本体的数据之间可以相互关联，从而提高文献检索的精度，因而能解决超出用户检索词范围的更多关联性问题。荆楚文化的知识本体本身是基于多来源、多载体、多模态的文化信息而构建的，其所蕴含的知识量远超个人穷其一生所能处理和记忆的信息，这些都是进行知识创新的重要源泉。

第五，智能域是计算机基于领域知识图谱和语义元数据，辅助用户完成知识检索、语义推理、知识问答、机器阅读和可视化等复杂应用的过程[①]。知识记忆是语用层面的最终目标，数字人文式的记忆建构即要模拟人脑识别和记忆机制，不仅要使知识重组和表示更接近人脑的"活泼"基因，也要使知识呈现适应人脑记忆特征，人工智能的应用使这一

---

① 赵生辉、胡莹：《中国藏学数字人文发展的战略思考》，《西藏民族大学学报》（哲学社会科学版）2020年第6期。

目标的实现有了可能。在荆楚文化遗产数字化的基础上,利用机器学习、自然语言处理、机器翻译、语义理解、问答系统等人工智能技术构建一个信息的网络,再通过三维建模虚拟历史中的时空、人物、事件、活动、组织等真实场景,将使用者带入跨越数千年的时空之中,感知与记忆荆楚历史和文化。

综上所述,荆楚文化遗产的数字化、知识化是荆楚数字记忆建构之本,数字人文方法则是使得分散的、碎片化的数字文化资源重建记忆活力的有效途径。通过对所形成的分散数据进行合理组织、标准化编码和信息关联挖掘,形成可视化的知识图谱,再以智能化检索实现对信息的有效提取,由此建构形成的数字记忆如同人脑中的神经网络一般,能让思想自由驰骋在各种记忆的节点之间,在数据的关联与情境的想象之中记忆丰富的内容,从而唤醒荆楚记忆,延续其数字文明。

第三节　荆楚文化数字记忆再造路径

荆楚记忆的重构,从本质上而言是一种社会实践活动,是对历史和现实的荆楚文化领域进行数字记忆再造的实践。任何一种社会实践及认识活动都包含着主体、客体和中介这三个最基本的要素,其中,前两者构成"骨架结构的两极",技术、方法、手段等中介系统则是贯穿前两者的"中间变量"[①]。这意味着,作为社会实践和认识活动的数字记忆建构也具备"谁建构的记忆、记忆什么、如何记忆"这一基本要素结构。与这一结构相暗合,在对荆楚文化数字资源建设现状调查的基础上,结合数字记忆的基本特征,进一步探求荆楚记忆数字化再造的现实需求,主要从项目管理视角、资源构建视角、传播创新视角寻求其路径解析。

一　基于项目管理视角的路径解析
(一) 多记忆来源的整体建设需求

多记忆来源的整体建设需求既是由荆楚记忆资源的分散性问题所形

---

① 孙德忠:《社会记忆论》,湖北人民出版社 2006 年版,第 130 页。

成,又与数字记忆项目式管理要求相契合。由于荆楚记忆来源分散,普遍散存于民间和不同类型的记忆机构,加之目前管理体制分割和协调机制的缺失,荆楚文化数字资源建设缺乏集中管理和统一行动,既导致各种资源重复建设率较高,造成人、财、物等多方面的资源浪费,又使得记忆资源分散流失,缺乏一定的完整度。在现行体制之下,以项目化方式进行管理,有助于集中多方记忆资源和优势力量,形成数字资源的集中,从而有效解决实体资源的分散性问题,实现符合多元主体利益需求的荆楚文化数字记忆项目管理目标。

由于缺乏宏观层面的集中管理和统一调配,各机构多从自身馆藏和各自需求出发,各自为政开展馆藏数字化工作,目前数字化建设程度参差不齐,对同一主题文化遗产的保护开发时有交叉,极易造成重复建设。首先,各机构的数字资源管理分类和呈现方式各不相同,资源的呈现效果和检索利用途径各有差异,容易造成资源组织的交叉重叠。其次,各机构之间开展的合作有限,缺乏对同一主题资源的统一调配与优势共建,导致在各自建设过程中不能突出重点,可能造成重复开发和资源浪费。例如,在非物质文化遗产的申报过程中就经常出现"撞车"现象:同是土家族过舍巴日跳摆手舞,湖南省非遗名录将其归入民间文学类,命名为"土家族摆手歌",湖北省、贵州省、重庆市则将其归入传统舞蹈类,且命名各不相同[①]。类似情况可能造成资源的重复建设,也会带来地区间文化交流的阻碍,不利于文化的记忆与传承。最后,各机构的开放程度不同,提供利用的渠道和方式也存在较大差异。在所调查的记忆机构中,同时提供网上信息检索与互动服务功能的有17家,但尚未提供任何线上和数据库服务功能的也有5家,包括未建立微博、微信等社交媒体传播渠道。

(二) 项目管理路径的思路解析

由于数字记忆对象选择的目的性和信息加工的特定要求,有影响有

[①] 王燕妮、赵尔文达:《土家族非物质文化遗产传承和保护发展报告》,载肖远平(彝)、柴立(满)主编,王伟杰副主编《中国少数民族非物质文化遗产发展报告(2015)》,社会科学文献出版社2015年版,第201页。

规模的数字记忆大多以项目形式构建和存在①。项目往往具有"明确的目标",要求在既定的"费用和时间"内,将各种资源组织起来以完成工作任务,从而"满足项目利益各方的要求与期望"。项目管理方法对解决荆楚文化数字资源建设由于管理体制和协调机制缺失所产生的各种问题能产生实际效应,基于数字记忆建构的项目化、规模化、系统化要求,可从项目管理的视角提供相应的路径解析。

一是需要形成一套清晰的项目式管理观念。数字记忆项目针对特定的记忆对象,既要符合数字记忆的普适性、广泛性、复杂性和开放性等特征,又要适应荆楚记忆建构的历史性、特殊性、确定性与时代性等特点。在具体的项目实践中,各记忆机构主体对于要建构什么样的数字记忆、为什么要建构这样的记忆、谁来记忆、为谁记忆、记忆包括哪些内容、记忆会产生什么效果、记忆怎样建构等一系列问题要形成系统性的思考,以形成一条完整的记忆建构链条。

二是需要确立统一协调的数字资源集中管理机制。建立有效的资源管理机制,才能实现项目效益的最大化。荆楚文化遗产具有多元属性,实体往往分散保存,其记忆资源分散存储于图书馆、档案馆、博物馆、科研院所、文化馆、群艺馆等众多机构之中,各机构分属国家文化和旅游部、教育部、档案局等不同系统领导,其服务架构与体系标准不一,如果没有统筹规划的顶层设计,会导致数字资源建设缺乏系统化、规范化的管理。此外,尚有大量文化遗产散存于民间,因保管条件简陋或人为损毁等原因面临流失的风险,又缺乏数字化的有效渠道与管理机制,保护形势更加紧迫。这些散存遗产包括大量长期裸存于野外的碑刻、摩崖和石刻造像等,保存于个人手中的记载着丰富民俗文化的家族遗传物,以及存储于寺庙等宗教机构中的重要经卷等。对这些记忆资源实现数字化的集中保存、集中管理和有效利用是解决实体分散保存问题的有效办法,也是实现数字记忆建构的必要前提。

三是需要调动最广泛的公众参与项目建设,不仅参与到记忆的建构之中,也主动分享和传播记忆。数字记忆归根结底是大众的记忆,只有

---

① 冯惠玲:《数字记忆:文化记忆的数字宫殿》,《中国图书馆学报》2020年第3期。

激发并实现用户的真实需求,才能实现记忆建构的预期目标,满足各方主体的要求与期望。荆楚数字记忆的建构与传播是相互联系的,没有传播共享的记忆建构是没有意义的。随着网络新媒体的发展,尤其是微信公众号使用群体的日益增长,在线资源展示已经突破了传统的网页形式,更倾向于采用更具灵活性、便利性和互动性的新媒体。调查中发现,数字化工作进展与数字资源建设存在相关性,数字化总体进程缓慢的调查单位,其在线资源的建设也显得相对不足,数字化的程度及效率直接影响了数字资源的建设与服务水平。此外,聚焦于某一主题的专题资源还比较缺乏,内容整合程度也远远不够,网站互动建设方面还较为欠缺,实时在线互动形式较少,还需要调动更为广泛的公众群体参与到项目建设之中。

二 基于资源构建视角的路径解析

(一) 多载体形态的资源构建需求

多载体形态的资源构建需求是由荆楚文化记忆资源构成的广泛性和外在形态多样性所决定的。荆楚记忆资源形态极其多样,从载体形态来看,既有档案、文献、古籍、文物、遗址等实物载体形态,又有非物质文化遗产、网络遗产等非实物载体形态,实物载体中又有石刻、金属、竹简、纸张、磁盘及其他电子载体等形式,类型多样,且多极富有地域特色,许多传统载体都是就地取材的自然物件,具有较高的地方特色与记忆价值。要建构系统化、全方位的数字记忆,就需要尽可能广泛地收集这些记忆资源,但资源形态的多样性也给数字资源建设带来了更大的挑战,对于不同形态的记忆资源需要统一标准,构建完整的资源平台,并通过规范的"档案化"管理方式将其纳入资源构建体系中。

从已有的在线资源建设情况来看,现有的零散平台和碎片信息难以达到有效的利用与传播,具体表现在:一是文化特色资源不够集中,所调查的网络在线资源中,除全省特色资源展示较为集中的湖北省图书馆等省级单位网站外,具有地方代表性的如"武汉记忆""炎帝神农故里""三国历史文化陈列""仙山琼阁武当山""风情三峡""千载峡州""巴人之源""土家族打溜子""采花毛尖茶制作技艺"等特色资源，多分散于各地市县单位的数字资源平台；二是在线资源数量相对较少、更新较慢，有的资源栏目虽已架构，但显示暂无数据，有大量的馆藏资源并不能通过在线获取，网上资源数量极为有限；三是高清图片资源不够丰富，网站一般没有提供高清格式的图片，经过压缩后的图片格式往往分辨率过低；四是信息内容和形式较为单一，在线教育培训建设还不成体系，有的虽然设有学习教育专题，但以新闻通知为主，针对公众的文化知识普及、信息素养等教育内容不足，值得一提的是恩施州文化馆的"文雅慕课"开通了"新编摆手舞""利川小曲""恩施民歌""剪纸鉴赏"等特色资源教学视频，为非遗传承提供了一种大众教育的途径；五是查询、检索和互动功能还不够完善，有的网站甚至没有检索查询的入口，也没有公众利用反馈的渠道，有的虽然有投诉建议，但却只提供简单的邮箱信息，无法展示用户互动的内容。此外，馆藏资源查询、专题特色资源建设、现有数据库产品链接等方面也还有待进一步完善。

（二）资源构建路径的思路解析

资源是社会记忆建构的基础。社会记忆资源指的是具有原始记录属性和保存价值的记忆原材料。要建构系统化、全方位的数字记忆，就需要尽可能广泛地收集这些记忆资源，不仅加快对已有存档资源的数字化建设，对仍处于分散保存的各类文化资源，也需要通过规范的档案化、数字化方式将其纳入资源构建的体系中。

一是需要延展数字文化资源构建的范围。尽管荆楚文化建设已经开启了"项目式"的记忆建构和数字资源建设，但由于数字资源建设整体进程较慢，大多数记忆机构将精力集中于本机构的馆藏数字化，对于大量散存于民间的珍贵文化遗产的数字化建档力不从心，或者仍然采用传统的纸质档案的建档方法进行管理，这大大限制了数字文化资源构建的范围。此外，随着网络化带来的生活方式的改变，荆楚文化虚拟社群中出现了一些原生态的文化实践样式，社交网站也成为荆楚文化遗产传承的空间和荆楚社会当代记忆的缩影。面对互联网记忆的深刻影响，荆楚在线资源建设的可利用性和互动性却存在明显不足，数字文化资源构建范围也显得较为局限，需要进一步深化拓展。

二是需要明确数字文化资源构建的体系。根据荆楚数字记忆建构的内涵，要进一步明确荆楚数字文化资源构建体系，以指导荆楚各地文化资源的数字化转型实践，为荆楚数字记忆建构提供资源储备。数字文化资源构建体系具体包括三个层面：其一，对可移动文化遗产资源进行数字化采集、存档和数字资源建设；其二，对同样具有记忆价值的不可移动物质文化遗产和非物质文化遗产进行数字化记录，并从收集、整理、开发、利用的全流程环节实施档案化管理；其三，注重对与荆楚文化相关的网络原生数字资源的建设、保存与开发，保证所形成记忆的真实性、完整性和可用性，建立互联网文化遗产传承的有效途径。

三是需要制定符合荆楚特色的数字文化资源构建规范。国家层面尽管已经出台了《电子文件归档与电子档案管理规范》《文书档案建档规范》《中国传统村落档案制作要求》等规范性指导文件，但还缺乏更具约束力的国家法律、法规或条文；各地相继颁布了一些具有特定指向的文化遗产保护政策，如《湖北省非物质文化遗产条例》《宜昌市非物质文化遗产保护条例》《武陵山区（鄂西南）土家族苗族文化生态保护实验区总体规划》《唐崖土司城址保护管理办法》等地方性保护政策，但是否具有对荆楚记忆建构的普遍指导性还有待检验。此外，理论界还有对标准体系的细化研究，如《中国非物质文化遗产建档标准体系研究》，其有效性也需要在实践中不断修正校验。总之，尚需通过理论与实践的进一步研究，针对荆楚文化资源特色，对相关资源的采集内容与范围、记录形式与方法、资源组织形式、编码规则等制定详细的标准，形成符合荆楚文化特色的数字建设规范。

三 基于传播创新视角的路径解析

（一）多模态信息的传播融合需求

多模态信息的传播融合需求是由荆楚文化记忆资源的信息呈现和数据特征所决定的。对多来源、多载体的荆楚文化资源进行数字化和数据化的资源构建之后，其信息会呈现出"多媒体、多格式、多粒度"[1]的

---

[1] 夏翠娟：《多模态文化遗产资源的智慧化服务模式研究——从可获得到可循证和可体验》，《信息资源管理学报》2023年第5期。

多模态特征。这种多模态特征，一方面源于荆楚文化遗产本身的丰富性、内部特征和结构差异，另一方面也与荆楚文化数字资源建设过程中存在的多方技术标准不统一、技术开发程度相差较大等问题相关。这些问题会影响到不同类型数据的信息关联和知识挖掘深度，需要将其融合于平台化的智能传播媒介，并统一应用于数字记忆的可视化体验服务。因此，利用数字记忆的传播功能，突破多模态数据的异构性难题，实现各种记忆资源的知识融合，以及全方位、跨媒介、跨时空的可视化表达，是荆楚文化数字记忆研究的重要目标。

首先，荆楚数字记忆资源建设的碎片式、分散化现状不能满足数字记忆的根本要求，全面、立体、丰富的记忆需要依靠集成性的数字平台才能实现；其次，面对多来源、多形态、多模态的数字记忆资源，也需要借助规范化的加工平台将杂乱无章、非结构化的数据转化为有序的结构化数据，继而在这些数据中进行分类提取、深度挖掘、知识图谱构建，真正实现记忆的可视化传播，促进记忆功能的实现；最后，荆楚数字记忆建构更是一种大众参与式的多元建构，共建的目的是共享，借助先进的传播平台和智能技术面向更广泛的人群收集记忆、采纳记忆、形成记忆、分享记忆，也是智能化时代实现荆楚记忆人文传播的重要需求。

（二）传播创新路径的思路解析

传播创新是在所构建的记忆资源基础之上，借助新的信息开发工具和传播媒介等技术，向更大范围共享记忆的传播方式的创新。在数字人文学科的发展之下，荆楚文化数字资源建设迎来了传播创新的条件和契机，具有"存储、整序、扩散、传播"等多功能的仓储式记忆平台为荆楚文化数字记忆建构提供了理想中介，它不仅能作为承载全面记忆的载体，也能作为大众分享传播的途径。数字人文仓储平台可为荆楚文化数字记忆建构提供基础与动力，也能实现数字人文与数字记忆的融合创新，具体表现为以下三个层面：

一是创新从数字化到数据化传播的技术保存路径。从荆楚文化数字资源建设的现状来看，大量经过扫描入库的资源并未被真正有效激活，还处于数字化的低级阶段，不能满足记忆的利用需求。记忆保存是一个系统工程，对于不同类型的资源还需探索统一构建的方法。从目前现状来看，原生数字资源的保存不仅需要构建包含原始数据与操作系统的集成仿真框架，还需要开发针对在线资源保存的集成存取系统；非原生数字资源的保存则需首先在数字化转化的基础上，实现数据的整合与序化，架构结构化数据库与非结构化数据库相结合的长期保存系统。因此，如何在数据化管理的基础上，实现原生数字资源和非原生数字资源的整合传播，是亟待解决的问题。

二是创新数据可关联的知识开发路径。记忆传播的最终目的是实现知识的价值，在知识经济发展背景之下，数字资源建设应面向记忆资源的深层开发，实现基于数据分析和知识挖掘的开发利用路径。要建立荆楚文化数字记忆的智能化数据驱动模式，需要借助一整套数字人文的技术体系支撑，既包括本体建模、语义搜索、数据看护、名称实体提取（NER）、API等数据管理技术，也包括文本分析（词频、共现、关联、向量、概率）聚类分类、主题分析、内容挖掘、时序分析、地理空间分析、社会关系分析等数据分析技术。此外，还需要从微观层面细化资源粒度、揭示语义关联，从宏观层面提供知识导航与阅读指引，实现传播内容和传播形式的双重创新。

三是创新数字资源可视化的传播呈现路径。可视化是数字记忆实现的重要技术特征，它将枯燥无味、无规律的数据转换成清晰可见、呈现规律走势的图形或图像，并通过人机交互进行处理，实现记忆的加值应用。可视化技术对于荆楚文化数字记忆建构来说至关重要，由于荆楚文化资源类型的多样性与丰富性，需要利用可视化激活记忆个体的感知觉系统，充分调动荆楚社会成员之间的记忆共享。可视化技术既包括资源组织结构层面的知识图谱等呈现技术，也包括资源形态层面的多元媒介展示等场景技术，还包括资源终端呈现上的可视化路径，最终实现跨媒体多平台的终端呈现效果。

总之，以荆楚文化的"碎片式记忆与整体性记忆需求"之间的矛盾为起点，以"主体参与式共建""资源网络化再生产""仓储式平台设计"为主体、客体、中介维度展开的建构思路，需要最终实现多形态荆楚文化遗产、跨领域荆楚文化知识、跨媒介荆楚人文的数字融合记忆景观，从而形成一个有始有终、链条清晰的记忆建构理路。而数字记忆的建构始终是一个动态的过程，荆楚文化的发展演进也永远处于现在进行过程中，需要不断地、及时地补充和融入新的记忆元素。从更广阔的视野来看，荆楚记忆是中华民族共同体记忆的一部分，而在中华文化的记忆框架之下，荆楚文化记忆的丰富性与活泼性，不仅可以增强荆楚社会大众的自尊心与自信心，也是让中华文化永葆活力的重要秘诀。

第五章　项目管理：多主体参与共建荆楚文化数字记忆

荆楚文化历史悠久、兼容并蓄，其形成、发展、流变、分化与转型的过程始终都离不开多元文化之间的相互交融与渗透，更离不开荆楚社会主体的主动参与、交流互动。在数字背景下，荆楚文化保存范围多元主体的指向，既与数字记忆建构主体特征相契合，也为各相关利益主体更为主动地参与记忆建构提供了契机。在技术、社会和文化的发展下，"参与"作为一种理念的提出，已表现出愈加丰富的内涵，其理念与实践的融合在各个领域日益突出和多样。参与传播语境之下，从荆楚记忆项目的管理维度，提出多主体参与式共建数字记忆的实现路径，既是对荆楚文化记忆来源多元化这一基本特征的遵循，也符合荆楚文化数字资源建设的总体发展趋势，对于唤醒荆楚记忆具有可供操作的现实指导性。

第一节　荆楚文化数字记忆建构主体分析

由于荆楚文化的包容性与广泛性，其记忆资源分散、保护主体多样，且有不少非物质文化遗产流传于民间，这些由多元主体留存建构的记忆为荆楚社会生活的呈现提供了原生态和多样性的视角。除政府主管部门外，各种荆楚文化资源的保存者，如档案馆、图书馆、博物馆、古籍办等官方记忆机构，或民间社会组织、团体及个人，它们不仅具有跨系统的多元性特征，而且在记忆观念、资源储存、管理方法等方面也存在着较大的差异。想要以参与、开放的构建方式统筹协调不同主体，调动不同层级、不同类型的主体积极性，需要深入理解"参与"的内涵，以探寻各主体特征与参与建构的需求共性。

一 "参与"的理念与参与式记忆实践

"参与"作为一种理念与实践，其实已遍及信息传播、创意生产、社区生活、民主政治、教育实践等多个领域。国家治理理论为"参与"提供了政治合理性依据，数字技术的发展则赋予"参与"更多的可实现途径。"参与"显然上升成为一种文化，渗透人们生活和工作的诸多方面，如"意义与知识的合作生产、共享问题的解决"。在信息、传播和媒介领域，"参与"是一种社会化标签和用户互动行为的助推力。

（一）参与理念的内涵

在发展传播学的语境下，"大多数的工作都趋向于传播和参与"。参与传播的观念强调"文化身份""民主化"和"各个阶层的参与"，涉及范围包括国内国外、本土及个人，它指向的是一种策略，即不论是个体还是集体，都有表达自己的权利[①]。

尽管参与在各个领域都得到应用，但其界定及内涵定位上还存在着较大的模糊性。关于"参与"的相关界定被总结为七个维度：从目标与任务来看，参与者不仅是任务的承担者，而且对所担当的任务负有明确其目标的职责；从对资源的控制来看，参与者担负资源的生产之责，同时又享有接触、使用，甚至控制资源的权利；从教育作用来看，参与可以学习有价值的东西，尤其是如何有效参与；从参与权利来看，可以选择是否参与以及相对应的是否退出；从言论自由来看，参与者在参与的过程中享有话语表达的权利，尤其是当这一行为能够在一定程度上影响事情发展的结果时；从结果测量来看，对于参与所取得的成果需要进行有效的评估，并以一种可视化的结果呈现出来；从参与社交性而言，参与者与参与的事务以及其他参与者之间的交流、情感及社交等形成了

---

① ［比］瑟韦斯、［泰］玛丽考：《发展传播学》，张凌译，陈先红校审，武汉大学出版社2014年版，第150、168页。

参与中的社会网络。此外,这七个方面的内涵并不总是出现在每一次的参与实践之中,有时往往只是涉及其中的某些方面特征①。

在西奥多·夏兹金提出的实践分析要素中,"默会理解、目的、信念、计划、感情、情绪、技能"等多个方面都可被归纳为"行动者具身要素"类型②,这意味着实践行动的参与者有着复杂的指向和结构。数字记忆实践想要统筹协调各参与主体,调动不同需求、不同兴趣的主体积极性,通过各主体行为之间的互动、协作、融合、共建达成共同的工作目标,就需要深入理解"参与"的内涵,根据参与者的不同类型组织记忆实践,从而使记忆的构建范围更为广泛、视角更为多元,不断接近更为全面、真实的记忆。

(二) 参与式的记忆实践

参与文化已深入社会各个领域之中,从社会记忆领域所开展的实践来看,由各方主体参与共建数字记忆项目不仅有"参与"理念的支撑,也具备一定的实践基础,主要表现出以下三种实践的面向。

1. 记忆机构的参与式联盟

可移动文化遗产的概念将档案、图书、文物、史料、艺术品等类型囊括其中,面对这些文化遗产的长期保存诉求,档案馆、图书馆、博物馆、文化馆、美术馆等这一类原本独立运行的机构,在实践中不得不紧密联系在一起,并被赋予了"记忆机构"或"知识型组织"的时代定位③。以"LAM"(Library,Archive,Museum)或者"GLAM"(Gallery,Library,Archive,Museum)为代表的机构联盟,通过共同目标或项目机制建立协作关系,从而拓展业务层面的融合。

记忆视角下的机构参与式联盟项目主要有两大类型:一类是馆藏资源数字化整合;另一类是网络信息保存。前者集中档案馆、图书馆、博物馆、文化馆、美术馆等联盟各机构的数字化资源,通过网络构建集成

---

① 周文泓:《Web2.0环境中参与式的信息档案化管理:走向全景档案世界》,浙江大学出版社2018年版,第106—107页。

② 潘晓婷、陈莹:《记忆实践:传播学视域下集体记忆研究的路径转向》,《新闻界》2021年第7期。

③ 张卫东:《全球化视野下中国LAM合作模式研究》,《图书情报工作》2016年第12期。

的数字馆藏平台，为公众提供多种形态的数字文化服务。馆藏资源数字化的过程同时也是各机构数字资源整合的过程，所形成的数字资源网络平台集中了各个机构的数字化成果，如世界数字图书馆、加拿大国家图书馆与档案馆、国际敦煌项目、缅因记忆网、沃巴什谷视觉与声音记忆工程等。后者将网站视作记忆的重要资源，由于网络信息保存面临海量数据的选择甄别、归档技术等方面的综合挑战，单一机构难以独立完成，往往由多个机构共同参与、共担风险、共享资源，完成具有记忆价值的网络资源采集与归档。这种参与联盟也形成了不同范围层级的广泛案例，国内层面的如纽约艺术资源网络保存联盟（NYARC）由布鲁克林博物馆、弗里克收藏馆和现代艺术博物馆等公共机构组成；国家层面的如英国网络归档联合会（UKWAC）、美国国会图书馆（NDIIPP）等；国际层面的如涉及20多个国家主要档案馆和图书馆的国际互联网保管联盟（IIPC）。

2. 商业机构的主导型参与

商业机构参与记忆实践早期主要表现为提供外包服务，承担管理执行动作的外包并不参与资源的管理或知识贡献。此后，一些商业机构在经济利益的驱动下开始主导开发记忆项目和产品，为特定人群提供有偿性的记忆服务。例如，Ancestry公司开发了全球最大的家谱网站，它通过购买档案机构与家谱收藏机构的家谱资源，向用户提供档案利用和档案服务，所提供的在线资源吸引了数百万用户付费使用。事实上它也是世界上最大的DNA服务提供商，它将DNA检测服务与家谱网络联系起来，提供基于DNA的家谱追踪服务，使得Ancestry拥有庞大的用户网络、独特的内容和规模化的技术平台。此外，Ancestry还借助在线社区这一平台，提供用户参与渠道，吸纳用户共建资源，用户可以在网络社区中创建自己的家族，通过保存家族成员的历史人文信息来分享家族的故事，邀请家人朋友共享记忆以维系现有的亲情血脉关系，发布公告寻找失散的家族宗亲，征集信息探寻遗忘的家族历史，发现并培养有潜力的家族人才，等等。

3. 社会公众的开放参与

与商业服务的用户参与记忆建构不同，面向社会公众的开放参与不以营利为目的,而是吸收更为广泛的来源和视角为记忆提供原料。这一参与形式具体可细分为两种类型:一类是以记忆机构为主导,但记忆机构通过向其他组织或个人提供授权,为其提供包括资源构建层面和平台工具层面的参与途径。新加坡记忆工程就是这一类型的代表,它由新加坡国家图书馆管理局作为项目的主导方,实际上与二百多个组织建立了协作关系,并成立了近二百个志愿者团队参与工作。新加坡记忆门户为每个新加坡人提供账号安放他们的记忆,还开展线下的外展活动以加强与当地社区的联系,吸引来自各行各业的新加坡人贡献他们的记忆。另一类则是以社区为主导,由社群成果共同构建其社群历史项目或遗产项目。例如,澳大利亚一项原住民口述记忆项目,其主要的参与者是被称为"被窃走的一代"的土著,这些社群成员决定其记忆的留存,并接受项目工作者和研究者提供平台和技术指导,从而自主鉴定、归档、保管、描述和利用其记忆。其他如美国南亚移民数字档案馆、纽约皇后社区档案馆、伦敦黑人历史遗产项目等社区记忆项目也都是以社群成员为主体构建其群体记忆的典型代表。

从以上代表性的参与式记忆实践可以看出,参与式构建为记忆资源和文化遗产的数字化提供了有效的途径,而网络的开放参与则赋予"全景记忆"更多的可能。总之,参与理念为荆楚文化数字记忆的建构提供了重要的思路,多主体参与的特征也进一步促进了荆楚文化的多元融通与共建共享,为形成荆楚文化共同体记忆开辟了路径。

二 荆楚文化数字记忆建构参与主体分析

荆楚文化的数字记忆建构是以数字化方法传承荆楚文化遗产、保留荆楚记忆为目的的记忆建构活动,任何参与到这一行为中的主体都是荆楚记忆建构的参与者。2020年,最新修订的《中华人民共和国档案法》明确提出:"一切国家机关、武装力量、政党、团体、企业事业单位和公民都有保护档案的义务,享有依法利用档案的权利。"[①] 这一规定为

---

① 新华社:《中华人民共和国档案法》,中国政府网,2020年6月21日,https://www.gov.cn/xinwen/2020-06/21/content_5520875.htm,2023年6月5日。

记忆建构的多元参与、全民关注做了法律保障和权威背书，从而鼓励更多人参与到荆楚文化的遗产保护、记忆建构与传播中来。在这一参与式共建的多元体系中，政府主管部门应在数字记忆项目中处于统领全局的核心地位，在政策制定、制度保障、组织管理等方面发挥主导性作用，此外，荆楚记忆项目的主体还应包括以下五大类型：一是多元化的官方记忆机构；二是民间社会组织；三是非物质文化遗产传承人；四是荆楚社会公众；五是技术服务提供商。

（一）多元化的官方记忆机构

荆楚地域的包容性使得荆楚文化具有生动丰富的记忆内涵。荆楚各市县区的博物馆、档案馆、图书馆、古籍办、方志办、文化馆、纪念馆和相关教学科研机构作为文化记忆的载体和媒介，在荆楚文化的承载、建构和传播方面扮演着重要角色。这一类官方记忆机构本身有着丰富的荆楚文化资源储量，又在不断更新发展的过程中，成为荆楚文化的文物储存场所、记忆形塑空间和知识传播机构。

档案是历史实践的原始记录，见证了荆楚大地的沧海桑田，是承载记忆的重要资源。从荆楚文化档案保护情况来看，大型档案馆在档案保护和传播方面发挥了积极作用。湖北省档案馆馆藏档案共471个全宗，1107596卷（册），拥有丰富、翔实、珍贵的红色档案资源，革命历史档案1200余卷，资料2600余册（本），是荆楚红色历史记忆库和红色基因资源库。除维护档案的完整与安全外，湖北省档案馆近年来也积极通过线上、线下等多渠道扩大荆楚文化的传播面，如"湖北档案信息网"设置"档案文化"专栏，其中"珍档荟萃"子栏目以图文形式展示珍贵档案，将一幅幅古老又鲜活的历史画卷徐徐铺开；"网上展览"子栏目综合运用虚拟化技术，将实体展厅空间数字化，用户可通过沉浸式体验方式进行虚拟参观；此外，加强对荆楚特色文献的信息开发，线下开展了以"展示非遗档案、弘扬荆楚文化"为主题的国际档案日宣传活动。

博物馆不仅是文物收藏的场所，还收藏了与文物相关的历史记忆，串联出荆楚文化的发展轨迹。各地区的博物馆根据自身特征和成就，发展成独树一帜的风格化博物馆，进而构建起荆楚文化博物馆群，如以三峡文物保护为基础的巴东县博物馆、炎帝神农文化色彩浓厚的随州博物馆、依托现代革命文化的黎黄陂路街头博物馆、以展示荆楚非物质文化遗产为主要内容的荆楚非物质文化遗产博物馆等都以自身特色展示荆楚文化的一角，帮助塑造更加立体丰满的荆楚形象。

古籍作为特殊的档案文献遗产类型，保留了历史流传至今的文化与信息，是传统文化的重要载体。近年来古籍保护工作日益得到重视，湖北省市县各图书馆相继成立古籍保护中心，开展各种古籍保护和研究工作。2008年10月，湖北省古籍保护中心在省图书馆特藏楼前正式揭牌；2008年11月，《湖北省人民政府办公厅关于进一步加强古籍保护工作的通知》印发，为湖北省古籍普查工作提供了坚实的政策保障；2015年5月，国家古籍保护中心在湖北成立古籍修复技艺湖北传习所，针对湖北更好地培养古籍修复人才，全面提高古籍修复整体水平；2016年7月，湖北省古籍保护协会成立，这是全国第一家省级古籍保护协会；2021年12月，全国古籍保护工作座谈会在武汉召开。至此，从2008年起所公布的六批《国家珍贵古籍名录》中，湖北省图书馆共有120部古籍入选，全省共有260部古籍入选。此外，黄冈市图书馆在古籍普查的基础上积极推动古籍整理出版，编印出版了《黄冈市图书馆馆藏古籍目录》；谷城县图书馆古籍藏书2.1万册，其中以《金刚般若波罗蜜经》为代表的1000多册善本书，具有很高的研究和保存价值，堪称谷城"县宝"。

各地的非物质文化遗产保护中心作为管理非物质文化遗产的专门机构，也积极通过线上、线下双渠道弘扬荆楚文化。线上渠道方面，各地非物质文化遗产保护中心基本建设有自己的融媒体传播矩阵，以蕴含地域特色的非物质文化遗产为载体，积极构建数字文化馆、云上展厅等数字资源库。例如，宜昌市非物质文化遗产保护中心搭建了宜昌公共数字平台，在"非物质文化遗产"专栏内收录各个级别、各个类别的非物质文化遗产，以文字、图片和视频的形式详细展示各项非物质文化遗产的基本概况、分布状况及非遗传承人信息。线下渠道方面，各非物质文化遗产保护中心组织民间活动、研学旅游、演出展览等活动。例如，荆州市群众艺术馆举办的"传承创新·楚韵荆州"荆楚非遗秀，将荆楚非遗文化与旅游消费相结合,成为文旅融合新亮点;黄冈市蕲春县依托"蕲春艾灸疗法"国家级非遗品牌,以"非遗+旅游""保护+开发"的创新发展模式,赓续时珍精神。

此外,与荆楚文化研究相关的教学科研机构也在其专业活动中推动了对荆楚文化的调查、搜集和整理工作。如湖北中医药大学将"时珍医药文化"作为校园文化建设的重点,对馆藏古籍进行系统整理并采用古籍专用的冷光源扫描仪开展数字化工作,兼顾了古籍保护的原生性和再生性两方面;武汉纺织大学与湖北省非物质文化遗产保护中心合作,研究红安大布、黄挑梅花、汉绣、土家织锦、阳新布贴等非遗文化,开发出了汉绣改良旗袍、土家织锦皮包等创新产品,使传统与时尚巧妙结合,让荆楚非遗绽放出时代光彩。

根据阿莱达·阿斯曼关于功能记忆和存储记忆的划分,图档博等文化资源收藏管理机构之所以堪当"记忆机构"之名,是因为这些机构既是存储记忆的宝库,又能担当起功能记忆的构建之责,是资源和记忆的双重属性使然,适宜主办大型数字记忆项目,也为各类群体构建和校正功能记忆提供充分的资源①。荆楚文化数字记忆建构需要这一类专业记忆机构担负起资源管理、信息开发、知识服务、文化传播之责,且以其连续性和相对稳定性的身份在荆楚记忆项目中扮演着举足轻重的角色。

(二)民间社会组织

社会组织是独立于政府与企业之外,向社会某一领域提供服务的组织机构,一般具有公益性、非营利性、自治性、志愿性等特点。随着我国社会结构的深入调整,各类社会组织迅速兴起并发展壮大,呈逐年上升趋势。截至2022年底,全国各级各类社会组织89.2万家②。2022年,湖北全省新增社区社会组织2.2万家,累计达7.8万家③。我国民间社会组织的发展壮大,也伴随着社会治理实践逐渐影响到社会的方方

---

① 冯惠玲:《数字记忆:文化记忆的数字宫殿》,《中国图书馆学报》2020年第3期。
② 李昌禹:《全国社区社会组织超过175万家》,《人民日报》2023年7月17日第4版。
③ 陈昌宏:《在服务湖北经济社会发展大局中彰显社会组织新作为》,《中国民政》2023年第8期。

面面，其中社会组织在民间档案保护、文化传承和记忆建构中也发挥着重要作用，尤其是档案、媒介、民族、历史、文化、收藏、艺术等类型的社会组织与文化保护、记忆事业联系紧密。荆楚民间社会组织的参与者多为荆楚文化爱好者、高校专家学者、非遗传承人、民间艺人等，他们以保护、传承、发扬荆楚文化为纽带，凝聚起了一股民间力量。"湖北省炎黄文化研究会""湖北省黄梅戏爱好者协会""湖北省大别山精神研究会""湖北省屈原研究会""湖北省中国漆文化研究会"等行业协会的成立，"荆州荆楚非遗传承院""叶开泰中医药文化园""湖北省赵李桥茶厂有限责任公司""大冶市刘小红手工技能培训学校"等个体或民办企业的涌现，在荆楚文化研究中都发挥着重要作用。

一是深入挖掘荆楚文化内涵，保护荆楚文化遗产。荆楚民间社会组织能将荆楚文化的爱好者集结在一起，博采众长以深入研究其文化内涵，由此诞生一系列的编研成果，为后续研究工作的开展提供参考。例如，湖北省历史建筑研究会积极开展了"荆楚派"建筑风格研究与应用工作，深入武汉市黄陂、新洲及江夏区传统村落进行调研，并提出了针对性的保护与改造意见，相继完成了《新洲农房建设导则》《新型城镇化下武汉市传统村落保护与发展特色研究》和《麻城谢店美丽乡村改造》等传统村落课题与项目，为荆楚各地历史村镇的文化遗产保护与地方可持续发展作出了贡献。

二是提高荆楚文化知名度，提升荆楚品牌效应。民间社会组织者通常来自群众，又能通过开展群众性活动深入群众，从而扩大荆楚文化的宣传面。例如，湖北省炎黄文化研究会每年农历四月二十六都参与或联办随州市"纪念炎帝神农诞辰"系列活动，海内外影响广泛；由武汉市体育局和武汉市武术协会主办的武汉市武术大会已经连续举办八届，比赛分为规定、传统、太极三个大类，包括洪门拳、孔门拳、鱼门拳等湖北本地拳种，是极具地方代表性的群众性武术比赛，也是推广武术文化的重要形式和手段；湖北孝感雕花剪纸艺术历史悠久，可追溯至西晋时期的民俗活动，流传至今形成了一些荆楚"老字号"品牌，其悠久的楚文化历史不仅是企业最重要的财富，也成为反映荆楚城市风情独具特色的一道风景线。

三是传承非遗文化，走持续创新之路。民间社会组织作为非遗文化的传承载体，可有计划、系统性地持续开展非遗教育教学、科普资料编写、制作非遗传承作品等，从而开拓出新时期的传承创新之路。例如，湖北省首家民办非物质文化遗产博物馆"荆州荆楚非遗传承院"，以传承、弘扬荆楚非物质文化遗产和民间美术技艺为工作重点，特聘多位非遗技艺大师，开展展现荆楚特色的手工艺教学、传承其特殊生产工艺、进行技术研制和艺术创新等工作。

四是以文促产，实现文化产业的可持续性发展。荆楚文化产业领域的相关个体或民办企业能因地制宜，通过打造文化体验场景，塑造地域特色文化品牌，在实现荆楚文化保护和传承的同时，打造自身的产业链，从而获取一定的经济收益，实现文化产业的可持续性发展。

目前民间社会组织力量总体还比较薄弱。其一，这类文化研究领域的门槛较高，专业对口的人才稀少，社会组织自身建设不足；其二，这类民间社会组织缺乏有效的资金支持，由于受资源限制其所创造的社会影响力也很有限；其三，各个民间社会组织各自为政、独立发展，尚未形成合力；其四，民间社会组织参与记忆建构的程度还存在较大差异，记忆建构方式方法、载体模式还较为有限。如能进行规范引导，民间社会组织在文化保护、渗透和发扬等方面所起的积极作用将不可小觑，还可进一步带动社会成员参与到荆楚民间文化保护和地方记忆建构的活动中来。

（三）非物质文化遗产传承人

荆楚大地人文荟萃，在漫长的历史长河中，形成了门类众多、数量较大、分布广泛的非物质文化遗产。这些非物质文化遗产重在对精神和价值进行传播，其核心是文化传承的人，即非物质文化遗产传承人，指的是在非遗的文化传承与精神传递过程之中，"代表某项遗产深厚的民族民间文化传统，掌握杰出的技术、技艺、技能，为社区、群体、族群所公认的有影响力的人物"[①]。可见，传承人是文化活态传承的核心，

---

① 祁庆富：《论非物质文化遗产保护中的传承及传承人》，《西北民族研究》2006 年第 3 期。

是记忆建构的主体，应处于被关注的重要地位。

从2007年第一批国家级非遗传承人名单公布至今，湖北省有102人入选非遗国家级项目代表性传承人，湖北省也从2008年起认定省级非遗代表性传承人六批次，共787人。非遗传承项目种类多样，覆盖民间文学、传统音乐、传统舞蹈等十种类别。荆楚非遗传承人是荆楚民间文化的延续者、承递者和传承者，传承人不仅以其亲身实践保有了传统文化的基本特质和活态传承中的各种属性关系，还在民间文化的传承与发展中不断提升自身作为文化守护人的担当与自觉，通过多样化的文化展演构建独具个性的传承通道，影响并促进着传统文化的继承与创新。

首先，传承人既是荆楚非物质文化遗产的承载主体，也是荆楚非物质文化遗产的传承主体。《中华人民共和国非物质文化遗产法》第三十一条明确规定"非物质文化遗产代表性项目的代表性传承人应当履行'开展传承活动，培养后继人才'的义务"[1]。荆楚记忆项目可统筹各地相关部门合作开展非遗传习班、作品展演展播等文化传承活动，由非遗传承人从中挖掘和培养非遗文化的爱好者和接班人，通过活动集聚各方人群参与到记忆实践之中来，使得历史文化的传承与现实的记忆实践紧密相联，不断激发传承人的主体意识和文化使命感。

其次，荆楚非遗传承人掌握着荆楚非遗文化的丰富知识和精湛技艺，通过发挥非遗传承人群体的自身文化主体作用，保持荆楚非遗文化的内在生命力。例如，国家级非遗恩施玉露制作技艺的代表性传承人杨胜伟不仅整理出版了一系列关于制茶工艺与研究的著作，提供了大量关于传统制茶技艺的珍贵资料，其中《恩施玉露》是专门深入探讨恩施玉露这一茶叶品种的制作技艺和规范化流程的珍贵资料，还守正创新研发出现代化制茶生产线，促进了传统工艺与现代技术的结合；长阳土家族自治县非遗传承人秦先菊，自费7万多元出版《长阳渔峡口民歌选》，其中收录了作者多年来从众多民间艺人中收集整理出的90余篇民歌，共14.4万字，包含以花鼓子为主及山歌、薅草锣鼓、撒叶儿嗬等

---

[1] 新华社：《中华人民共和国非物质文化遗产法》，中国政府网，2011年2月25日，https://www.gov.cn/zhengce/2011-02/25/content_2602255.htm?from=timeline&isappinstalled=0，2023年6月5日。

经典唱词。

最后，非遗传承人还承担着构建文化具体传承通道的职责。传承人通过参加非遗研讨、文创比赛、短视频比赛、非遗博览会等不断扩大荆楚文化的影响力，还利用新媒体技术广泛传播和宣传非遗文化，构建荆楚文化的数字记忆。例如，湖北省级非物质文化遗产大冶刺绣代表性传承人刘小红，不仅创立了刘小红刺绣馆，打造了"小红绣"刺绣品牌，还成立了以"小红绣"命名的一系列自媒体营销号，提供从原材料、成品到体验课的各类配套服务。小红绣还在抖音平台发布免费教学、嫁妆刺绣等视频，播放量累计超2000万，粉丝达11万+。目前，"大冶刺绣"产品实现线上线下同步销售，增加经济收入的同时也提升了"大冶刺绣"的文化影响力。

目前，荆楚非遗传承人群体还面临着后继乏人、政策保障不完善、主体积极性不够等诸多困境，除需要完善相应法律法规、提高传承人待遇、引进高质量人才等措施之外，还需要拓展培育非遗传承人的社会方式，并通过更为广泛的公众参与渠道，扩大非遗传承人群体的影响范围，培养其更为主动的传承意识和文化使命感。

（四）荆楚社会公众

荆楚记忆建构和荆楚社会公众是相互成就、密不可分的关系。一方面，个体对文化记忆的追寻是一种寻找文化归属、确定自我身份的行为，因为人是社会化动物，需要在社会和历史中实现"自我"的标识和定位[1]，公众就是在荆楚记忆的唤醒中寻找到自身所属的位置；另一方面，荆楚记忆建构也离不开荆楚社会公众的参与，因为荆楚文化正是源自荆楚大地每一位荆楚人的社会生活实践，在社会互动的过程中，个体对文化记忆的承续、享用与创造正是在构建和续写文化记忆。在当前数字技术和互联网发展的背景下，社交媒体日益显示出对社会生活的渗透力和影响力，普通个体借助自媒体传播的能力不断突破，尤其是在虚拟社群的社会交往中，个体力量有了更多释放的可能。

---

[1] 胡洁：《基础、生成与建构：从社会记忆到社会认同》，《天津社会科学》2020年第5期。

尽管当前人口流动性增强、个体常脱离故土，加之异质文化的冲击加速了传统文化的衰落，借助传统的村落社区传播文化价值显得杯水车薪。但新媒体技术超越时空的特性，能有效助力文化遗产中价值与精神的扩散与回归。目前荆楚虚拟社区中有多种多样的个人自媒体平台，例如"平侃楚味"头条号、"武汉面塑 刘洁"抖音号、"郢都故事"微信公众号等，内容涉及荆楚文化的文学、戏曲、音乐、美术、传统技艺、医药传统等诸多方面。其中，"郢都故事"微信公众号专注于荆楚文化传播，致力于"评说有趣的文物，讲述有料的传奇，品读有味的平凡"，已发表860余篇原创内容，推出了"荆楚文化""文物传奇""楚国传奇"等合集，为荆州文化在互联网中的传播提供了原生的数字内容与原创的精神智慧。

当然，对于公众参与记忆工程项目在当前也存在一定的争议，一种观点认为公众参与能够分担数字环境的重负，参与式的众包实践体现了其优势；另一种观点则认为公众不够专业，会形成信息的误解和错误阐释，可能影响信息的真实性、完整性[①]。由于公众在总体知识结构、个人文化修养、信息技能水平等方面确实还存在较大的差异，荆楚社会公众的整体信息素养还是一个突出问题，这都需要通过各方合力创造更为良好的社会文化环境，对公众的文化与信息素养培育予以相应的措施，使其更为积极有效地参与到记忆的建构中去。

（五）技术服务提供商

传统的图书馆、博物馆、群艺馆等已无法满足人们对文化的抢救、研究、鉴赏和利用，在数字化、信息化的潮流之下，数字化遗产保护成为必由之路。通过数字技术储存、展示荆楚文化遗产是构建荆楚文化数字记忆，使之区别于传统记忆形态的关键环节。一方面，大数据、知识挖掘、人工智能、虚拟现实等技术服务提供商为数字记忆建构提供技术支撑；另一方面，网络平台与各种软件应用的服务提供商也影响着信息的形成、存储、传播与应用。因此，各种技术化手段与数字记录载体的

---

① 周文泓：《Web2.0环境中参与式的信息档案化管理：走向全景档案世界》，浙江大学出版社2018年版，第148页。

发展演进是推动荆楚记忆资源日益丰富的重要力量,这些既需要数字技术公司的参与合作,也需要数字信息平台的有力支撑。

目前,荆楚文化在数字化实践中运用较广泛的技术主要有如下方面:一是文化遗产的数字化保存,即利用实景复制、数字摄影、三维建模与图像处理等技术,获取高精度的实物结构、外形与纹理等信息并进行保存。二是数字化虚拟博物馆的应用,即利用虚拟现实技术呈现博物馆景观,实现"静态遗产"和"动态遗产"的双向发展。传统博物馆里的文物作为"静态遗产"由于远离了它们的所有者和原生态环境而失去其可感性,数字博物馆则通过各种技术手段,重现历史生活生产状态,使观众身临其境般感受民俗民风,从而加深对历史文化的理解。例如,在湖北省数字博物馆中轻点屏幕便可观看到众多非物质文化遗产的制作流程。三是交互性技术的介入,即利用 VR、AR、MR 等虚拟交互技术与实景、实物的呈现结合起来,探索出一条"让文物活起来"的荆楚文化作品展示新路。湖北省博物馆的沉浸式全息剧《遇见·楚庄王》,就在真人演出的场景中加入了虚拟现实、3D 建模、全息投影等技术,再现了楚庄王韬光养晦、问鼎中原的传奇历史,用新技术、新理念向海内外观众展示了楚文化的深厚魅力。

但值得注意的是,新技术的引入并不必然带来生产力的提升与专业性的增强①。技术赋能数字记忆的同时,我们也应该看到,技术资源的差异化加剧了文化保护鸿沟的现象,分配到高精尖技术的主流文化遗产项目欣欣向荣甚至资源过剩,而小众的非物质文化遗产项目无人问津,仍面临失传险境。此外,技术的背后仍然体现着权力关系,技术的介入可能会打破传统荆楚文化保护的行业独立性,过度商业化反而会对文化保护起到破坏作用,这都是引入技术服务商需要警惕的问题。

综上所述,荆楚记忆资源数量庞大,不仅分散保存于不同类型的官方机构,也散落在民间,需要民间社会组织、文化遗产传承人群体,以及荆楚社会公众的广泛参与才能构建完整的记忆,同时,技术服务提供

---

① 彭兰:《增强与克制:智媒时代的新生产力》,《湖南师范大学社会科学学报》2019 年第 4 期。

商是数字记忆建构不可或缺的技术力量。因此，荆楚文化数字记忆建构需要发挥多元主体力量，形成一个在政府主导下，以各级各类记忆机构为核心，调动民间社会组织广泛参与，民间文化传承人及公众群体发力、数字信息服务公司提供技术支撑的工作格局。

第二节 多主体参与的荆楚文化数字记忆共建模式

荆楚记忆的形成离不开荆楚文化的传承与延续，更离不开荆楚文化共同体的主体建构，使之成为荆楚文脉赓续发展的动力。荆楚文化在遗产保护、文化空间建设、数字资源建设等方面已实现了一定程度的发展，但仍缺乏系统性，存在分散化、碎片化等诸多问题，对此，需要从理论上对多主体参与的荆楚文化数字记忆共建模式进行有效论证，从项目化管理维度为实现荆楚数字记忆资源的立体式、整体性、全面化构建提供指引。从社会学的角度来看，荆楚文化数字记忆资源的全面整合构建是各参与主体间社会互动的结果，各主体间的组织结构关系与互动方式决定了荆楚文化数字记忆的主体共建模式。在我国，行政管理的纵向负责制及共建主体的多样性增加了项目共建的复杂性，在借鉴国内外记忆项目开展实践的基础上，形成适合我国国情的多层级共建模式，即宏观层面的政府纵向管理、中观层面的多元主体横向协作、微观层面的公众网状式参与的立体式共建格局。

一 宏观层面：政府指导的纵向式管理

政府指导的纵向式管理，是大型项目一体化管理的要求。它不仅符合我国的国情，也符合大型记忆工程的国际通用惯例。由于数字记忆项目常常跨越行业或地域进行，因而需要建立有效的组织体系和工作机制，借助政府主管部门的权威力量确立纵向组织管理和资源整合的基础架构。

（一）参与的前提：以政府为指导

政府指导的纵向式管理是荆楚文化数字记忆项目跨行业、跨系统、跨区域的一体化管理的内在需求。在大型的数字记忆工程建设中，政府管理的权威性优势，使其能跨越不同机构、不同部门，建立一个较为宽泛的统一运作机制，统筹工作的顺利开展。

从荆楚数字记忆建构的政府职能来看，政府不仅具有超越普通机构的权威力量，也是相关政策法规和战略规划的制定者，是资金、技术、人才等重要资源的提供者，政府指导下的项目建设具有更大的效力保障；从荆楚文化资源的特性来看，其资源异构特征显著，不仅来源广泛、数量庞大、内容交叉，而且形成主体多元与分散，表现在各官方记忆机构类型复杂、管理相对独立，尚未形成对数字资源的集中管理，民间记忆资源数量庞大，也未开展大规模及系统性的普查，保存于个人手中的民间文化遗产缺乏专业性保护和数字化处理；从荆楚记忆资源建构的目标来看，荆楚文化的数字记忆建构最终要实现数字文化资源的整合，这不仅是一个纯技术的问题，更涉及国家文化发展战略和信息化发展战略层面，需要政府宏观层面的指导、规范与协调，统筹多方利益关系[①]，从而实现荆楚文化资源系统性整合与利用的整体目标。

从国内外数字文化资源整合的记忆实践来看，政府对参与共建的各主体可以进行整体规划和控制，指导各机构之间展开合作与发展，在各种记忆项目的共建实践中能够起到很好的协调作用。从国外经验来看，各种大型的、综合的一体化项目都会设立一个具有独立行政性质的核心管理机构，例如欧洲数字图书馆（Europeana）的建设是由六国提议欧盟委员会发起，并成立了专门的 EDL 基金会（Europeana Digital Library Foundation），为数字图书馆项目提供行政管理、标准建设、技术支持和资金保障等[②]；此外，这一类管理机构也常以协会、理事会等形式出现。在国内，政府指导下的记忆资源整合模式目前也已见雏形，一种是由政府设立专门的领导小组，领导小组下分设不同职能的工作组，形成一种垂直式的管理结构，例如，由湖北省委、省政府直接领导建设的湖

---

① 肖希明、杨蕾：《国外公共数字文化资源整合宏观管理及其启示》，《图书与情报》2015 年第 1 期。

② 肖希明、张芳源：《公共数字文化资源整合中行为主体的角色及职能研究》，《图书情报工作》2015 年第 11 期。

北文化建设重大战略工程《荆楚文库》项目；另一种则是由政府组织项目的申报及评选，相关机构通过与政府签订合同，承担该项目的具体实施，在这一过程中，该项目实施主体还可与其他机构建立合作机制，分工合作共同完成，如"北京记忆""台州古村落数字记忆"等都是由政府主导的课题项目建设成果。

(二) 纵向式管理的不同类型

在政府指导的一体化管理模式下，对参与荆楚文化数字记忆共建主体的组织结构与行动关系，可以形成紧凑型和松散型两种不同类型的结构方式，前者表现为分层式垂直管理，后者表现为指导性项目管理。

分层式垂直管理的组织结构主要指在项目建设中起指导作用的政府部门是分层设置、垂直管理的，这不仅体现在原有各级文化管理部门的行政隶属关系之中，也表现在以资源全面整合为目标而重新合并组建的新的政府管理机构中，例如加拿大"图书档案馆"（LAC）将图书馆、档案馆的管理体系，包括馆藏、服务和人员管理合并重组、重新整合组织为一个新的大型知识机构，成为政府的重要文化部门，其资金主要依赖于财政拨款，在机构内设置有专门的职位负责其资源建设评估，而其技术支持主要通过设立专门的技术项目来完成①。在国外，分层垂直式管理往往借助政府资助的第三方机构，如各种形式的理事会、基金会等进行管理，在国内则多由政府设立专门的指导小组进行自上而下的统一管理。根据荆楚文化数字记忆项目的规模和建构目标，完整的数字记忆平台建设是一项大型工程，需要地方政府牵头负责，成立建设工作领导小组，以自上而下的统一管理实现资源的整合。

指导性项目管理也是纵向管理的一种方式，但相对层级分明的分层垂直管理来说，其结构较为松散。它以政府项目招标的形式，组织一个或多个机构以某个主题项目为基础建立合作关系，政府通过项目的行政审批、经费资助、过程监督、中期审查、结项管理等方式对项目建设进行全程指导。在政府指导下，各种参与主体之间通过项目合作的方式缔

---

① 肖希明、张芳源：《公共数字文化资源整合中行为主体的角色及职能研究》，《图书情报工作》2015 年第 11 期。

结关系，负责资源数字化的机构与分部委员会之间并不具有行政隶属关系，项目的财政支持既可以来自政府科研基金，也可以由专业科研基金会、个人基金会等进行赞助，他们在项目建设过程中又可联合多方组织或个人参与共建，共同对项目成果负责。在荆楚文化数字记忆建构中，对于单个地区或某项专题的建设，可以采取项目负责的形式进行管理，更有利于各参与主体结合当地资源特色，有效发挥其地域辐射能力的影响和优势。

（三）基本建设流程中的政府角色与职能

一项整合型资源建设项目的流程大致可以分为预准备、计划、实施计划、评估、分享经验五个步骤[①]，数字记忆项目建设也应如此。依据这一基本建设流程设置，参与荆楚文化数字记忆建构的行为主体应担负起发起者、指导者、实施者、保障者等不同角色。在政府指导的一体化管理模式中，政府可承担发起、指导和保障等多重职责。作为发起主体，政府的主要职能是提出关于荆楚文化数字记忆建构的总体设想，确定其建设规模、范围和大小，提出项目实施及开展合作的议案；作为指导主体，其职能是通过发布相关的指南和文件，制定相应的政策、标准和规范对各参与主体的行为进行指导与整体设计，并拟定行动计划方案以统筹规划不同类型机构之间的合作；作为保障主体，其职能是通过提供资金、技术等有利于促进可持续发展的措施，为荆楚记忆项目的顺利开展提供切实的保障。

在荆楚文化记忆资源的保护与构建过程中，政府职能的实现需要结合我国国情采取针对性的措施方案。在我国，档案馆、图书馆、博物馆、美术馆等机构是文化记忆资源的主要持有者，但这些机构分别隶属不同的行政管理系统，拥有独立的管理体系和管理方式，如何跨越不同行业、不同系统、不同机构，打破不同管理体系与管理方式的阻隔，是多元主体共建需要解决的重要问题。建立政府指导的一体化管理模式为这一问题提供了可行性解决方案。首先，在项目初始阶段，可以通过组

---

① 肖希明、张芳源：《公共数字文化资源整合中行为主体的角色及职能研究》，《图书情报工作》2015年第11期。

建由省文化和旅游厅、档案局及相关管理部门共同指导的记忆工程领导小组，根据荆楚文化数字记忆建构的层级分设省级中心、地市中心以及基层分中心三个层次，各层级中心机构人员可由文旅厅（局）和对应级别的档案局以及相关政府部门人员共同组成①，以分层管理和指导对应层级的荆楚数字记忆项目实践；其次，在项目指南制定中，由领导小组负责统筹规划，具体设计并制定出荆楚文化数字记忆建构的总体方案、实施细则和操作方法，通过行政手段的引导，协调多元主体参与共建的利益关系，为项目的有效进展提供资金、技术、人才等方面的保障；再次，在推进项目建设中，可组建荆楚文化数字资源库建设、记忆门户网站和社交媒体建设、数字资源管理平台、记忆项目宣传推广等单项工作小组；最后，在项目完成接受评估阶段，对各分项成果进行评估验收，以保障项目整体实施的进度及效果。

二 中观层面：多元协作的横向式共建

多元协作的横向式共建是荆楚文化数字记忆工程参与式共建的核心，体现的是项目中观层面各实施主体的主要结构关系与行为方式。在政府的宏观指导之下，参与项目的各实施主体通过平等协作与优势互补的方式横向式共建，通过"多元协作"的建构方法，发挥各参与主体资源的最大优势，表现出不同行业、机构、组织与群体之间的横向合作关系。

（一）参与的核心：多元协作

当参与理念完成其内涵设定，确认了参与的"多元化"特质之后，其理论发展则更需要强调多元主体"如何参与"这一核心问题。多元协作是参与式共建的主要途径，它基于"平等协商、尊重差异""主动、广泛参与"②的原则，是对参与理论在实践中应用的较好诠释。

从荆楚文化数字记忆实践的运行逻辑来看，多元主体协作主要应集

---

① 唐义、肖希明、周力虹：《我国公共数字文化资源整合模式构建研究》，《图书馆杂志》2016年第7期。

② 孙玲玲、杨佐志、李彦如：《参与式发展理论在非物质文化遗产数字化保护中的应用》，《四川图书馆学报》2016年第6期。

中在以下几大领域：一是以档案馆、图书馆、博物馆、科研院所等为代表的荆楚记忆保存和研究机构，它们具备良好的记忆资源保存基础、资源整合能力或研究开发能力，但由于荆楚所涉范围广泛，且各机构归属及性质不同，其资源保存相对较为分散。例如，荆楚各地独具特色的名山古寺文化资源分布广泛。其中，十堰武当山是道教名山，荆山、大别山、大洪山、齐岳山、九宫山，黄梅五祖寺、当阳玉泉寺、来凤仙佛寺、汉阳归元寺、武昌宝通寺，荆州天星观、武昌长春观等众多的名山古寺，以及钟祥明显陵等名胜古迹资源则分散于荆楚各地。又如，清江巴土文化以恩施自治州和长阳、五峰两个自治县为主要富集之地，其既有恩施大峡谷（恩施大峡谷及其周边区域是土家女儿会的发祥地）、唐崖土司城遗址、土家木质吊脚楼、土家织锦等绚丽多彩的物态文化，又有梯玛"玩菩萨"、唱摆手歌跳摆手舞、茅古斯活动、哭嫁等原生态的民风民俗。这些文化资源需要不同类型的官方机构协作共建其数字记忆。二是以专业协会、学术团体、公共组织、传承人群体等为代表的社会组织与专业群体，他们也是一定的资源持有者，具备不同的实践旨趣、资源研发能力和组织能力，需要充分调动其积极性参与共建记忆资源。例如，宜昌地域特色民俗资源丰富，有漳河大鼓、宜都绑鼓、剪纸等民间艺术，这些珍贵记忆遗产的保护和建构需要广泛动员民间力量的参与，尤其是非遗传承人群体的文化阐释。三是以大数据技术、知识挖掘技术、人工智能技术、虚拟现实技术等为代表的数字技术公司和网络服务提供商，它们可以为荆楚文化数字记忆建构提供先进的技术支撑。从基础的技术架构到数字资源的大数据分析、整合，从建立资源联合目录到实现各主题相关知识的关联应用，从而形成标准统一、分类规范、序化整合的荆楚文化数字记忆资源平台。

（二）横向式共建的不同类型

在多元协作的横向式共建模式下，参与荆楚文化数字记忆共建的实施主体由于涉及不同领域、不同行业、不同类型的相关机构，它们之间需要在平等有效的协调机制下才能形成沟通互动与生产合力，既有可供借鉴的关系类型主要有一核多元、联盟主导与平台聚合。

"一核多元"即以一个机构为核心，并协同多元主体通过分工协作，实现异构记忆资源整合目标的一种主体组合方式。在这一关系模式中，"一核"的作用体现为"基地""总库""互动""核心"等方面，"一核"的意义主要体现在资源建设层面，其组织结构与其他主体一样处于同一层面的"各司其职"。在具体的实施应用中，由于各机构主体优势不同，对于由谁担当"一核"之责还存在争议，其中，档案馆以"丰富的档案资源和开发经验"，图书馆以"绝对的文献资源优势""信息类专业人才""技术设备""环境优势"成为各学者主张的"一核"代表性机构[1]。在荆楚文化数字记忆项目建设中，"一核"取决于某一主题资源最为集中的机构或组织，或者对资源对象最具开发能力、最有活力的机构，以及与政府部门联系最为紧密或项目承担方的形式而确定。

联盟共建是以一种短期内相对稳定的结构方式，通过多元主体协作的有效推进，从而保障共建效果的实现。联盟形式在国外多见，例如 LAM 成员针对一个项目组成临时性的联盟，约定在特定的时间、预算、资源限定内完成任务[2]。此外，面向网络信息保存的数字记忆项目也多以联盟形式进行，如纽约艺术资源网络保存联盟（NYARC）、英国的网络信息保存联盟（UKWAC）等。联盟形式在国内实践较少，2015 年，中国长江流域非物质文化遗产大展长江流域非遗联盟成立，以共同打造长江流域非遗产业化发展为目标，但项目后续实效不明确，也缺乏相关的研究成果。荆楚记忆项目可借鉴国外的联盟模式经验，结合国内实际情况对其加以本土化适应改造，并在实践中逐渐深化现实效应，如针对荆楚地区丰富的文化旅游资源，在省文化和旅游厅组织下成立联盟，联盟成员根据自身优势参与共建，实现记忆资源的数字化集中管理、文化知识的深度开发应用、荆楚品牌的旅游传播效益及其产业化价值。

平台聚合是利用强大的数字资源建设平台汇聚海量的荆楚文化记忆资源，平台的设计要充分考虑到与资源建设体系、文化意蕴表达之间的

---

[1] 牛力、赵迪、韩小汀：《"数字记忆"背景下异构数据资源整合研究探析》，《档案学研究》2018 年第 6 期。

[2] 罗红：《LAM（图书馆、档案馆、博物馆）协作内容与模式研究》，《情报理论与实践》2017 年第 6 期。

适配度，使得资源拥有方、信息开发方、技术设计方在平台之上能够充分协作，实现共同的建构目标。例如，在平台设计的过程中，各官方记忆机构要将资源管理的框架与组织方法传达给每一个参与主体，荆楚文化研究的机构或专家学者要对其文化内涵、特色及价值等内容进行充分的讨论与分享，文化传承人群体应主动争取话语表达的机会，使他们的地方性知识与个体性经验得到更为深入的理解与认同，技术设计人员也要积极参与资源建设、文化阐释、知识梳理、创意构思等全流程环节，从而更能有效地设计和完善平台的总体风格与各项功能。总之，通过平台聚合多元主体的力量，可以使他们对各自领域形成的知识和经验贯彻项目建设的始终。

(三) 各实施主体角色与职能

不同行为主体在项目建设过程中所发挥的功能是其角色职能的重要体现。荆楚文化数字记忆建构参与主体多元，既包括记忆保存和记忆研究的官方机构，也包括致力于文化遗产保护与传承的民间社会组织、传承人群体及个人，还有为数字记忆建构提供技术与平台支撑的企业或服务商。这些多元主体参与共建、协同推进数字记忆项目进程，其主要职能是对荆楚文化记忆资源进行收集、整理、加工、整合，构建出荆楚历史和现实的完整记忆。在这一过程中，各行为主体对应不同的角色，或者多个行为主体对应同一个角色，这需要通过明确分工以协调各方利益，从而使各主体职能发挥出最大优势和效力。

从资源构建与整合职能来看，作为资源持有方的档案馆、图书馆、博物馆等记忆保存机构要充分发挥其"专业建档""先进的信息管理""资源储存条件"等业务优势，吸纳民间记忆组织、社会团体、传承人群体及个人积极参与，共同完成荆楚记忆资源的数字化采集、分类、整理、建档等预处理环节。例如，鼓励非遗传承人全程参与相关方案制定、内容制作等流程，既充当信息采集的策划人，又担当参与录制、拍摄的导演工作，还作为主要表演者承担具体的非遗展示及实施过程。从文化阐释职能来说，作为具有资源研发能力的科研院所、文化团体等要广泛听取各领域文化专家的意见，对要建构的记忆对象进行清晰的目标定位与主题划分，设计出体现荆楚地域特性的历史脉络和文化框架，进而在这一记忆框架之上，对各种文化资源进行全面的整合与有效构建。从技术实现层面来说，具备先进技术的数字公司、网络服务商利用自身的技术优势搭建出数字记忆的展示平台，利用资源可视化呈现技术，将不同资源以展陈或叙事编排的方式展现，完成对资源的深度整合与视觉呈现效果。

三 微观层面：公众参与的网状式结构

公众参与的网状式结构主要指的是荆楚文化辐射范围之下的社会公众广泛参与数字记忆建构的一种交流互动形式，符合数字记忆开放构建的根本特征。它不仅强调要调动荆楚社会公众参与的积极性，也重在吸引更广泛层面的个体的互动，通过Web2.0平台讲述个人与荆楚历史文化相关的记忆，小到一件器物、一本文献，大到一个古城遗址，从若干个人的视角聚合成关于荆楚地区的更为全面、真实、立体的回忆。

（一）参与的根本：群体智慧

主体网状式建构是数字记忆区别于以往记忆建构方式的重要特征，只有在数字时代才能真正从技术意义上赋予每一个个体平等参与记忆实践、共享互动文化信息的权利。作为个体的公众，可能是来自政府部门、文化机构、研究机构的专业人员，也可能是来自社会组织或热衷于传统文化保护的工作人员，还可能是荆楚文化的普通爱好者。在合适的信息技术条件下，如通过网络Web2.0平台的网状聚合功能，公众可以在此会聚并发挥出巨大的智力潜能。从记忆管理的视角来看，这种潜能基于一种群体智慧的思维模式，它强调在"协商一致"的决策之下，调动群体的智慧来实现组织目标，确定一个包含目标、主体、动机与策略的实施框架①。

从网络资源的原生形态而言，数字记忆本身具有"社会书写"的特性，在其建构过程中更需要激发群体智慧，引导公众、民间力量的广泛参与。自组织是群体智慧最常见的实现方式之一，它是指一个系统自

---

① 周耀林、刘晗：《数字记忆建构：缘起、理论与方法》，《山东社会科学》2020年第8期。

发地从无序走向有序，形成结构性系统的过程。Web2.0 环境下的网络信息体系及用户生成内容都满足自组织发生所需要的"开放性、远离平衡态和非线性"要求①，这种网状互动式结构体系能充分调动群体智慧，发挥出自组织群体巨大的潜能。Web2.0 环境下的社会化标签、Wiki、博客、微博、虚拟社区等都是自组织实现的典型案例，通过这些技术的应用，将公众群体的智慧采纳吸收，实现 Web2.0 环境下政府部门、文化机构、社会团体以及社会公众之间的交互协作。"新加坡记忆工程"（Singapore Memory Project）显著的特色之一就是实现了全民参与建构记忆，既囊括了各种组织、协会、公司和团体的共同记忆，也纳入了普通人的个人记忆。它同时建立了新加坡记忆门户网站和社交媒体，为每一个公民开通记忆账号，吸引各行各业有着相似经历的人分享他们的记忆，甚至帮助游客上传他们关于新加坡的故事，公众可以自主添加或删除记忆，还可以补充评论某一条记忆，使这一记忆变得更加丰满、立体②。更为早期的"佛罗里达记忆"也是如此，它开设了个人、家庭、企业和社群的"个人著录"窗格，以时间胶囊（Time Capsule）保存数字记忆③，从而起到加强社区联系，提升自我认同与社会凝聚力的作用。这一基于 Web2.0 环境的自组织式群体智慧的运用模式，为荆楚文化数字记忆建构的实现提供了重要的创新思路。

（二）公众参与的主要方式

实现群体智慧的方法主要有"扩大范围、聚合和自组织"④，而在群体自组织的基础上，也应进行必要的他组织，才能形成基于 Web2.0 环境的公众参与的网状式结构，这一结构的形成需要通过线上聚合、线下拓展、线上线下联动的结合，最终实现以荆楚文化社群为基础的网状

---

① 周耀林、赵跃等：《非物质文化遗产档案资源建设"群体智慧模式"研究》，武汉大学出版社 2020 年版，第 234 页。
② 陈静：《全民参与式的新加坡记忆工程实施现状及启示》，《北京档案》2016 年第 3 期。
③ 龙家庆、聂云霞：《数字记忆建构视域下档案文化创意服务模式探析》，《档案学通讯》2020 年第 5 期。
④ 周耀林、赵跃等：《非物质文化遗产档案资源建设"群体智慧模式"研究》，武汉大学出版社 2020 年版，第 237 页。

式构建模式。

线上聚合，具体而言是指参与者通过记忆平台上传、共享各类关于荆楚文化的记录、知识和故事，如上传个人所收藏的族谱家谱、个人参与非遗活动的影像记录、展示民间技艺的文件资料等。通过线上聚合功能的设置和使用，荆楚文化记忆项目可以快速、高效地收集相关信息，通过一种协调多人进行记忆资源建设的方式，最终形成资源的聚合。这一聚合既是面向不同记忆主题的公众的会聚，也包括同一主题或内容下所形成的公众信息的聚合。例如，"历史钉"（Historypin）网站平台，基于对某一地理位置进行历史文化信息的搜集，它邀请用户在谷歌地图上上传某一地点的老照片、添加视频、录音等相关记录，并可自行添加所上传数据的描述说明文字。这种线上聚合的形式给荆楚文化数字记忆建构提供了经验借鉴，平台通过各种智能化的网络社交工具应用，吸引更广泛的公众群体参与，形成网状式的交流互动结构和基于兴趣而聚合的虚拟社群。针对任何一项文化资源或记忆条目，公众上传分享自己与此相关的不同记忆内容及其背后的故事，并且以文字、图片、影像等不同记录或描述的形式呈现出来。

线下拓展，是基于社群聚合的力量鼓励公众以更多线下身份来参与荆楚记忆工程建设，还可以利用近年来兴起的"公众档案著录员"等创意项目[①]将一定的自主权交至社区公众，极大地提高公众的文化参与度。例如，招募公民志愿者进行培训，教授他们如何进行采访和记录，培养其良好的写作技能，通过社交媒体账号发布他们的资源或个人记录；培养训练有素的专业技术人员，使他们熟练掌握摄影、摄像、口述历史访谈和录音等技能；培育熟谙地区方言文字的翻译者及誊写员，使得各地方言俚语更好地识别与记录下来。

线上线下联动，是指通过社交媒体的应用，使得线上资源收集和线下活动拓展能很好地衔接起来，以便开展深入基层社区的行动，推动公众深度参与到荆楚记忆项目的建设之中。一方面，线上的资源聚合会促

---

① 龙家庆、聂云霞：《数字记忆建构视域下档案文化创意服务模式探析》，《档案学通讯》2020年第5期。

进网络中形成基于共同兴趣或利益的虚拟社群；另一方面，线下社区的活动拓展也会进一步影响到线上资源的汇聚，形成更为紧密的网络社群关系和记忆的纽带。如新加坡记忆工程通过巡展、路演、嘉年华会等方式进入社区，有的带来老照片进行扫描，有的将记忆文字写在卡片上，有的则直接开通自己的社交账号以便留存值得记录的回忆。

（三）公众参与的角色与职责

数字记忆归根结底是大众的记忆，荆楚文化的数字记忆也不仅限于荆楚民族自身所形成的记忆，更应包括荆楚地区之外的社会公众群体在与之交流互动中所构建的对于这一地区的相关记忆。作为参与荆楚文化数字记忆建构重要力量的公众，也就不仅仅限于荆楚地区社会主体之内，而包括拥有这一文化相关记忆的一切社会公众。这意味着，每一个热爱荆楚历史文化，对其有着强烈使命感和责任感的个体，都可以参与到荆楚独特文化记忆的建构中，公众在这一群体智慧模式中能够很好地担当起"创造者"的角色：参与者可以根据自己的认知经历、历史经验、知识储备来补充、修改和完善现有的文化记忆资源，或是创建并描述一个新的记忆信息，为记忆资源的整合与开发提供更为丰富的原材料。这一充分而广泛的"创造"行为客观上为荆楚记忆的建构提供了多元化的视角，无论是添加一段地方见闻还是增加一项手工技艺展示，或者是上传某段非遗活动影像实况，以补充文字资料的不足，都能很好地集中群体的智慧，通过不同来源、不同利益诉求的参与者的力量为荆楚文化记忆资源的价值鉴定提供较好的参考。

基于公众参与的这一角色定位，每一个参与唤醒荆楚记忆的个体在平台建设中也都会担负一定的职责。首先，基于公众参与的网络自组织社区，虽然是各用户主体之间的自组织动态演化结果，但公众主体凭借一定的自觉和自治，可以形成更为精细化的主题社区，并通过 Blog、Wiki、Tag 等社会性软件与技术的运用形成具有针对性的网络虚拟社群；其次，Web2.0 平台上的资源建设与传统的网络建设、资源管理不同，用户成为一定意义上的自媒体，占有相对程度的个体资源建设与维护的自主权，但自媒体的价值并不是通过保有私有资源而实现的，实际上更需要通过分享贡献自己的资源，从而形成一个更具有普惠性的资源网络；最后，用户还通过参与编辑、主题分类、信息过滤和知识问答等方式实现荆楚记忆资源的社会性创造、组织、发现和转移，以实现群体智慧的充分发挥与利用。

第三节　荆楚文化数字记忆参与式共建的推进策略

推进荆楚文化数字记忆参与式共建模式的形成，是实现荆楚文化记忆体系和记忆建构数字化转型的应有之义。社会记忆、文化记忆都是主体"建构"的结果，政府指导与多元主体参与相结合，是荆楚文化数字记忆资源构建的内在要求。在此基础上，还需要采取相应的推进策略以保障记忆项目的有序运行，具体包括倡导文化传承的数字记忆建构观念、保障权责统一的跨层级建构体系、构建多元主体的跨部门协同格局、建立成熟健全的传承人培育制度、完善民族本体的社群式传播机制，从而有效整合政府、公共机构、社会组织、商业公司和公众资源，培养强化各级各类主体之间的协作，进而推进多元主体参与协同的荆楚文化数字记忆建构格局的形成。

一　倡导文化传承的数字记忆建构观念

由多元主体参与建构的数字记忆，在其内容、构成与意义上都会受到记忆建构主体的立场、思想、观念、知识等方面的影响，也会因记忆接受主体的参与意识、信息素养、关注程度、情感投射等方面的差异而具有相当的可塑性。因此，首先在观念层面上要倡导文化传承的数字记忆建构观念，以对荆楚文化数字记忆的共建模式发挥行动导向的作用。

观念是形成行为执行环节的思维导向，是建构荆楚文化数字记忆的依据。完整的数字记忆观念，需要明确数字记忆的内涵认知和理论依据，明晰荆楚文化数字记忆建构的目标与内涵，并对相关工作人员和公众进行数字文化信息素养的培育。对于参与荆楚文化数字记忆工程的工作人员而言，需要对其进行系统的思想理论教育，不仅要系统学习文化记忆理论、记忆再生产理论、电子文件"全程管理、前端控制"思想、数字人文本体知识库建设等相关基础性理论知识，还要将着眼于"数字技术应用、荆楚传统文化保护与社会记忆建构"相结合的荆楚文化数字记忆建构的理论构想融入其工作实践中，掌握数字记忆建构、信息技术应用、历史文化传播、创新创意设计的理论与方法，从而具备相当的专业素养，既能用数字记忆的思维方式处理荆楚传统文化的内容和形式，还能有效识别并理解数字环境下超文本或多媒体等形式的网络信息遗产，进而将这些遗产与荆楚文化相关的网络原生数字资源都纳入专题资源库；对于普通公众尤其是荆楚社会公众而言，进行数字文化信息素养的培育也是发挥其思维效用的关键，不仅要提升一般意义的信息素养、信息道德和信息能力，而且要融入"记忆传承"的观念，渗透进厚重的人文精神与科学理念，提升其在传统文化、信息资源获取、信息技术、创新意识、实践能力、国情民情、网络道德等方面的重要素质。

将数字记忆与荆楚文化传承进行融合，还需要从系统和整体的角度认识数字环境下荆楚文化记忆建构模式的革新与思维创新。这一新的建构模式将突破单一的历史文化遗产记忆建构范畴，从现实领域延伸至现代人类数字化生存的境遇，深入到荆楚文化网络社群的记忆实践中，因此既包括文化遗产数字化收集模式、文化遗产数字化建档模式，还包括网络信息遗产保存模式。这一全新的建构模式与数字记忆的思维创新紧密结合，并依托传统人文素养与现代数字信息素养的融合，依靠全民参与的数字记忆共建路径，以实现荆楚文化数字记忆资源的全面整合与构建，为唤醒公众的荆楚记忆构造一座聚合、共享与传承的数字记忆宫殿。

二　保障权责统一的跨层级建构体系

为促进荆楚文化数字记忆建构项目的多方参与、协同推进，需要依靠官方的政策保障和政府的宏观指导，通过建立权责统一的跨层级建构体系，对荆楚文化记忆项目进行全方位的规范管理。

一要在政府层面进行顶层设计。紧跟"十四五"长江经济带建设及文化旅游发展规划，在长江国家文化公园建设整体布局背景下，完善与荆楚文化相关的文化遗产保护、非遗文化传承、网络信息保存的政策制度体系，推动形成省级政府指导下的荆楚数字记忆跨地域、跨层级建构管理体系，包括加快建立专项资金使用分配制度、完善项目中期评估及结项审核评价标准体系，建立健全政府管理协商对话机制、公众信息传递与反馈机制、各方利益联结协调机制等，以有效促进荆楚文化数字记忆建构的科学化管理与规范化流程。为真正实现荆楚文化记忆形态的数字化保存及可持续发展目标，在纵向层面上要充分聚合各级文化政策和资金扶持力量，织密荆楚记忆项目的工作网络；在横向层面上要积极推动不同区域各级政府部门之间的联合管理行动，设立有效协调不同地方文化主管单位及相关职能部门的综合性、专业性荆楚文化遗产管理机构，构建地方之间无缝对接的合作管理体系。

二要充分发挥政府的宏观指导作用。政府部门通过细化跨层级建设总体方案，为荆楚文化数字记忆项目具体方案及相关细则的制定提供指导。按照国家相关建设标准，审定各类荆楚文化记忆子工程项目建设等级，明确各行为主体的权责范围并实施分级建设责任追究制度，在充分整合各方资源、凝聚社会力量的前提下，由政府主管部门负责成立建设领导小组，领导小组统筹规划荆楚文化数字记忆项目建设整体实施方案，规定相关实施细则，并制定具体的实施管理办法；成立"荆楚文化数字记忆工程"建设专家组，选调来自传媒、档案、历史、民族、社会、文化及文化创意产业等领域的专家学者组成智库，为荆楚文化数字记忆工程提供理论指导、政策咨询、方案论证、质量评估等工作；组建"荆楚文化数字记忆工程"建设工作小组，根据数字资源建设的内容，可分设资源组、技术组和应用组，负责荆楚文化记忆资源组织、记忆资源库建设、互联网记忆平台构建等具体工作，统一数字资源建设的相关标准与细则，并设计切实可行的公众参与的路径。

三 构建多元主体的跨部门协同格局

政府指导与多元主体参与相契合，是荆楚文化数字记忆建构的内在要求。荆楚全域不仅空间范围广阔，而且承载记忆的文化遗产类型多样，既有实体传承的档案、图书、文物、建筑等物质文化遗产，又有经世代生活传递的非物质文化遗产，还有分布于网络空间的互联网记忆遗产，这些遗产涉及不同的文化管理系统，分散保存于不同类型的文化记忆机构、文化研究机构、信息企业、民间社会组织、群体或个人，各机构、各组织职能范围存在较大差别，要形成多元协作的横向式共建模式，既需要确保同一行政区划内不同文化系统的各机构、各组织及各部门之间的合作，又需要加强不同区域、不同文化部门之间的合作、交流及共建共享机制。

首先，构建不同层级的多元主体协同格局。一是协同长江区域经济建设和文旅发展规划主体，加快对荆楚文化资源的产业化开发，加强文化与日常生活的互融，走文旅一体化的发展道路；二是协同荆楚各地的各级各类档案馆、图书馆、博物馆、方志办、纪念馆，加强馆藏资源的数字化共建共享，并通过普查、征集、接收、托管、寄存、复制和数字化手段对民间的文化遗产资源实现信息层面的集中保护与开发；三是通过建立具有区域协同性的记忆项目管理组织，实现管理层面的集中统一，满足荆楚记忆项目的统筹规划、教育培训、资源集中、人财物有效配置等方面的需求。

其次，整合政府、市场和社会资源，为荆楚文化数字记忆建构提供更为广泛的资源补给和技术支撑。一是充分利用社会资源，加强与民间社会组织的合作，进一步引导和培育荆楚文化集中区域的民间文化遗产保护主体，从而获得有效的社会基层支持力量；二是加强各种文化记忆机构与技术服务提供商之间的沟通对接，使文化主体和技术主体之间能交流共享荆楚文化内涵界定、资源规划和技术搭建等行动认知，从而在记忆项目建设的总体思路、平台模式、资源组织架构、数字化创新方法、技术实现路径等方面形成一定的共识；三是发挥市场机制的作用，在加强官方机构与社会组织、商业企业之间合作共建的同时，应根据国家政策允许范围和相应的规范程序，向符合条件的社会组织、技术公司等第三方机构支付相应的服务费用，以保障这一类主体参与文化遗产资源征集整理、技术修复、数字化建设等工作的积极性和正当利益，为其参与数字记忆工程建设提供必要的资金保障和发展经费。

最后，充分发挥相关领域专家学者及科研院所的学术智库支持作用，使之成为推动荆楚文化数字记忆建构创新的重要支撑力量。有关荆楚文化教学科研机构可以在更大范围内开展田野调查工作，借助自身在此专业领域的学术传统和研究优势，深入实地获取多视角的文化资源，深度挖掘各种荆楚文化传统的起源、发展的进程，探索荆楚社会历史发展变化的规律，挖掘各种文化现象及思想内涵、社会价值及人文精神，在荆楚文化文献汇集整理的基础上进行系统性的编研、编撰与开发。同时，各专业研究机构、组织或个人还需要加强彼此间的沟通合作，形成各种专业视角的解读，例如，江陵楚墓文化的背后，既集中反映了古代楚国在冶金铸造、木雕、髹漆、竹编、绘画及刺绣等方面的高超技艺，表现出楚国繁荣高雅的物质文化，又通过整个楚墓的墓葬制式和特点等，呈现出荆楚之地的文化风韵，所以需要从多学科视野探讨这一物态文化遗产背后的历史价值。

四 建立成熟健全的传承人培育制度

非物质文化遗产是荆楚记忆中的文化瑰宝，不同于实物载体的物质传承，非遗依靠的是文化传承人的活态传承，将蕴含其中的科学技艺和文化价值世代相传。我国过去的"非遗"传承一般是家族传承或师徒相授，其传播范围窄，传递人数少，这一传承形式发展到现代受到了极大的挑战，越来越难以适应现代社会结构及生活方式的变迁，传统的传承人数量骤减。历史记忆的流传既需要调动传承人的积极性与参与热情，还需要创新有效的社会化机制以培育更多的传承人，并保障其权益和价值的实现。

一方面，明确赋予非遗传承人应有的权益，同时划定非遗传承人参与共建的职责范围。相较于其他遗产的数字化建构，非遗在数字化过程中面临着一些较为个性化的问题，如文化与技术协调困难、数字化保护仅限于表层传播、技术复制式的文化生产使其远离了本真性和唯一性[①]，

[①] 刘灿姣、阳利新：《我国非物质文化遗产数字化保护的研究述评》，《图书馆》2016年第2期。

这些问题的存在正是非遗传承人缺位于数字化生产过程而导致的。强化非遗传承人的"参与式数字化保护"理念①，让非遗传承人参与到非遗数字化的过程之中，使得对非遗文化的阐释能更为有效地传递给技术人员，从而从更深层次解决数字信息技术展示与文化内涵的统一协调问题。因此，在荆楚文化的非遗数字化保护及数据库建设方案制定中，应明确赋予非遗传承人参与数字化保护的职责范围和权益，在设计方案或建设细则中明确规定非遗传承人全程参与相关非遗数字化项目的建设方案制定、文化内容选取、影像拍摄计划，以及具体的实施过程，使其在非遗记录过程中扮演策划、导演和演员等多重角色，并获得能充分体现其职业价值的劳动报酬。

另一方面，政府部门采取相应的政策措施，规范引导对非遗传承人的培育和管理。一要加大非遗传承人的基层培育和资格认定力度。通过基层调查摸底、评定甄选命名、登记审查建档等方法，从基层主动发现、培养挖掘一批不同层级的非遗文化优秀传承人。二是在进行非遗建档的同时也为传承人建立系统化的档案。通过录音录像、文字记录、多媒体保存、数据库管理、网络发布等方式对传承人进行持续完整、真实系统的跟踪记录。三是加强对非遗传承人的社会化培育。通过有计划的教育培训，积极组织非遗传承人到高校、科研院所进行文化深造与技术培训，提高他们的科学文化素养及科技创新能力。四是强化非遗传承人的社会地位与价值认同。通过专项奖励、资助、补贴等多种激励方式为其提供文化传承的资助经费和工作津贴，充分拓展其文化传承的空间范围，扩大非遗传承人的社会影响力，进一步提升他们的社会地位和价值认同感。

五　完善荆楚本位的社群式传播机制

荆楚文化融合发展的背景下，荆楚数字记忆多主体参与式共建的题中应有之义是要坚持"全员共建"的原则，这意味着参与主体应囊括体制内外的各方力量。一方面可通过"公民志愿者"等公众参与机制

---

① 宋俊华、王明月：《我国非物质文化遗产数字化保护的现状与问题分析》，《文化遗产》2015年第6期。

扩充社会参与记忆建构的渠道；另一方面可将网络平台作为体制内外主体间畅联沟通的媒介。

"公民志愿者"等参与模式旨在赋予公众参与社会活动、共建社会文化的权利，因而可以成为公众参与建构其记忆的渠道。在基层社区现代治理能力建设的背景下，公众的参与大大提升了社区居民共生共建的现实性，也从实体社区建设的层面为荆楚文化的创新提供了更为微观的参考视角。不少研究者都曾提出建设或重建实地社区，以保障非遗技艺在社区内有序传承[1]。基于国外实践成果，档案学者把基于社区的公众参与式档案管理细分为"社群独立保管""主流档案馆承担""社群成员主导"三种社群档案管理模式[2]。如澳大利亚的原住民档案项目就是通过与土著社群合作，赋予社群成员在线管理的权限，实现知识管理、文化保护和社群归档的目标。我国北京文化遗产保护中心的"勐马档案"项目也利用了村民社群共建的机制，帮助云南孟连县勐马寨傣族村民自发保护、传承本民族文化遗产，村民们在文化机构和专家的引导下，回忆、讲述、记录自己村落的文化传统，形成了以傣族村民为主体的传统文化保护传承建言机制，借助对这些回忆的整理和傣族居民的"集体智慧"，形成了富有地域和民族特色的文化产业。

此外，网络社群也已成为荆楚文化传播与传承的重要场域。网络社群可谓是最能体现新媒体补偿机制的一种载体，可以弥补现实社区功能减弱的不足，能帮助现代社会中分散各地的荆楚群众实现重新的聚合。一方面，网络社群有助于重建荆楚文化的口头传统，通过对一些民歌、民乐、民族舞蹈、民风民俗、传统技艺的记录与保存、扩散与传播、学习与传承，拓展了荆楚非遗文化的传播渠道；另一方面，通过自下而上的网络社群互动，与政府从上而下的文化政策实施形成合力[3]，帮助政府与意见领袖、传承人、民营企业家、艺术家之间形成良好的沟通机制

---

[1] 钟进文、范小青：《新媒体视角下的"非遗"保护与传承观念新探——以裕固族为例》，《西北民族研究》2017年第2期。

[2] 陈海玉、赵冉、彭金花：《公众参与少数民族档案文献资源建设的行动分析模型》，《档案学研究》2020年第5期。

[3] 范小青：《让"大教堂"携手"大集市"——论非物质文化遗产传承与保护的众包模式》，《中央民族大学学报》（哲学社会科学版）2016年第4期。

和积极的行动力,从而营建出全社会关注荆楚文化、保护传承荆楚记忆的文化生态。

总之,全民参与式共建机制的形成离不开以荆楚为本位的社群传播纽带性作用,它既是荆楚文化传承与记忆的重要渠道,又能为各种主体力量参与提供良好的沟通平台,从而畅通个人—家庭—社区—县市—省级—国家自下而上的传播通道。

第六章 资源构建：荆楚文化数字记忆的网络化再生产

客体层面的资源构建是一个不断循环往复的动态过程，这一过程体现出社会记忆的"再生产"特征。再生产视角拓展了"发掘、加工、形塑"的记忆建构行为，凸显了记忆建构的连续性和资源生产的动态性。意大利历史哲学家维柯认为，"记忆不再仅仅是一种复制的能力，而是一种确确实实具有生产力的能力"①。在数字化和网络化的时代，荆楚文化记忆资源不可避免地被带入数字化再生产之中，并逐渐向网络空间拓展；借助各种新媒体、网络社群形成荆楚文化交流与传播的数字场域，在这一场域中所产生的网络原生数字资源记录了当代荆楚社会的原生态文化生活，也成为不可或缺的数字记忆资源。只有把握了记忆客体存在形式这一本质的变化，才能使荆楚记忆的建构符合数字化的时代特征与根本趋势。

第一节 荆楚文化数字记忆资源的构成特征

从客体维度对荆楚文化数字记忆资源进行研究，不仅能论证实体记忆资源的数字化迁移趋向，也能探讨数字记忆资源的网络化延展特征。只有在这一认识基础上，才能构建清晰完整的数字记忆资源体系，从而

---

① ［德］阿莱达·阿斯曼：《回忆空间：文化记忆的形式和变迁》，潘璐译，北京大学出版社2016年版，第24页。

为荆楚文化数字记忆提供更为丰富的数据来源和更为广阔的拓展渠道。

一 荆楚文化实体记忆资源的数字化迁移

数字记忆的概念导出主要源于各类实体记忆资源的建构与数字化迁移实践①，这也意味着荆楚文化数字记忆的核心资源是来自现实世界已经数字化或者尚未数字化的实体记忆资源。对尚未数字化的实体记忆资源进行数字化，并同已经数字化的版本进行统一的编排、组织与整理，是实现从现实世界向数字世界迁移的关键。

（一）荆楚文化的实体记忆资源

实体记忆资源主要是从现实世界的视角对区别于网络原生数字资源形态的概念进行分类，对其界定和类型的分析是明确荆楚文化的实体记忆资源来源和范围的前提，也是探讨实体记忆资源如何进行数字化再生产的基础。

1. 实体记忆资源的界定

在整个资源环境中，实体资源和虚拟资源是一组相对的概念，图书馆对馆藏资源的占有形式就分为了实体资源和虚拟资源两种基本形式。具体而言，实体资源指的是以实物为载体存储的资源（如纸质的书籍）和拥有所有权的数字化资源（信息数据库、电子出版物等）；虚拟资源是指图书馆通过超链接方式享受的图书情报服务机构提供的网络信息资源②。也就是说，实体资源包括未数字化的以纸为介质的文献信息、单机版电子文献及馆藏中已数字化的文献信息等；虚拟资源实质就是网络数据库或网络信息③。从这些定义可以看出，实体资源主要是区别于网络空间虚拟资源而言的资源形态，随着现实世界数字化的进程，它既包括现实世界非数字化的传统载体资源，也包括已经数字化了的实体资源，这一内涵反映出现实实体空间向数字化迁移的总体趋势。

---

① 周文泓等：《基于数字记忆保存的网络信息存档实践进展研究及启示》，《情报理论与实践》2020 年第 7 期。
② 王卓尔：《高校馆藏实体资源和虚拟资源的整合策略》，《经济研究导刊》2012 年第 27 期。
③ 张群、彭奇志、滕颖：《高校馆藏实体资源和虚拟资源的整合与服务》，《情报杂志》2005 年第 7 期。

"社会记忆资源"（Social Memory Resources）是指社会实践当中所形成和遗留下来的具有原始记录属性和保存价值的所有事物及其相关信息的总和①。可以看出，具有"记忆属性"和"保存价值"是记忆资源的最根本特征。综上所述，荆楚文化的实体记忆资源可以定义为现实空间中以某一载体形式存在的具有荆楚文化历史保存价值和记忆功能的资源形态。从这一定义可以看出，荆楚文化实体记忆资源是荆楚文化数字记忆建设的基础之一，借助数字信息技术和网络传播技术，采用计算机等数字化设备对实体记忆资源进行处理，并通过记忆资源的数字化集中解决实体资源分散保存的问题，从而实现实体记忆资源的数字化转化、迁移和整合。

2. 实体记忆资源类型

建构记忆最重要的"原料"是与记忆对象相关的各种类型、以各种方式存在的资源，"只要对记忆对象的史实考证、文化阐释与情形再现有参考研究价值，就要尽可能网罗汇集起来"②。中国记忆项目非常注重多元资源整合，"整理中国现当代重大事件、重要人物专题文献，采集口述史料、影像史料等新类型文献，收集手稿、信件、照片和实物等信息承载物，形成多载体、多种类的专题文献资源集合"③。借鉴国内外针对实体记忆资源建构的数字记忆项目，主要有三种资源类型特别值得重视。

一是刻写记忆资源，包括档案、史料、方志、图书、家谱、拓片、书画等文献形式的记录。荆楚文化档案文献资源分布广泛、结构类型多样，荆楚民族在漫长的历史岁月中创造了丰富独特的地域文化，积淀了卷帙浩繁的档案文献，它们以文字、图画、符号等不同形式记录和反映着荆楚大地的政治、经济、军事、天文、地理、文化、教育、生活等方方面面的情况，构成了珍贵的荆楚文化资源宝库。这一类资源需要借助

---

① 赵生辉、朱学芳：《数字社会记忆资源跨机构聚合机制研究》，《档案学研究》2014年第2期。
② 冯惠玲：《数字记忆：文化记忆的数字宫殿》，《中国图书馆学报》2020年第3期。
③ 中国国家图书馆：《中国记忆项目简介》，中国记忆项目实验网站，https://www.nlc.cn/web/ziyuanfuwu/zhuantiziyuan/cmptest/index.shtml，2023年6月20日。

博物馆、图书馆与档案管理领域长期积累的数字化技术规范与经验优势实现数字化的转化与开发。

二是体化记忆资源，即依赖人的身体动作、语言、手势等传递信息的记忆资源，主要指经由民间个体口传心授的非物质文化遗产实践形式，包括艺术表演、技能展示、工具操作、工艺品制作、文化仪式等，以及由亲历者讲述的未经文字记录的历史传说、家族故事、奇闻逸事、个人经历或见闻等口述资源。这些经由个人口耳相传所传播的文化记忆，是关于各地起源、节日、婚丧、诞育、手工艺、饮食、服饰、交通运输、民间贸易等传统的重要资源，是个体鲜活的往事回顾，可以填补记录性资源的一些缺漏。将这些资源转化为记录性的刻写记忆资源，需要结合田野调查、口述访谈、历史考证、比较分析、影像记录等方式进行数字化记录，并结合虚拟现实、增强现实、动画技术、多媒体技术等新技术的融入，实现生动形象的表达与再现。

三是空间记忆资源，主要指文化遗产中的场所、地点、遗址、古建筑、石窟、石刻、壁画等这一类有形的、不可移动或不便移动的物质文化遗产等空间资源。各地自然风光中所包含的山川河流、自然植被等物质环境，古村落建筑中的特色民居、祠堂庙宇、街道牌坊等传统建筑，院墙、水榭、石栏、石台、瓦当、雀替、斗拱等院落布局和特色构件，石雕柱纹、砖雕纹饰、壁画窗花等建筑装饰都是各地域文化记忆中极为重要的媒介，这些媒介不仅能将记忆固定在某一地点使其巩固和证实，还体现了一种持久的延续。空间记忆资源也需要利用各种技术手段将其转化为信息内容进行固化和释放。当前现有的数字记忆项目所呈现的场所景观是以图文、视频资源为主，而各种"数字遗产"项目则较为注重对空间资源的场所研究及数字重建，对重要文化遗址或历史景观开展3D建模、虚拟现实制作。随着数字记忆资源的深度整合，数字记忆项目可以更多地借鉴数字遗产项目的经验，采用图文资源与场景资源的结合，通过数字场景增强用户的历史沉浸感，获得更为直观的记忆体验。

（二）不同形态的数字化产品

不同类型的资源具有独特的资源秉性，需根据其各自特征采用合适的数字化技术与工具进行数字化的加工，针对以上三种资源类型所囊括的资源形态，有不同的数字化采集、加工方式，由此形成了各具特色的数字化产品。

一是通过数字化转录形成数字文本、数字照片、数字声像等数字化产品。主要针对传统载体或非数字化形式记录的资源，包括记录荆楚各地不同历史发展时期的文献记录，如档案、手稿、谱牒、摩崖、碑刻、契约、信函、口传文献、历史地图、地方志等；记录荆楚大地自然风光、人文景观、生产生活等的摄影作品；记录荆楚民族创世传说、口述历史、民风民俗、奇闻逸事、方言俚语等的影视资料或作品。经过转化而形成的格式主要包括 DOC、CAJ、PDF 等主流的文本格式，FLIF、PNG、BMP、BPG、JPEG、RAW、GIF、TIFF、SVG 等主流无损或高清图像格式，以及 MAV、FLAC、APE、WMA、ASF、AVI、MPEG、MP4 等主流音视频格式，所形成的数字化产品可以成为独立的产品，也可以成为各种微电影、影视动画的素材进行进一步加工与制作。

二是通过直接的数字化采集、拍摄、录制所形成的原生数字产品。随着数字技术的深入发展，目前对于口述资源的采集、非遗文化的记录、文化场景的拍摄等都可直接采用数字方式进行记录。例如，对荆楚文化口述档案的采集，首先需要挑选出一些具有代表性的采访对象，再以预先准备好的问题及脚本为根据，按口述文献的记录规范进行数字化音视频的采集，所形成的数字化记录既能直接录入数据库系统，提供检索利用，又能制作成专题报道、纪录片等产品在媒体平台中进行展示与传播。

三是通过 3D 建模等信息技术手段形成的虚拟现实类数字产品。数字遗产领域空间资源的数字化产品越来越多地采用了此类虚拟现实技术，实现对空间场景的虚拟再造，如对空间资源中空间位置的布局、建筑、街区、环境、方位距离、实物摆放等进行数字化的采集与虚拟再现。具体来说，针对荆楚各地区的自然地貌、聚居社区、村落布局等地形条件，以及居民生产生活用具、宗教祠堂、车服礼器等具体设施采取适当的摄影测量法，并通过 VR 全景、360 度球幕光源采集系统、GIS 地理信息可视化、3D 建模等技术和工具进行数字化采集，利用各类数字专业软件对模型进行规范化的加工和数字化，最后进入保存与应用中。

二 荆楚文化数字记忆资源的网络化延展

在实体资源不断进行数字化、网络化迁移的同时，荆楚文化遗产在网络空间有了更多的表现形式，围绕着各种主题文化的展示、传承产生了大量的网络原生数字资源，形成一个网络化的"记忆之场"，不断生产着新的记忆形式和文化信息，成为荆楚文化遗产的延伸性资源。

（一）网络原生数字资源的界定与类型

网络空间的数字资源有两种类型。一类是由传统载体形式的信息资源经由数字化、网络化之后所形成的转化型网络数字资源，属于非原生数字资源。与此相对应，另一类是原生数字资源"Born Digital"，这一术语本身来源于互联网，从一开始就具有网络原生数字资源的意思[1]。因此，网络原生数字资源，是指直接在互联网活动中产生的或仅仅发布于互联网并仅以数字形式传播交流、保存利用的网络信息资源[2]。随着Web2.0技术的应用和完善，交互式网络的应用方式日益深入人们的生活之中，使得巨量化的网络原生数字资源不断涌现。可见，网络原生数字资源是网络技术发展的产物，代表了网络数字资源发展的更高水平。

从档案的本质特性——原始性来看，广泛分布于网络上的各种原创数字资源具备作为档案保存的最本质特性[3]，因此网络空间数字记忆的建构不仅仅是对传统档案资源的数字化、网络化，也包括对网络原生数字资源的长期保存。目前世界范围内开展的面向网络原生数字资源的数字记忆项目逐渐增多，如英国的"国家数字记忆工程"、中国的"国家数字记忆计划"等，但与面向实体资源建构的数字记忆相比，网络原生数字资源保存在理论研究和实践进展上都还存在一定的差距，尤其是缺乏与实体资源整合构建的相关研究。数字记忆保存现有的方法也主要基

---

[1] 陈红星、张淑芳、郑琳：《我国网络原生数字资源研究现状述评》，《图书情报工作》2010年第13期。

[2] 陈红星、张淑芳：《网络原生数字资源：概念、特征与类型》，《图书馆建设》2010年第5期。

[3] 周振国：《基于网络原生数字资源整合的数字档案馆资源建设探讨》，《农业图书情报学刊》2015年第11期。

于非数字对象，其所形成的从整体项目设计到数字化流程、数字整合、可视化呈现等框架，是否适应于网络原生数字资源的特点还需要在理论和实践中得到进一步证实①。当然，新加坡记忆工程给我们提供了一个较好的范例，其所开创的全民参与记忆建构的微博和互动栏目，既是记忆收集的手段，其本身也构成了新加坡记忆的一部分。

数字时代的记忆构成更需要原生数字资源的注入而不断修正②，荆楚文化数字记忆也应是如此，每一个荆楚社会主体不可避免地卷入网络化的数字生存之中，荆楚文化记忆的保护及其数字遗产的建构传承就与网络原生数字资源的保存、保护和开发紧密联系起来。从文化遗产所指向的记忆范畴来看，荆楚文化网络原生数字资源内容庞杂多样，质量参差不齐。有基于社交媒体（微博、微信、QQ、抖音、B 站、小红书等）产生的关于各地历史文化的博客文章、原创多媒体资源、线上民俗活动、民间艺术展示、方言俚语学习等；有通过互联网进行生产传播和提供利用的荆楚文化电子期刊、图书、报纸、学术论文等；有政府、企业、学校、研究机构等面向社会发布的荆楚民族宗教事务信息、荆楚文化政策信息、荆楚文化教育教学信息、荆楚民族语言教学资料、荆楚文化历史研究等；也有个人主页上发表的荆楚原生态文化体验的文字记录、摄影照片、动画影像等。总之，原生网络信息资源成为人们日常生活轨迹的重要记录内容，其中大量负载着荆楚文化信息的原生数字资源也就成为其文化遗产的重要延伸。

(二) 网络原生数字资源存档

限于网络原生数字资源的复杂性，首先，需要从记忆特性的角度形成网络信息存档的内涵要素，明确通过网络信息的有效组织以还原文化活动记忆的目标；其次，要克服网络信息载体的脆弱性等特征，通过数字连续性保存实现记忆功能的长久性；再次，结合互联网发展特性及其记忆功能的变化，将资源对象从网页信息拓展至更为广泛复杂的互联网交互信息，且进一步关注数字记忆的形式需求，将网络信息的存档与记

---

① 周文泓等：《基于数字记忆保存的网络信息存档实践进展研究及启示》，《情报理论与实践》2020 年第 7 期。
② 牛力等：《数字时代档案资源开发利用的重新审视》，《档案学研究》2019 年第 5 期。

忆的叙事性描述与可视化表现结合起来。从面向记忆的网络信息存档现状来看，现有实践主要从两个方面为数字记忆建构形成相对完整的资源。

一方面，遵循 Web1.0 时代的网页存档模式，以设计网络信息存档方案、捕获收集、质量保证、信息保存、组织整合的通用行动对网站类信息完成全流程归档。但就荆楚文化的数字记忆资源建设来说，现有的网络信息保存方法虽然积累了"信息收集、组织、保存和利用"的管理技巧和项目经验，但仍然缺乏确定对象、加工理念与产品输出等方面的框架指引[1]。面对不同区域特征、不同民俗信仰、不同组织机构及不同时空等要素构筑的记忆情境，记忆的需求、建构目标和途径也各不相同，会直接影响不同地区历史文化信息的采集范围、记录类型以及信息组织流程，需要形成更具针对性的具体路径与方案设计。因此，荆楚文化的网络原生数字资源收集应该把握其突出的社会和人文属性，通过顶层统一框架设计来明确数字记忆建构的范畴，基于一定的主题采取定向收集的方法，关注与主题相关度匹配程度较高且来源可信的网页，制定相应的收集标准，先采用收集器自动搜集的方式进行常规的持续捕获，形成相关信息的聚合，系统自动记录并且进行初步内容识别，再利用人工进行信息的筛选[2]，在实现信息收集完整性的同时进一步提升信息的相关性、准确性与质量标准。

另一方面，更具动态与互动性，且源于社会群体和个人的信息也日益被纳入资源建设体系之中，以社交媒体为代表的各类 Web2.0 乃至 Web3.0 平台正成为各国记忆机构网络信息存档的新目标[3]。许多国家已经开展了对具有社会性的各类社交网络内容的动态捕获，使更为丰富、更具原生态的个人数字生存信息得以留存。在网络原生数字资源用户交流模式下，通过个体或群体之间的交流，不仅形成了基于兴趣或共

---

[1] 周文泓等：《基于数字记忆保存的网络信息存档实践进展研究及启示》，《情报理论与实践》2020 年第 7 期。

[2] 周振国：《基于网络原生数字资源整合的数字档案馆资源建设探讨》，《农业图书情报学刊》2015 年第 11 期。

[3] 周文泓等：《基于数字记忆保存的网络信息存档实践进展研究及启示》，《情报理论与实践》2020 年第 7 期。

同目标的网络虚拟社群，而且基于虚拟社群产生出更为丰富的网络原生数字资源。例如，大多数民族网络社群会从讨论其民族的历史源流以及集体记忆，到对民族历史、祖先的探讨中寻找文化的根基①，从而形成了大量的来自民间的记忆资源。这些资源不乏对民间口头传统的学习、分享与传播，包括民间传统节日、风俗习惯、传统美德、红色文化、家教文化、地方语言等内容的交流与传承，使得网络社群已成为传统文化传播与传承的重要场域②。基于这一交流模式的启示，荆楚文化数字记忆建构应该将荆楚虚拟社群的构建作为记忆项目开展的重要组成内容，形成资源展示与交流互动的数字记忆平台。

第二节　荆楚文化数字记忆网络化再生产的静态结构

　　社会记忆再生产是社会再生产的一个特定对象或特殊领域，是运用马克思社会再生产理论，对影响社会记忆的一系列行为、过程和结果的深入研究③，从再生产角度对荆楚文化数字记忆建构进行研究，可以深化对荆楚文化数字记忆资源组织、开发与利用的理论思考，探讨实体记忆资源与原生数字记忆资源在网络空间的统一与融合，以及如何借助再生产过程实现网络化的"记忆之场"，从而形成资源整合的再生产路径。

　　荆楚文化的数字记忆网络化再生产可以从静态和动态两个方面进行分析，这是因为"记忆再生产"本身既可以作为动词，也可以作为名词来理解。当"记忆再生产"作为动词时，我们往往更多地思考社会如何记忆或记忆如何再生产等问题；而当"记忆再生产"作为名词时，它指涉的是一种社会实在，我们需要更多地思考它的本质特征、结

---

① 张媛：《社交媒体时代的少数民族网络社群建构》，《未来传播》2019年第6期。
② 范小青：《基于新媒体、网络社群的少数民族文化传承——以阿昌族、裕固族为个案》，《民族学刊》2020年第3期。
③ 丁华东：《论社会记忆再生产的基本结构》，《思想战线》2019年第2期。

构形态，提炼具有整体性和统一性的再生产框架，以及再生产这一行为如何作用于社会等关键问题。静态结构分析是认识事物的基本方式和前提，它既是建构也是解构，只有通过对其进行深入阐释，才能更为深入地理解记忆再生产的过程。根据社会记忆再生产的基本结构形态，从外层结构、内层结构、核心结构三个层面对荆楚数字记忆网络化再生产进行深入探讨，以从客体资源建设的视角进一步明晰荆楚文化的数字记忆建构与传播路径。

一 外层结构：记忆形态的转化

记忆形态的转化，即记忆形式的再生产。记忆形式再生产是荆楚文化数字记忆再生产的外层结构，即从最为直观的视角对记忆存在形式进行数字化建构。形式再生产意味着要将记忆资源原有形态进行转化，对于负载于网络平台的记忆资源来说，就是将原本单一、分离、独立的记忆文本借助网络平台形成丰富、关联、多样的记忆形式，从而提供生动活泼的记忆。

（一）荆楚文化的数字记忆形式再生产

社会记忆总是依托一定的媒介而存在，从传统媒介角度来看，社会记忆主要有口头传承、体化实践、文献记录、文物遗迹四种形态[①]；从网络媒介角度来看，社会记忆主要表现为数字记忆。作为传统记忆延伸的数字记忆，实体资源数字化过程本身就具有典型的形式再生产特征，它意味着将传统记忆形态融合统一，使得记忆内容与其载体相分离，以一种新的数字形式成为源源不断的网络空间记忆的一部分；网络原生数字资源也具有刻写记忆的本质，其不同的开放程度、存储格式、软件条件等都影响着数字记忆最终的表现形态，需要进行规范化的统一组织和再生产。

社会记忆形式再生产有两层含义。一是对记忆的形态本身不做任何改变，但通过重复操作、再组织、复制、仿造等方式对其进行再生产。例如，作为体化记忆的节日庆典、祭奠仪式、技艺传习，就是通过不断

---

① 丁华东：《论社会记忆再生产的基本结构》，《思想战线》2019 年第 2 期。

地操演和重复来使记忆得以传承，作为文献记忆的史料编撰则通过文本的再组织和形式变化产生新的意义，作为器物记忆的仿古建筑等再生产形式对重现记忆也有着深刻的影响。二是改变记忆的传统方式，使之由一种形态转向另一种形态，使其契合现实的需求，并能满足接受主体的心理期待。例如，通过文字、录音、录像等方式记录非遗记忆，将原本以文字记录的信息又转化为口述、表演的形态，甚至是以动画设计、虚拟再现的形式加以表现。总之，不仅记忆形态内部可以通过重组织实现循环往复的再生产，每种记忆形态之间也可以通过外部的转化，实现多种记忆方式的集成与再现。

综上所述，荆楚文化数字记忆形式再生产包括以下内涵：第一，荆楚文化数字记忆形式再生产是基于荆楚记忆资源数字化、网络化的再生产，它包含实体记忆资源的数字化迁移和原生数字资源的采集集成两部分，实体记忆资源的数字化迁移涉及记忆形态之间的转化，原生数字资源的采集集成涉及记忆形态内部的转化，最终两者统一于数字记忆这一基本形式；第二，统一于数字形式的荆楚记忆资源既具备了整合再生产的条件，同时也具有相对的独立性，因为实体记忆资源相比于网络原生数字记忆资源具有相对有限性和不可再生性，而原生数字记忆资源具有连续性和永续性，因此在实现两种资源融合再生产的同时，也应为网络原生数字记忆资源的生产提供原生态的场域，如以虚拟社群作为荆楚文化传承和传播的重要阵地，使其成为当代荆楚社会文化生活的记忆空间。

(二) 网络化的记忆形式再生产模式

根据荆楚文化数字记忆资源的构成及其不同特征，可以将基于互联网的荆楚文化数字记忆形式再生产模式划分为两种不同的类型。

1. 网页集成式再生产模式

数字记忆的特殊"刻写"性质，使之具有不断复制传播的可能性与必然性，如对已有文献记忆形式的数字化收集与整理，对体化记忆的数字化记录与保存，对文物遗迹等器物记忆形式的数字化转换与呈现，使得传统的历史文化信息能以数字形式集成于统一的记忆平台；而数字记忆的多媒体形态又能使其无限接近于体化记忆中的亲身传播效果，随着数字记忆的进一步拓展，这一多媒体形态使得记忆的情境更趋于真实，它既包括文字、音频、视频、动画等基本形式，也包括 3D 建模、全景影像、虚拟现实、数据可视化等多种表现形式，对于荆楚社会历史文化信息的聚合呈现具有极强的表现力。

由于荆楚文化记忆资源形式的不同特征，可以从以下方面进行资源的形式再生产：（1）同一主题下的形式再生产，即围绕某一主题内容对其历史文化信息资源进行整合，将不同类型的记忆形态集中呈现。例如，以清江巴土文化知识为主题，可以将相关的历史文化信息资源进行整合，包括记录巴人源流的相关文献《山海经》《左传》《世本》《华阳国志·巴志》《水经注》和《后汉书·南蛮西南夷列传》等资源的数字化整合，以及巴土民间非物质文化遗产的数字化转化，还可以从互联网中采集相关领域的原生数字资源，如记录清江流域一带风土人情的文本信息、照片展示、记录视频等进行参照补充。（2）同一记忆形态下的形式再生产，即对同一记忆形态的某一民族历史文化信息资源的数字化整合。例如，谷城县图书馆藏书 10.5 万册，包含古籍书 2.1 万册，其中以《金刚般若波罗蜜经》为代表，对这些纸质的善本书进行数据库建设，以集中呈现其丰富的历史文化。（3）同一资源类型下的形式再生产，即对不同资源类型进行分类整理，这是因为不同的资源类型往往具有差异化的资源组织方法和技术实现路径，对资源类型的分类也是为了方便用户的资源检索和利用需求。（4）同一资源粒度下的形式再生产，即根据不同的信息单元进行整合，如一部经书、一个案卷、一件（册）古籍等，可分别形成不同层级的数据集成、信息聚合、知识融合[1]。前两种形式再生产可以通过专题网站或某一网站中的专题服务来实现，后两种形式再生产则可以通过网络分类检索和数据库的集成形式呈现出来。

2. 在线汇聚式再生产模式

针对民间散存的海量荆楚文化记忆资源，传统的档案收集模式效率

---

[1] 刘为：《基于语义网的傣族历史档案信息资源开发研究》，博士学位论文，云南大学，2018 年，第 227—228 页。

较低，亟须借助网络平台革新资源采集的方式和手段，以促进原生数字资源形式的快速增长。在网络空间，荆楚文化虚拟社群已成为荆楚口头传统延续和体化记忆交流的重要阵地，产生了大量社交媒体信息资源。对于数字记忆资源的搜集，有学者提出可利用互动网站、微信公众号或开发专门 APP 进行线上征集①，其实质就是利用虚拟社群的汇聚效应对各种数字记忆形式进行集合，依托社交媒体平台实现在线汇集、在线归档、在线利用。各种类型的荆楚文化社交媒体中会产生海量的照片、音视频等多种形式的记忆资源，如网民会在抖音、快手、B 站等直播平台上分享民歌、民乐、民族舞蹈、民族风俗和民族技艺，吸引了众多关注者，也促使更多的年轻人开始接触和传播本土的文化。对于这些原生的数字资源，一方面，需要利用数字技术进行采集、处理和鉴定，采取主动收集、跟踪收集、合作收集、接受捐赠等多种收集方式②，以保障资源效能和记忆价值的最大发挥；另一方面，需要培育这一类原生数字资源的生产场域，通过建立大型的荆楚文化虚拟社群集合，会聚已有的或正在形成的社群公众，以构建荆楚社会现代文化生活的记忆空间。

（三）数字记忆形式再生产要注意的相关问题

从记忆形式再生产的趋势来看，数字记忆成为各种原始记忆形式转化的集大成者，满足了社会记忆越来越凸显的集成、汇聚与展示的需求，但在数字记忆形式再生产的过程中还需要注意以下相关问题：一是数字记忆形式的转化应考虑不同领域、不同记忆形式再生产的特点，从而采取有针对性的策略。例如，文献资源、照片资源、口述资源、多媒体资源在资源的数字化采集阶段就具有不同的采集方法，在资源的入库录入中也会存在资源描述程度、元数据录入标准的差别，在信息的深度加工与知识挖掘中需要采取不同的工具和技术，在记忆提取利用时，也会根据需求采取整合或分类的呈现方式，总之不同类型资源的形式转化机制尚需要深入探讨。二是各种记忆形式的转化不是目的，而是实现记

---

① 赵雪芹、邓文慧：《数字记忆视角下新冠肺炎疫情档案收集研究》，《北京档案》2020年第 10 期。

② 韩双：《抗击新冠肺炎疫情下疫情防控档案的收集与利用》，《档案管理》2020 年第 2 期。

忆传承与建构的手段。而数字记忆具有多样性特征,更需要我们深入探讨何种数字形态更易为人们所接受,以及更能有效地传达、展演鲜活的记忆,促进人们获得更为显著的感知优势。

二 内层结构:内容的重新叙述

每一段记忆都包含着一定的信息,有其确定的内容。记忆的内容影响着记忆接受者所获取的信息,决定着记忆的基本构成。记忆内容的再生产,意味着对记忆所表达内容的重新组织或重新叙述的过程。对于荆楚文化的数字记忆建构来说,内容再生产属于再生产环节的内层结构,是对不同类型资源整合重构的内在逻辑所在。

(一)荆楚文化的数字记忆内容再生产

记忆的内容十分广泛,并且连接着具体的时空和情境,不同的记忆主体对记忆内容的阐释与解读行为存在着较大的差异。一段记忆的内容在经历了时空的迁徙和传递之后,往往都经过了一系列的重新发掘、整理、加工、重组、改写、重述与表达等重建的过程,唯有这样,记忆才能满足与适应当下的情境与接受者的需求。这一复杂的过程,就是记忆内容再生产循环往复的过程,这一过程始终伴随着传承与建构的相互交织,如果不以原初的内容事实作为加工再建的基础,记忆再生产也就失去了真实性与合理性的根基。

对于记忆内容如何进行再生产,扬·阿斯曼提出了"符号编码的行为",恩斯特·卡西尔认为应该"汇总到思想的一个焦点之中"[①]。因此,记忆内容的再生产可以表现为对内容信息的直接加工,通过对记忆内容的选择、编纂、辑录、重叙等形成新的主题内容,在这一过程中还通过文字注释、典制考释、义理阐述等方式加入编者对文本的文化诠释与创造性释读;此外,记忆内容的再生产与记忆形式的再生产也紧密相连,这是因为在进行外部形式转化的过程中,也总是会产生新的内容,例如,各种形式的在线主题展览、网络编研出版、纪录片创作、影像展播、创意产品开发、新媒体展示等既可以看作记忆形式的再生产,也可

---

① 丁华东:《论社会记忆再生产的基本结构》,《思想战线》2019 年第 2 期。

以理解为内容再生产所附着的外部形式。例如,对档案文献的转录中,涉及对文献内容的释读、翻译环节,这不仅意味着新文本的诞生,也代表着对内容的诠释。

总之,内容再生产是基于主体经验形成的对记忆内容及其逻辑体系的重新阐释,是记忆再生产的基本过程。因此,荆楚文化数字记忆内容再生产包括以下内涵:第一,荆楚文化数字记忆内容再生产是基于记忆形式统一之上的内容统一,通过对荆楚文化遗产中的内容信息进行加工提炼,从而生成新的知识;第二,荆楚文化数字记忆内容再生产是在荆楚记忆资源形态数字化、网络化基础上的内容演绎,它需要以数字化的形式呈现统一的内容,通过合理的数字化展演或可视化方式来讲述内容,包括知识图谱的可视化、虚拟情景的演绎等。例如,荆楚地域医学源远流长,作为中华传统医药文化的发祥地,既是神农故里、李时珍家乡,自古流传着神农尝遍百草等故事传说,又蕴含着丰富的中药材资源和医学著作,如最早的医学文献《五十二病方》、江陵出土的医简《脉书》《引书》、东汉时期襄阳一带完成的《伤寒杂病论》等早期医学典籍,但这些内容要真正实现其现实价值,还需要从信息上进行深度挖掘,对各种医药古书的时代背景、验证者、医治病例、实际效果、改进之处、适用性等方面进行信息的提炼与关联,并与历史悠久的医药传说、文化信息相关联,进一步形成可视化的知识图谱。

(二) 网络化的数字记忆内容再生产模式

在记忆再生产的实践中,"叙事"是表达记忆再生产内涵的一个关键词。从叙事学的角度来看,内容再生产实际上是以一种重新"叙说"的方式再现信息,它关系着"说什么"和"怎么说"两个方面。根据叙事的意涵,可以将基于互联网的荆楚文化数字记忆内容再生产模式划分为三种不同的类型。

1. 系统化叙事模式

"历史事实"存在于人们的理解、记忆、叙述和阐释之中[①]。叙事学探讨的问题包括情节结构、素材组织、故事技巧、美学程式、故事原

---

① 龙迪勇:《空间叙事学》,生活·读书·新知三联书店 2015 年版,第 320 页。

型、模式类型及其象征意义等①。这构成了一整套系统化的阐述机制，它使得叙事不是毫无规则的"信手拈来"，而是深谙技巧与规律，具备反复经验验证的可信化模式。对历史与记忆的"娓娓道来"，涉及记忆内容的提供者如何编码、内在化和组织信息，以及记忆内容的接受者如何注意、选择和接收信息，并如何利用这些信息做出决策和指导自己的行为等。

对于荆楚文化数字记忆内容再生产，应该深化内容再生产的内在叙事机制，从核心叙事要素层面对内容进行组织与重构，从而形成系统化的叙述模型，这一系统模型包括时间、地点、个体、组织、事物、事件等核心要素。具体来说，时间要素重构主要是对各类文献记录中涉及的多种历法和纪年关系进行语义关联；地点要素重构主要是对各类与地点相关的属性进行建模，尤其是对同一地理位置变迁的历史梳理；个体要素重构主要对不同历史时期具有代表性个体的各类信息和相关社会活动情况进行建模；组织要素重构主要是对不同历史阶段的各类具有关联的社会组织进行建模；事物要素重构主要是对社会组织、个人进行社会活动时针对的对象进行建模，如建筑物、政务文书、文学作品、艺术作品等；事件要素重构主要是对影响历史进程的重大事件或各类社会活动要素进行建模，如政治变革、军事战争、宗教活动等②。

2. 多元化叙事模式

受后现代主义思潮的影响，叙事也成为公众赋权的一种手段，档案文献所记载的内容开始"由主流叙事向多元叙事倾斜"③，记忆机构在收集资源时应"从多面叙事、多社群及个人角度进行考虑"④，不应只着眼于"官方机构""主流群体"的宏大叙事，而应发掘具有个人意

---

① 尹鸿：《当代电影艺术导论》，高等教育出版社2007年版，第159页。
② 赵生辉、胡莹：《面向数字人文的多语言藏学知识融合框架研究》，《农业图书情报学报》2020年第9期。
③ 万恩德：《解构与重构：档案信息资源开发模式的后现代转型》，《档案学通讯》2018年第1期。
④ 徐拥军、李子林、李孟秋：《后现代档案学的理论贡献与实践影响》，《档案学通讯》2020年第1期。

义、社会意义、时代意义的珍贵档案资源①,通过"不同主体的多元叙事创新"②,使得叙事在双向互动中更加丰富和多元化。

荆楚文化数字记忆内容再生产,也应遵循后现代叙事的多元化需求,在满足系统叙事整体化原则的基础上,也在一定程度上实现差异化视角的表达。一方面,荆楚文化记忆内容通过系统化叙事流程,对不同来源、不同形态的记忆事项的内容进行再加工、再组织,将各种"信息碎片"重新组接,还原出接近于历史真相的完整图像,从而构建记忆信息的整体性、系统性;另一方面,在参与式共建的基础上,借助网络平台的互动功能,促使各参与主体主动参与叙事,从各自时空背景和现实需求出发,形成不同的叙事体系或叙述内容,构建多元的历史叙事情境。例如,对于唐崖土司文化的挖掘,可以通过邀请专家、学者、覃氏后裔、乡贤等多方社会力量,采用文字记述、影像记录和口述回忆等方式进行,各主体从自身视角讲述与唐崖城址的生动记忆,以更多维、更开放的层面将土司文化从深山中传播出来,从而真正进入人们的视野。

3. 可视化叙事模式

可视化的思想可以追溯至古希腊哲学家柏拉图,他认为"人类是通过感觉,特别是视觉来认识事物的",这为现代媒介"视觉转向"的深入应用奠定了思想根基,数字记忆研究的重点也越来越凸显对记忆资源进行全方位、跨时空的可视化表达,这不仅体现在技术层面,也体现在内容叙事层面。可视化叙事作为数字记忆建构的关键环节,能够创新表达形式,提升内容质量,有效驱动历史文化资源的活化。在可视化叙事理论指导下,研究者们对数字资源的可视化表达进行了研究,如对美国、英国、澳大利亚、加拿大典型数字档案资源——线上展览予以解析,从资源入口、展示界面、媒介形式、推广渠道的可视化和资源主题、结构、视角、语言的叙事性经验,总结出数字档案资源可视化叙事

---

① 郭若涵、徐拥军:《后现代档案学理论在突发公共卫生事件档案管理中的应用》,《档案学通讯》2020年第3期。

② 魏景霞:《档案短视频多元叙事及价值实现研究》,《档案管理》2022年第5期。

的一般模式①；在探讨叙事表达的规范问题时，提出增强其视听能量的策略②。

要实现荆楚文化数字记忆资源的可视化叙事，需要将叙事的背景、主题、线索、结构、视角和语言等与当前的社会环境及时事热点结合起来，激发传播者和接受者之间产生共鸣。（1）叙事主题应尽量多元，充分挖掘历史悠久的文化传统，提炼富有地域特色的风俗习惯、传统节日、英雄传说、迁徙故事、民间工艺等，并结合当前社会情境热点，激发共情；（2）结合历史背景，用线性与板块式相结合的方式构造叙事结构，形成事件起因、经过、结果的完整叙事链条，使叙述层次更加清晰；（3）丰富叙事视角，以全知视角、内视角、外视角相结合的方式相互补充，并挑选其中重要或动人的原始文献内容作为细节，使叙述更加丰富、活泼；（4）结合不同地域、不同民族的语言风格，使用可读性强的叙事语言增加故事的沉浸感③。此外，数字内容的可视化还需要借助计算机图形技术，通过清晰可见的电子图形、新媒体图表、知识地图、导视设计、H5视频、三维动画等视觉设计手段，展现具有科技感的信息内容。

（三）数字记忆内容再生产要注意的相关问题

叙事学的研究与记忆内容再生产存在相互交叉的视野，从某种意义上来说，叙事学视角拓展了记忆内容再生产的深度和广度，在这一过程中应注意以下相关问题：一是"叙"和"事"的关系问题。正如记忆的传承与建构是辩证统一的过程，事与叙也应是一个相互映照、相互制约的有机体。事是叙的基础，叙是事的表达，两者缺一不可。记忆无论如何再生产，都是建立在事实基础之上的，叙则是将分散的、孤立的记忆碎片拼接组合的重要手段，是将过去发生的事件以一种高度整合的方式再度讲述出来，从而达到"讲什么"和"怎么讲"的有机结合。二是多元化叙事之间的视角冲突问题。多元主体与多元视角的内容叙事的差异，难免会产生矛盾和冲突，不同主体基于自身的个体经验、知识背

---

① 谢玉雪：《数字档案资源的可视化叙事服务研究》，《档案学研究》2020年第3期。
② 龙家庆：《叙事表达在档案宣传中的运用与优化策略》，《浙江档案》2020年第1期。
③ 谢玉雪：《数字档案资源的可视化叙事服务研究》，《档案学研究》2020年第3期。

景、身份认同等因素,会在内容的选取、表达与重构中呈现出差异性,如何在差异并存的基础上"求同存异",既尊重文化的特殊性,也倡导文化的包容性,在中华文化融合发展的背景中实现统一与协调,是关乎中华民族共同体记忆的关键问题。三是记忆叙事的演化趋势问题。叙事内容的选择和表达是从叙事动机方面的考察,叙事方式的演化是对叙事呈现结果的论证,关乎着数字记忆的未来发展趋势。因此,还需要对数字记忆形态的演化规律进行探寻,为叙事方式的融合创新提供更具前瞻性的方向指引。

三 核心结构:意义的时代阐释

社会记忆蕴含了人与社会的关系,并将其所表征、传递的意义反作用于社会的深层结构①。相比于单纯的遗产、历史、信息或知识,记忆是一个从整体上反映这些内容的综合体,在这个综合体之内,各种元素之间相互作用发生奇妙的化学反应,生成一种可以称为"意义"的社会框架,这是对记忆内容再生产的时代阐释,它构成了记忆再生产的核心结构,也支撑起内容和形式再生产的逻辑。

(一)荆楚文化的数字记忆意义再生产

意义"是人类以符号形式传递和交流的精神内容"②,在哈布瓦赫看来,"转化为意义是一个回忆进入集体记忆的前提条件",记忆制造意义,意义巩固记忆③。对记忆进行再生产,离不开对其意义的提炼、阐释与追寻,它本身是一个不能脱离社会情境的过程,也更着眼于为普通民众提供根源感、身份感、地方感和集体记忆。

相比于内容和形式再生产偏重于"文本"这一物质生产范畴,意义再生产更多地偏向于一种隐含结构的精神生产范畴。在数字化的时代,记忆意义的再生产在主客体关系范畴呈现出较为深刻的变化。从记

---

① 丁华东、张燕:《论新媒体传播与档案记忆的意义再生产》,《档案学通讯》2018年第3期。
② 赵建国主编:《传播学教程》,郑州大学出版社2012年版,第20页。
③ [德]阿莱达·阿斯曼:《回忆空间:文化记忆的形式和变迁》,潘璐译,北京大学出版社2016年版,第148—149页。

忆主体来看，数字记忆的生产者与接受者在一种较为宽泛的意义上产生着交融，受众借助方便快捷的网络渠道表达意见、生成意义，按照自己的生活与文化创造性诠释文本的意义。这是一个受众主动参与的过程，意义从以往单向度的生成转为双向互动的建构，这使得记忆的再生产能将所有行为主体纳入统一的生产过程中来，从而真正实现资源的持续性、积累性再生产。从记忆客体来看，数字文本本身拥有更大的互文性、可写性、可操作性等特征，数字化包装下的记忆，使得记忆对象更为彻底地脱离了原生环境与现实关系，可以对其政治、文化、经济、历史等多重意义作出新的时代阐释，既能深入历史资源进行探求，又能结合当下文明或对未来进行想象，既有对现实空间的改造，又有对虚拟社群的构建，从而深入触及社会领域的深层结构和意义。

数字记忆的杂糅性与开放性，为荆楚记忆的建构提供了更为开放的场域，更有利于将荆楚文化的历史与现实置于中华文化与现代国家结合发展的进程中，为荆楚文化的未来与发展提供更为积极的意义框架。因此，荆楚文化数字记忆意义再生产的内涵包括以下方面：第一，荆楚文化数字记忆的意义再生产，是荆楚文化数字记忆建构的灵魂，其归根结底是为了传达特定的意义，解释民族记忆因何建构、如何建构的基本命题。荆楚文化记忆的特定意义源于对传统文化保护与文化发展创新理念的认同，根植于中华文化的创造性转化与创新性发展的历史进程之中，是整个中华民族共同体记忆的不可分割的组成部分。第二，荆楚文化数字记忆的意义再生产，也体现在对每一个具体记忆对象的释读之中。它通过对各种具体情境下的文化记忆元素进行关联聚合，挖掘其背后的隐含意义、象征意义和功能意义，即通过"阐释"这一行为，对荆楚文化的内涵及文化所反映的背景信息、历史风貌、政治制度、社会结构等进行深入的探讨、解说和揭示，例如，从契约文书与经济的发展、传统民居与怀旧的情愫、非物质文化遗产与文化的意味、乡村档案与乡愁的释读中，发掘文化背后所隐含的记忆动机、功能价值和时代意义。

（二）网络化的数字记忆意义再生产模式

荆楚记忆具有自己特定的文化内聚力，以处理现实问题为目的。这意味着"对过去经验的集体性重构或重新编码"①，对这一问题的理解实际上要归结为依据现实情境所作出的对于记忆意义的阐释，而这一过程又与当下数字记忆所特有的意义生产模式密切相关，由此而形成了跨媒体传播的意义生成模式和身份认同的意义阐释模式。

1. 社交媒体传播的意义生成模式

记忆意义的传递需要跨越时空延伸至广阔的社会系统。"传播构造了相互交织的关系网络，也建构了意义之网"②，传播的这一功能使得其作为意义传递的助力器，在跨媒体、网络化的数字传播场域中更突出。在这一场域中，原先直线组合式的意义生产系统和循序渐进的认知逻辑被超链接跨媒体的传播符号所代替③。随着手机等移动新媒体的深入发展，移动网络实现了更为方便快捷的在线模式，用户通过手机媒体的"一站式"通道，就可以在论坛、贴吧、微信、朋友圈、博客等社交媒体平台中建立起一对一、一对多、多对多的复杂网络关系，这种多主体自由参与的路径使得数字记忆的意义再生产真正形成灵感迸发、意义升华的循环模式。

这种跨媒体、多层级的数字记忆意义生成模式为荆楚社会公众基于兴趣、爱好、类型等的划分确立了前提，从而有助于形成区别于现实身份区隔的、以共同兴趣和情感连接为基础的社交媒体虚拟社群。各种类型的网站、论坛、贴吧、微信群、公众号、博客允许公众将个人的经验、知识与记忆上传至虚拟空间，既使个人之间的联系越来越紧密，也使得这些原生态的记录成为数字记忆的源泉。随着 UGC 形态的公众记忆源源不断地注入，并与官方记忆形成交织辉映之态，数字记忆在呈现内容的同时也更多地体现出各种社会交往关系，公众关注的焦点也由文本、内容向关系、意义偏移。手机的移动性特征促进了社交媒体的日常聚合，各种荆楚文化的微信群纷纷建立，成为凝聚社群成员、交流荆楚

---

① 马翀炜、戴琳：《民族文化遗产的国家认同价值》，载黄忠彩主编《中国人类学民族学研究会优秀论文集（第一辑）》，知识产权出版社 2016 年版，第 450 页。
② 谢静：《社区：传播的构成》，《苏州大学学报》（哲学社会科学版）2015 年第 3 期。
③ 杨状振：《偏执的神话与迷离的景观：新媒体人文精神批评纲》，《新闻与传播评论》2009 年第 00 期。

文化、传承荆楚传统、展示荆楚风尚的重要平台。例如，不少虚拟社群是以微信群为连接纽带的跨媒体记忆空间，它为家族成员创建出一个具有群体归属的文化场所和意义生成环境：联系奔赴五湖四海工作的家族成员入群，标记每一个成员的身份名片，发布家族中的热点事件引起热烈讨论，讲述家族祖先的故事，介绍家乡的历史文化习俗，发布相关文化活动链接，将语言教学作为日常性的互动仪式，等等①。总之，以微信群为代表的社交媒体已经日益深入到荆楚社会公众的生活日常，既记录着个体生活的点滴记忆，也展现着对荆楚文化的当下记忆，成为文化交流的重要场所和数字记忆的重要来源。同时，新媒体传播客观上也为荆楚民族身份认同提供了新的场域，通过荆楚文化的凝聚提升了公众的自信心、自豪感和归属感，使其成为整个荆楚社会再生产的有机组成部分。

2. 身份认同的意义阐释模式

意义是一种抽象性的表达，是通过对具象的发掘、揭示、阐释，抽象出本质和意义的过程。扬·阿斯曼指出，客观外化物能成为一种共同性的、根基性的回忆，其中起关键作用的正是"其背后的象征性意义和符号系统"②，诺拉在阐释"记忆之场"时提出了"实在的、象征性的和功能性的场所"三层含义③。这意味着，记忆虽然附着于具体的事物、形态、空间等载体，但其功能和象征意义总是随着历史情境的变化而不断改变再生，只有在意义"持续的变动"中才能使文化真正得以延续。而这种持续的变动不仅依赖于"符号、精神、思想"等象征层面的当下意义，更依赖于"关系、声望、身份"等功能层面的认同性。其中，阐释则是对意义的生产和解说行为，在再生产过程中起着关键作用。

荆楚文化数字记忆的意义阐释应注意在两个层面的生发与融合。一方面是关乎普遍社会价值和中华文化认同意义的，如优先将彰显"社会

---

① 张媛、文霄：《微信中的民族意识呈现与认同构建：基于一个彝族微信群的考察》，《国际新闻界》2018年第6期。
② [德] 扬·阿斯曼：《文化记忆：早期高级文化中的文字、回忆和政治身份》，金寿福、黄晓晨译，北京大学出版社2015年版，第144页。
③ [法] 皮埃尔·诺拉主编：《记忆之场：法国国民意识的文化社会史》，黄艳红等译，孙江主编《学衡历史与记忆译丛》，南京大学出版社2015年版，第20页。

主义核心价值观""中华优秀传统文化""中华民族共同体意识"等社会主流意识形态及体现当代社会规范、道德风尚或审美价值的内容作为意义阐释的对象，使得荆楚文化的数字记忆为当代中华文化的创新发展提供源源不断的动力。另一方面是关乎荆楚社会共同体的心理状态与族群凝聚意义的。"荆楚社会共同体意识"的形成过程也是千百年来荆楚地区精神财富集聚的过程，荆楚文化中所呈现的"筚路蓝缕""追新逐奇""兼收并蓄""崇武爱国"等精神特质都体现出荆楚文化的基本精神内涵，是对荆楚文化产生认同感、归属感和使命感的重要源头。正是借助对这些精神价值的叙事而建构起连接历史与现实的荆楚记忆，其间蕴含了对历史传承的合理性诠释，揭示出荆楚族群的共同心理状态。

（三）数字记忆意义再生产要注意的相关问题

数字记忆再生产以负载"意义"为其核心，体现出更为深层的记忆驱动力量，它关系到海德格尔所谓的人类"诗意地栖居"[1]。对于这一关乎人类生存境遇、价值体现的重要机制，在厘清意义再生产模式的基础上，尤其还应注意以下问题：一是进一步探究记忆意义再生产中具有关键作用的"阐释"行为，从个体层面的兴趣、利益、情感、认同的诉求，到族群层面的信仰、愿望、凝聚的想象，再到社会层面的权力、资本、文化、价值的互动，都需要通过意义的阐释将数字记忆的社会能量予以释放；二是要形成对数字记忆意义再生产的正确认知和公正良知，对主流记忆与那些挑战于主流记忆的"反记忆"之间的关系予以辩证地看待，从政治思想层面加强对记忆生产的主体性控制，倡导能弘扬社会正义、彰显社会道德、促进社会和谐的意义再生产模式[2]。

第三节 荆楚文化数字记忆网络化再生产的动态流程

荆楚文化的数字记忆再生产结构分析是从本体的静态分析视角，对

---

[1] 丁华东、张燕：《论新媒体传播与档案记忆的意义再生产》，《档案学通讯》2018 年第 3 期。

[2] 丁华东：《论社会记忆再生产的基本结构》，《思想战线》2019 年第 2 期。

再生产基本结构形态的理解和认知。在此基础上,还需要对记忆的生成、加工、使用等行为过程进行动态的分析,这一过程可以理解为文化记忆的"存储、调取、传达"①、社会记忆的"唤起、重构、固化和刻写"②、档案记忆的"生成、加工、展演、消费"③等再生产过程。对荆楚文化数字记忆再生产一般过程的分析,就是从动态的过程视角阐释其记忆形成、发生的过程及结果。借鉴我国"高迁古村数字记忆"的实践经验④,荆楚文化数字记忆的网络化再生产,在资源建设阶段主要包括荆楚文化记忆资源调查、荆楚文化记忆资源本体构建、荆楚文化数字记忆资源采集、荆楚文化数字记忆资源组织及整理入库等一系列流程。

一 荆楚文化记忆资源调查

荆楚文化记忆资源调查包括荆楚文化实体记忆资源调查和网络原生数字资源调查两方面,其目的是全面盘清荆楚文化的"家底"和现实"需求"。实体记忆资源调查应主要弄清现有文化资源的分布、类型、载体、格式、内容、数量、数字化程度等;网络原生数字资源调查应主要弄清具有文化记忆属性的原生资源类型、内容、保存者、保存空间及保存形态等。通过对现实实体资源与网络原生资源的全面调查,最终形成荆楚文化记忆资源调查清单。

记忆资源调查范围根据不同地区、不同类型、不同主题的荆楚文化历史和记忆资源建设现状有所区别,应在文献遗产、历史村落、文化空间等方面展开重点调查,对各类现实和网络的文化空间、文化主体与文化现象进行详尽描述。文献遗产记忆资源的调查不仅包括纸质档案、文

---

① [德]扬·阿斯曼:《文化记忆:早期高级文化中的文字、回忆和政治身份》,金寿福、黄晓晨译,北京大学出版社2015年版,第51页。
② 张凤阳等:《政治哲学关键词》,张一兵主编《关键词丛书》,江苏人民出版社2014年版,第369页。
③ 丁华东、张燕:《论档案记忆再生产的实践特征与当代趋势》,《档案学通讯》2017年第4期。
④ "高迁古村数字记忆"是2016年度国家档案局科技项目计划"'台州古村落'数字记忆建设研究"的研究成果之一。

献等有形的文献资源调查，还包括更广范围内具有记忆属性并可能进行数字化建设的资源类型，如刻载于金属、竹简、兽骨、兽皮等器物之上的文字记录，散落于乡野民间的金石碑刻、岩壁岩画等有形文献记忆资源，口耳相传的历史传说、民间故事、家族家训，世代相传的节庆活动、文化技艺、特色饮食等无形文献记忆资源。历史村落资源调查不仅包括村落遗址、古建筑等村落空间资源调查，还包括与古村落相关的各种物质文化和非物质文化资源调查。文化空间既指荆楚社群所生存的现实生活空间，也包括其在网络虚拟空间的生存状态，涉及各文化主体所呈现出来的精彩纷呈的文化现象、文化内容等当代生活记忆。

（一）资源调查范围

资源调查的过程，实际上也是对各地区文化深入了解的过程，是进一步进行荆楚文化定位的基础和进行资源再生产的前提。其调查范围主要覆盖以下几个方面：

（1）对正在开展的数字记忆资源建设情况进行调查。基于各官方记忆机构开展的数字化工作、在线数字资源建设、数据库建设成果，对已经完成的各类数字资源调查进行成果搜集。

（2）对尚未进行数字化的记忆资源情况进行空缺调查。通过普查弄清相关记忆机构馆藏和民间收藏情况，对应被收集或记录但数字资源仍然缺乏的原因、现状和问题进行逐一摸排，从而提出相应的解决办法。

（3）对与荆楚记忆资源建设相关的人员进行访谈调查。具体包括：荆楚地区各官方记忆机构的工作人员，荆楚文化民间团体、组织和传承人群体，熟悉荆楚文化某一历史细节的个人等，通过对不同对象的访谈，了解荆楚文化记忆资源建设实际情况、管理情况和文化资源的内涵。

（4）对资源建设及调查过程进行拍摄记录存档，使其成为作为调查材料的一部分。对荆楚各地的地理环境、人文环境及资源调查过程进行拍摄和记录，既能为后续资源采集提供线索，又能为出于各种原因无法采集到的资源提供补充说明。

（二）文化内涵梳理

对荆楚文化的记忆资源进行调查，还应在各地区一般记忆资源和特色记忆资源调查的基础上，梳理并形成关于各种主题文化的主要内涵。

（1）荆楚文化空间资源分布概况。以空间为线索，对荆楚文化聚集的主要区域、地理位置、人口分布、自然资源、交通环境等进行资源的搜集与整理，对各地历史文物、文化遗址、古典建筑、特色民居、历史城镇、金石碑刻等文化遗产概貌进行梳理。

（2）荆楚文化历史发展概况。以时间为线索，对各主题文化的形成与发展、历史演变的脉络进行梳理，包括荆楚文化起源、族群迁徙、民族融合、繁衍生息的历史，荆楚各地地方政权更迭、制度变迁的历史，荆楚各民族社会经济形态、生产生活方式、贸易往来、科技发展的进程，荆楚社会不同历史时期的价值观念、审美情趣、思维方式、文学艺术、民间信仰、民族方言、娱乐活动等发展变迁的情况。

（3）荆楚文化节日习俗概况。对荆楚社会传承至今的传统节日、文化习俗等进行调查，对民间的节庆、活动、技艺、饮食等相关信息进行采集，搜集与传统文化和民间信仰有关的民间传说和历史故事。

（4）荆楚文化宗教信仰与道德规范。包括荆楚各民族的宗教信仰和道德观念的阐释，如对各地区族训、祖训、村规民约和村民行为规范等调查梳理。

（5）荆楚文化历史人物事件梳理。搜集整理与荆楚文化历史发展休戚相关的重要历史人物，影响荆楚文化历史发展进程重大事件的相关信息。

（6）荆楚文化社群文化现象及内容。包括荆楚各城乡社区和虚拟社群的建设情况，以及社群文化内容等方面的调查，如对当代网络社群发展的考察。

二 荆楚文化记忆资源本体构建

荆楚文化记忆资源调查是通过人工方式对荆楚各项文化要素及其相关背景信息进行的调查，是基于不同视角的个人理解、阐释、整合而成的资源集合，具有一定程度的主观性和随意性。但在数字环境中，荆楚文化数字记忆资源的管理、组织、挖掘和呈现要依靠计算机来完成，这就要求将这些资源变成机器可识别、可处理的信息内容，因此应对这些资源的核心概念进行标准化、规范化的处理，对不同概念之间的内在联系和区别进行分析，形成关于荆楚文化记忆资源的知识本体，为数字记忆要素的关联聚合、知识挖掘等提供基础。

哲学视野中的本体是指外部世界各类事物原本所拥有的属性、关系和状态，即客观存在，例如，与某一历史人物相关的姓名、性别、出生日期、出生地、职务等属性和与其相关联的历史事件、完成的作品等全部信息的集合[①]。荆楚文化资源本体，即关于荆楚文化记忆资源的概念集，是对荆楚文化资源及其关系的概念化表述。本体通过逻辑分类的方法对荆楚文化资源类型进行概念划分，对不同类型的资源进行分类捕获，形成同一主题下的相关知识集合。在这一过程中，对所有相关概念的确立和表述需要尽可能地贴近事实，并达成共识，从而使得分散的知识可信任、可共享、可利用，这样就形成了信息科学视角下的"知识本体"（Knowledge Ontology），即对领域共享概念体系进行明确而详尽的形式化、规范化说明。荆楚文化知识本体是荆楚文化所有记忆要素的概念框架，由于包含元素众多，需要对其进行深度分析、厘清逻辑思路，从而为记忆资源的采集确定范围，为资源的组织和架构提供依据。根据历史、空间、人物三大逻辑，对荆楚文化记忆资源的概念和关系进行如下梳理。

（一）历史脉络

荆楚文化知识本体的所有概念，都是基于其历史发展脉络的内涵阐释。在梳理任一地区或主题历史发展脉络时，要从现有的记忆资源中对荆楚知识本体中所有的历史性概念、相关概念的历史性解释进行提取、整合，从而梳理出关于这一地区历史概貌及其发展过程中出现的各种文化现象。

（1）荆楚文化起源及其历史发展概貌。受社会政治格局和地理环

---

① 赵生辉、胡莹：《面向数字人文的多语言藏学知识融合框架研究》，《农业图书情报学报》2020 年第 9 期。

境的影响，楚地在持续千年的蛮荒环境之中，逐渐孕育发展出楚民族以及其后的楚国家，并成为当时中国南方各部族融合的中心。梳理荆楚之地的发展历史，包括其文化起源，族群谱系、分布、迁徙、变迁及当代民族状况，如各民族的人口构成、地理分布、语言类型、文化特征等，可呈现荆楚文化和荆楚民族的基本发展脉络。

（2）荆楚各地物质文化发展史。在对楚文化遗址和楚墓考古发掘的过程中，荆楚各地所出的陶器、铜礼器、兵器、车马器、漆木器、竹简、木牍、丝绸织造以及各种玉石器等历史实物及制作技术，反映出当时社会经济发展的状况和科学技术水准，证明其手工业的发展达到古代世界生产水平的巅峰。此外，荆楚各地还遗存了不少携带历史记忆的不可移动文化遗产，如武当山古建筑群、钟祥明显陵、唐崖土司城址、土家族特色民居等，以及楚帛书、帛画、手稿、图书资料等文献遗产，需要进行系统性梳理，以厘清其在不同时期的文化特征及历史地位。

（3）荆楚各地精神文化发展史。荆楚富有神秘气息的巫教文化特质与北方理性的史官文化有着截然不同的疆界，它赋予了楚人的浪漫主义性格，并渗透在荆楚文化的文学、艺术、思想等各方面，呈现出《天问》之奇、《离骚》之恣肆、《庄子》之逍遥、《山海经》之诡异、《淮南子》之博达。这些享有盛名的楚辞楚赋、文学作品，楚乐"八音"、编钟乐舞，以及大量关于天文、历法、占卜的数术书籍，义理精深的儒道等哲学思想，汇集成荆楚丰富的精神文化遗产。对其进行系统的整理、厘清其发展的脉络，对于理解荆楚文化的精神特质、时代价值及其文化意涵有着重要的参考意义。

（4）荆楚各地社会制度文化发展史。考察荆楚历史上的政治体制、社会结构及其运动形式、不同地域层级的社会组织制度，并对荆楚地方王朝或地方政权的更迭变迁，以及荆楚地方政权与中央王朝政权之间的历史关系、各类社会行为及社会心理发展的历史进行梳理。春秋时期的楚人在南北扩展的战争中，采取了比诸夏开明的民族政策，对南方民族文化兼容并包，融汇夷夏之所长，形成"以汉制治汉人，以少数民族制治少数民族"的二元地方统治制度。对这一制度发展历史的检视，为理解荆楚文化的多元融通及其作为中国南方各部族文化交流与融合汇聚之地提供了制度阐释的视角。

（5）荆楚各地民俗文化发展史。楚人巫鬼信仰与祠祀传统在楚地影响深远，是荆楚民俗文化最突出的外部特征①。此外，与荆楚社会大众生活密切相关、以非物质文化遗产形态存在的、世代相传的传统文化表现形式，如端午民俗、节庆礼仪、口头传统、表演艺术、科技知识、风俗习惯、语言文字、宗教信仰、制茶技艺，以及与上述表现形式相关的文化空间、行为方式等也需进行系统性的梳理。

（二）时空关系

荆楚文化知识本体中关于"时空"的概念很多，如政治、经济、社会及文化发展中各种历史事件的时空节点，各种自然景观及建筑、古村落、生产生活空间等人文景观，历史遗迹中的"位置""地貌""方位"等，对这些概念进行阐释时，要对其所处的时空关系进行详细描述，既包括其历史时空的变迁，也包括其在不同文化要素之间的相对位置。将这些时空要素和关系要素整合起来，可以形成一部基于时空关系的荆楚历史发展地图，呈现出跨越千年的时空场景与地方风貌。

从时间发展的脉络来看，荆楚文化从距今约5500年前炎帝神农前氏族部落时代，到周初僻居荆山的楚国分封，到秦汉之际的转变与沉寂，再到北宋至清代中叶近世荆楚文化的分化，及至近现代的文化转型②，横亘古今历史数千年之久。从空间资源分布来看，炎帝神农文化主要遗迹在今湖北随州、谷城和神农架一带，古楚国作为春秋战国的强国贯穿湖北全境，留下了璀璨的楚国历史文化，秦汉三国时期留有大量简牍于云梦古泽、睡虎地、龙岗、张家山等地，而古荆州则是彼时兵家必争之地，清江流域的土家族文化构成了荆楚地区原住民文化体系的基础，以十堰武当山为代表的道教名山形成了荆楚名山古寺的文化风貌，长江三峡的独特景观、浪漫传说与两岸民俗融合生成了具有浓厚峡江色彩的长江三峡文化，而商代盘龙城3500多年厚重的历史延续至今造就

---

① 萧放：《论荆楚文化的地域特性》，《湖北民族学院学报》（哲学社会科学版）2001年第2期。

② 江凌：《试论荆楚文化的流变、分期与近代转型》，《史学集刊》2011年第5期。

了武汉的江城文化和革命文化①。

（三）关键人物及事件

人杰地灵，惟楚有材。千百年来，荆楚大地人才辈出，灿如繁星，这些历史人物往往以其前瞻性思考、批判性视角对历史进程产生或大或小的影响。在对荆楚文化资源的调查和对知识本体概念进行理解和阐释的过程中，必然会发现对荆楚历史文化进程产生重要影响的关键人物、重大事件，这些要素对于荆楚历史文化的叙事具有重要的关联作用。对关键人物史实的挖掘，不仅是关注其本人的传奇故事，也能透过人物看时代精神，透过群体看文化思潮，从而更多维立体地了解历史文化。例如，对春秋五霸之一楚庄王个人经历的挖掘，可以串联起庄王葬马、庄王伐陈、问鼎中原等历史事件，正是在这些历史事件及各诸侯国统一融合的进程中，楚文化才得以传播发展，为后世留下了《楚辞》、楚剧、楚城墙等灿烂的历史文化遗产，形成楚庄王时代的历史画卷，这对楚文化的研究具有重要意义；药师李时珍编著的《本草纲目》，历时二十七载，其间踏遍千山万水，参阅800多种书籍，不仅其书中所记载的众多宝贵知识与临床经验对现代医学发展具有深刻的借鉴作用，同时对其辛劳不易的艰险历程进行挖掘也可以折射出那个时代的缩影；梳理革命勇士董必武的生平轨迹，足以串联起近现代中国的历史脉络，研究董必武的精神品格也可窥见革命先辈筚路蓝缕的伟大建党精神，这些记忆的留存对于赓续荆楚红色血脉具有重要意义。

三 荆楚文化数字资源采集

荆楚文化数字资源的采集是记忆建构的重要环节，资源采集是否全面、准确与标准化直接影响着记忆呈现的真实、客观与可用性，具体来说，资源采集的流程包括对采集来源、采集类型、采集方法等方面的详细规定。

（一）荆楚文化数字资源采集来源

荆楚文化数字资源的采集来源：一是与荆楚文化保存相关的各种记

---

① 周雪松、费晓萍：《荆楚文化的历史价值研究》，《前沿》2010年第24期。

忆机构，如图书馆、档案馆、博物馆等；二是政府、企业、社会组织和团体等所持有的荆楚文化记忆资源和相关资料；三是荆楚文化民间资源的个人持有者；四是互联网中的记忆资源，尤其是网络原生数字资源；五是来自荆楚文化研究的专家、学者、研究者手中的研究资料等。这些资源中有的是已经数字化的版本，有的是尚未数字化的传统载体形态，对尚未数字化的资源，在采集的过程中要同时实现数字化的转化。另外，要注意在采集已有资源的同时，还要根据本体构建的需求，对尚待补充的资源进行创作性的采集，如根据研究者手中的资料还原各历史要素，并采用3D动画制作的形式再现场景原貌。

（二）荆楚文化数字资源采集类型

在前期资源调查和本体构建的基础上，结合荆楚文化数字资源的建设与开发目标，选择能够完整、真实反映各地区文化全貌，具有数字化采集、组织和开发基础或潜力的资源，确定荆楚文化数字资源的采集范围。按照荆楚文化记忆资源的构成情况，可以将数字资源的采集类型划分为基础资源和衍生资源。

1. 基础资源

基础资源由两大部分组成：一是现存的多种来源的原始记录性资源，既包括实体的档案、图书、历史文献资料等，也包括网络原生数字资源中反映荆楚历史文化信息的资源；二是以建档方式重新采集的新的记录性资源，即从荆楚文化解析入手利用现代信息技术和记录手段，通过调研报告、口述采访、音视频记录等多种工作方式形成的记录资料。对基础资源的采集，一方面需要尽可能广泛地收集已有资源，并从中寻找构建记忆的关键材料；另一方面需要根据荆楚文化知识本体构建的需要，对尚未建档保存的各种历史文化信息、"非遗"原生文化生态、大型物质文化遗产等进行数字化的记录与保存。采集到的基础资源如果是非数字化的版本，则需要按照一定的标准和规范统一为数字化格式之后再存入专题数据库中。

2. 衍生资源

衍生资源是指已有的基础资源尚不能满足某一记忆主题呈现的需要，还需要通过其他信息技术手段进行开发制作所需要的资源。例如，针对荆楚地域的起源及发展历史可以设计"迁徙故事"这一专题，根据已有的文献记录可以挖掘出历史上族群迁徙、族群分布的坐标支点、重大事件和关键人物，但关于如何呈现这些具体的场景和人物事件的细节，则需要开发更为丰富的资源形式，如手绘图片、口述史料、3D动画、虚拟场景、数据地图等有计划地形成系统性的记录资料。衍生资源的开发与采集虽然具有创作的性质，但并未脱离原始记录性材料，是遵循数字记忆"适度阐释"原则之上的再创作与再生产环节。

(三) 荆楚文化数字资源采集方法

荆楚文化数字资源的采集方法主要依据资源的类型及来源来确定。从资源类型来看，基础资源中具有实物载体的资源可以选择通过征集或购买的方式直接采集后进行数字化，由于资源的使用权和所有权发生变化，因此资源数字化后无须返还原保存者，当然也可以选择只采集数字化副本，获得数字化许可后对原始资源进行数字化并返还原保存者，只保留数字版本；对于数字形式的资源，包括网络原生数字资源，可以通过征集、购买或许可的方式直接采集原数字版本，也可以选择对原数字版本进行二次复制后采集数字副本。对于衍生资源的采集与创作，则需要从已有资源中挖掘和获取相关信息，并借助专家的力量进行创造性开发。

由于荆楚文化资源分布较为广泛，既分散地保存于政府部门、官方记忆机构、社会组织、民间团体或个人手中，也可能来源于专家、学者、研究者的成果，因此在采集前需要根据资源来源的许可程度选择不同的采集方式。对于可以转换所有权的资源，可以直接采集其原始资源；对于可以获得数字化许可的资源，可以采集数字化副本；对于无法获得数字采集许可的资源，则通过衍生资源的创造来进行补充。采集方式的选择与采集者的资源数字化能力、存储能力、保存和管理能力有关，采集者可以根据自己的能力与成本限制，审慎选择采集方式。常见的数字资源类型主要有文本、图片、音视频资源等，衍生资源则可能包括 GIS、虚拟场景、数字复原、三维动画、史料编撰、手绘创作、典故游戏等其他类型的资源，其中常见资源类型的数字采集方法如表 6-1 所示。

表 6-1　　　　　　　　常见资源类型的数字采集方法

保存类型	采集对象	采集格式	采集技术
文本	荆楚文化发展不同历史时期的文献记录，如档案、手稿、谱牒、摩崖、碑刻、契约、信函、口传文献、历史地图、地方志等	主要保存为 DOC、CAJ、PDF 等主流文本格式，对某些特殊载体的文献，如金石碑刻先拍摄保存为图片格式后再次转录为文本格式	数字摄影、数字扫描、ORC 识别技术等
图片	记录荆楚大地自然风光、人文景观、生产生活等的摄影、摄像作品	主要保存为 FLIF、PNG、BMP、BPG、JPEG、RAW、GIF、TIFF 等主流无损或高清图像格式	数字摄影、数字扫描、胶片数字化处理等
音视频	记录荆楚民族起源故事、口述历史、民风民俗、奇闻逸事、方言俚语等的影视资料或作品等	主要保存或转录为 WAV、FLAC、APE、WMA、ASF、AVI、MP4 等主流无损或高清音视频格式	数字摄影、胶片数字化处理、磁带数字化转录等

四　荆楚文化数字资源组织

采集后的数字资源最初是无序状态，需要经过标准化的序化组织，对资源信息进行统一编码，以满足数据库对录入资源的要求。在这一阶段需要确定元数据的标准，并依据其模型完成对数字资源的著录，以支持资源入库后的知识组织与深度开发。这一阶段的元数据可以延伸至数据库内使用，但后期也需要根据需求进一步拓展元数据项，并在此基础上对数字资源进行分类整理，形成基本的分类聚类秩序。

（一）基本信息元数据模型

元数据是关于数据的数据[①]。荆楚文化数字资源在采集的同时，也要进行元数据的采集，为数字资源的著录入库做好准备。著录的目标是实现数字资源的序化和标准化，以满足荆楚文化数据库对数字资源的质量要求。为了更好地诠释荆楚地域的文化特色与记忆价值，元数据模型设计不仅要保证著录款目在语义、语法上的准确性，更应尽可能地选择

---

① 李凌杰：《特色数据库建设中的元数据质量控制研究》，《图书情报工作》2010 年第 5 期。

合适的标准、把握恰当的资源描述粒度、尽量涵盖所需的特征项对资源进行描述①。目前国际上比较有影响力的元数据标准主要有 VRA Core、DC、CDWA②，其中 DC（Dublin Core）都柏林核心集是一组简单有效的核心元素集，适用于数字资源的初级著录；VRA Core（Visual Resources Association Core Categories）主要面向视觉文化作品（包括图像、文档档案）的描述，CDWA（Categories for the Description of Works of Art）适用于建筑、雕塑、艺术品的元数据规范③。由于荆楚文化数字资源类型多样，有文本、图片、音视频及三维模型等特殊资源类型，记忆项目的数字资源组织思路可在 VRA Core、DC、CDWA 的基础上，根据不同资源类型建立自定义的元数据模型。但对于初级著录而言，著录过程和内容不应过于复杂，既要便于采集者或相关人员掌握，又要满足各种类型资源的著录要求，因此，在初级著录阶段可以设计如下基本信息元数据模型元素表（见表 6-2）。

表 6-2　　　　　　　　基本信息元数据模型元素表

序号	著录项目	映射 VRA Core	映射 DC	映射 CDWA	说明
A1	题名	Title	Title	Titles or Names – Text	外部信息
A2	资源类型	Work Type	Type	Object/Work – Type	外部信息
A3	记录类型	Work, Collection, or Image	Type	Object/Work – Catalog Level	外部信息
B1	记录格式	Image Type	Format	Object/Work – Type	外部信息
B2	编号	ID Number	Identifier	—	外部信息
A4	来源	Agent	Creator	Creator Description	外部信息
B3	原作者	Name	Creator	—	外部信息
B4	创作日期	Creation Date	Created	—	外部信息
B5	出处	Source	Source	Image Source	外部信息

---

①　李建伟：《特色文化资源信息组织方法与数据共享模型研究——以"世界客都"古民居数字记忆工程为例》，《图书馆杂志》2018 年第 5 期。

②　熊拥军、陈湘、彭维：《非物质文化遗产相关资源元数据标准比较研究》，《图书馆》2016 年第 2 期。

③　李建伟：《元数据国际交换共享的客家古民居数字记忆工程建设》，《现代情报》2017 年第 2 期。

续表

序号	著录项目	映射 VRA Core	映射 DC	映射 CDWA	说明
B6	语言文化	Culture	Language	—	内部信息
A5	内容描述	Description	Description	Physical Description	内部信息
A6	主题分类	Subject	Subject	Subject Matter	内部信息
B7	一级	Main Categories	—	—	内部信息
B8	二级	Sub Categories	—	—	内部信息
A7	文化特征	Cultural Context	Subject	Creation – Culture	内部信息
A8	时代特征	Style Period	Subject	Styles—Periods	内部信息
A9	关联	Relationship	Relation	Related Image	关联信息
B9	关联类型	Relationship Type	Relation	Image Relationship Type	关联信息
B10	关联 ID	Relids	—	Image Relationship Number	关联信息
B11	链接地址	Href	URI	—	外部信息
A10	实体对象	Location	Coverge	Current Location	实体信息
A11	著录	Date	Date	Creation – Date	外部信息
B12	著录者	Name	Creator	—	外部信息
B13	上传时间	Update Date	Issued	—	外部信息

为此，元数据模型紧紧围绕资源对象的内外部信息特征描述、实体对象信息、资源关联信息进行了基本元素设置。主题元素与 VRA Core、DC、CDWA 国际元数据标准之间均建立了明确的映射关系，以实现数据的交换与共享。在此基础上，后期资源管理还需要考虑到特殊资源类型的描述方式，对资源进行必要的深度著录，例如，图片资源需要掌握图片尺寸、类型、大小、解析度、像素值等各项指标，口述资源还需要对访谈对象信息进行更详细的录入。此外，为实现异构信息资源集成性记忆存取的需要，需要设计更为系统完善的元数据保存方案，详见第七章"集成性记忆存取功能构建的关键"小节。

（二）荆楚文化数字网络资源架构

完成基本信息的元数据著录之后，需要对数字资源进行分类整理，形成基本的分类聚类秩序，构建资源分类体系。这一流程应基于对荆楚文化的深度理解，从而充分梳理出清晰的文化脉络。从历史主义方法出发，荆楚文化数字资源库首先可按照不同文化内涵划分数字资源子库，包括炎帝神农文化、楚国历史文化、秦汉三国文化、清江巴土文化、名山古寺文化、长江三峡文化、江城武汉文化以及现代革命文化八大系列。基于此不同文化内涵构建八大特色资源子库，并收录与此相关的记忆资源，再以逻辑主义方法形成基于主题内涵的跨类型资源体系。

同时，从地理范畴与内部区隔来看，荆楚各地也有着不尽相同的文化特征和资源情况，形成了较为宽泛的荆楚记忆脉络。根据荆楚历史脉络的梳理和文化记忆形态的基本类型，荆楚文化数字资源库还可以按记忆内容分为物态文化记忆、制度文化记忆、观念文化记忆、行为或民俗文化记忆四大主题类型。根据概念的属种关系，对各主题进一步细分，形成其种概念相关资源在此主题下的聚类，并以此类推，建立不同区域下的纵向主题层级。

"物态文化记忆"一级主题下可以包括"疆域地图""历史遗存""手工业器具""柴米油盐""手工业制造""科学技术发明""农业生产""商业贸易""器物工具""特色建筑""文献遗产"等二级类目；"制度文化记忆"一级主题下可以包括"典章制度""政权更迭""改革变法""社会契约"等二级类目；"观念文化记忆"一级主题下可以包括"文明起源""远古传说""创世英雄""图腾宗教""民族英雄""医药科技""语言文字""文学艺术""宗教崇拜""文化教育"等二级类目；"行为文化记忆"一级主题下可以包括"民族迁徙""民族融合""对外交流""军事战争""社会人口""宗族谱系""家谱方志""社群组织""城市迁移""衣食住行""乡土生活""民风民俗"等二级类目。在各二级类目之下进一步细分，还可按时间、地点、人物、机构、事件、主题等细分为若干小类、子专题，最终构建出一个多维的记忆资源网和立体的数字记忆宫殿。

第七章　传播创新：荆楚文化数字记忆平台的功能构建

文化的本质在于传播流动，在流动中完成文化的使命①。因此，文化记忆离不开对文化的传播。在数字社会宏观环境的变迁之下，数字平台已成为"互联网时代的新型信息基础设施"②，是具备"政治沟通、产业经营、公共传播、技术设施等多重功能的复杂系统"③。荆楚文化数字资源需要通过平台功能构建实现整合、生产与共享，从而真正唤醒荆楚记忆，实现一体化传播。这一过程体现在荆楚记忆实践的全流程，数字记忆平台既是传播的载体，又是记忆建构的工具，其所具备的中介性在满足向记忆接受主体快速高效传播记忆的同时，还应具备源源不断地获取及生成更多荆楚记忆资源的功能。在数字人文学科的影响之下，具有"存储、整序、扩散、传播"等多功能的"数字人文仓储"为荆楚文化数字记忆建构提供了记忆平台，它不仅能作为承载全面记忆的载体，也能作为大众分享传播的途径。因此，需进一步融入"数字人文仓储"设计理念，依托荆楚文化各类信息资源的整合与开发，构建荆楚记忆的新媒介——荆楚文化数字记忆平台，以实现记忆在更大范围内的共享与传播。

---

① 江华：《文化哲学与文化建设》，国家行政学院出版社2015年版，第69页。
② 廖秉宜、李姝虹：《平台战略：国际传播效能提升的创新路径》，《对外传播》2023年第2期。
③ 殷琦、国秋华：《从静态机构到动态功能：互联网平台的内涵演变与治理转向》，《现代传播》（中国传媒大学学报）2023年第4期。

第一节 数字人文视角下的荆楚记忆平台建设背景

从数字人文的视角来看，记忆建构的中介根据出现时间和运作方式的不同可以大致划分为传统型和新型两类。传统型中介主要指电子媒介产生以前的记忆建构方式，如书刊、报纸、宣传栏、档案、图书、文物展览等都是早期专门用来传播记忆信息的媒介，它们通常具有单向传播的特点；新型中介主要是与电子媒介、网络技术相关的记忆建构方式，这类中介不仅具备信息传递的功能，而且兼具交互性，并能作为数字信息的收集渠道和生成平台，如数字文化信息网站、社交媒体等网络数字平台都能成为记忆实践的空间。从历史发展的趋势来看，数字平台日益从"作为技术系统"的平台、"作为双边市场"的平台以及"作为新兴媒体"的平台，深化拓展至更为广阔的"作为人类生产、生活与交往的信息基础设施、公共资源、重要场域"的平台①，其集多功能于一体，更能促进记忆的生产与传播，也符合数字人文对整体性、功能性记忆建构的本质要求。

一 荆楚文化数字记忆平台构建基础

从已有调查来看，在荆楚文化遗产数字化保护的推动下，荆楚各地的博物馆、图书馆、档案馆、非遗中心等记忆机构相继开展了荆楚数字文化资源与数据库建设。在前期调查的基础上，本书进一步搜集整理了以荆楚文化内涵为核心打造的数字在线资源及数据库建设情况（详见表7-1及附录三），为建立具有整体性、功能性的荆楚文化数字记忆平台提供参考。

荆楚文化数字资源建设既是"国家文化信息资源共享工程"的一

---

① 殷琦、国秋华：《从静态机构到动态功能：互联网平台的内涵演变与治理转向》，《现代传播》（中国传媒大学学报）2023年第4期。

表7-1 荆楚文化在线资源及数据库建设调查结果

内容	主体	荆楚文化在线信息资源		荆楚文化数据库/资源库		
		官方网站	社交媒体	名称	内容/特色	检索
炎帝神农文化	随州博物馆	"炎帝神农故里"展厅中有四个单元的图文介绍和精品文物展览	微信公众号设"云游展馆",其中"神农故里展厅"展出45件文物,提供语音和微展示服务	楚文化资源库	资源库收录有关炎帝神农文化的研究论文840篇,提供PDF预览和付费下载	标题 作者 摘要 分类 全文
	随县文化旅游	"非遗展厅"有"神农炎帝传说""炎帝祭祀"的详细图文;"随县旅游"专栏含"随州炎帝故里风景名胜区"景点简介	微信公众号和视频号"随县文旅云"不定期更新,内容包含"炎帝庙会""寻根节"等,未提供专门的炎帝神农文化查询通道,未开通微博平台	湖北历史资源库	"荆楚摇篮"专题通过讲述大禹、祝融、炎帝等人的文化渊源展现楚地的文化渊源	关键词
	神农架世界地质公园	详细介绍了神农架景区的自然风光、人文景观以及神农文化	"神农架景区"抖音账号发布自然风光、旅游攻略等视频资讯;微信公众号则以门票预订为主			
楚国历史文化	湖北省博物馆	官网设《楚国八百年》系列纪录片,包括"楚文化资源库""楚文化论坛""楚文化研究新论""楚文化鉴赏"	微信公众号提供展览及虚拟展览,设有常设展览、视频号、B站、抖音号等,内容与楚国历史文化关联性弱,互动性一般	巧手天琢专题视频片	包含来凤漆筷、红安绣活、大冶石雕等19项文化遗产视频专题片,呈现了楚国辉煌灿烂的文明	无
				湖北历史资源库	"楚国历史"专题以历史故事讲述瑰丽的楚国传奇	关键词

续表

内容	主体	荆楚文化在线信息资源		荆楚文化数据库/资源库		
		官方网站	社交媒体	名称	内容特色	检索
秦汉三国文化	鄂州博物馆	"常设展览"中设"以武而昌·三国历史文化陈列","藏品"栏目展出丰富的三国文物	建有微信公众号,提供鄂州博物馆的3D虚拟展览,主要发布博物馆业务内容,以博物馆业务为主	楚文化资源库	收录与秦汉三国文化相关的研究论文3200篇,提供PDF预览和付费下载	标题 作者 摘要 分类
	襄阳博物馆	以图文展示秦汉三国时期的文物典藏,发布6篇有关秦汉三国文化的考古研究报告	微信公众号与喜马拉雅合作推出《时空裂缝里的镇馆兽》,向儿童趣味讲述文物故事和三国历史;数字博物馆有图和音频详解;不定期更新"襄博文物""昭明课堂"微课堂,未开通微博	湖北三国文化多媒体资料库	含有丰富的湖北三国群英,包括三国名胜、古迹、战役,文物民俗、文献资源和相关视频	无
名山古寺文化	十堰博物馆	设"仙山琼阁武当山"展厅,图文展示武当山自然风光、建筑、武术等	微信公众号提供3D虚拟博物数字导览,发布用于门票预约,博物馆业务信息;微博转发政务新闻较多,互动性不强	问道武当多媒体资源库	含有丰富的武当山古建筑等视频资料和武当道教文化的历史文献资料	关键词
	归元禅寺官网	介绍历史人文、展厅资讯等信息,设学佛入门和活动招募互动专区	微信公众号主要用于门票预约;开通微博,每日更新佛教常识、法语等内容,互动性低			

续表

内容	主体	荆楚文化在线信息资源		荆楚文化数据库/资源库		
		官方网站	社交媒体	名称	内容/特色	检索
长江三峡文化	湖北省文物考古研究院	展出有《世纪工程——三峡考古湖北成果展》	微信公众号主要发布考古研究院相关业务信息，未开通微博、抖音等其他社交媒体	长江资源库	长江专题特色库，建立了长江水利库、长江环保库、长江文化库、长江旅游库、长江百科库等	标题 作者 来源 关键词等
	宜昌博物馆	常设展厅中有"风情三峡""千载峡州"展厅，可进行"云参观"	微信公众号主要发布博物馆相关业务信息，开通了微博，但互动性低			
江城武汉文化	盘龙城遗址博物院	提供三大展厅漫游，介绍武汉城市发展史；"研究"专栏中可免费下载PDF版学术研究论文和出版物；站内登录还可在"学术互动"中发表观点进行交流	开通微信公众号，内容包括门票预约服务，博物馆业务和考古知识科普；开通抖音官方账号，不定期更新馆藏文物短视频，互动性较低	汉水文化多媒体资源库	包含商旅交通文化和移民文化共34条资料，提供信息检索	关键词
				江城往事专题片	历史重大事件《辛亥首义拾遗》《汉口沿江建筑拾遗》，城市文化发展《湖北电力发展史》等视频资源	无

续表

内容		荆楚文化在线信息资源		荆楚文化数据库/资源库		
	主体	官方网站	社交媒体	名称	内容特色	检索
现代革命文化	辛亥革命博物院	有"共和之基——辛亥革命历史陈列""为天下先——辛亥革命武昌起义史迹陈列"等陈列和文物介绍，相关文化研究专栏	微信公众号提供"云端展览"，内容以博物院业务为主；开通微博，互动性低；开通官方抖音号，发布短视频作品18个，近一年来直播11次	湖北党史故事	红色革命文化微视频，讲述湖北共产党党员等革路蓝缕、建功立业的历史贡献和革命先烈的英勇事迹	无
	武汉市档案馆	官网"武汉记忆"中存有较多近现代革命时期的珍贵档案，通过图文形式讲述革命故事	开通微博账号，发布档案业务资讯，未开通微信公众号、抖音号	湖北红色历史文化数据库	丰富的红色地标、文艺作品、革命文献等图文、视频资源，提供信息检索	关键词
清江巴土文化	长阳土家族自治县博物馆	有"巴人之源展览""侃闲瑰宝展览""文化长阳展览"等巴土文化民俗风情展馆图文介绍	开通微信公众号，每日更新"文博日历"，介绍一件文物；开通官方抖音号，但与清江巴土文化无关，未开通微博号	五峰土家族自治县文化馆非遗特色资源库	详细展示了五峰土家族自治县的非遗名录、非遗传承人、非遗保护及非遗研究等信息，提供检索通道	标题
	恩施土家族苗族自治州非物质文化遗产保护中心	"恩施非遗"中公布各级非遗名录、非遗传承人等信息，提供非遗传承大视频；"文化慕课"中提供相关网络课程	开通微信公众号，主要发布非遗保护中心业务相关信息，抖音号"恩施非遗"发布短视频248个，包括"民乐小乐队""恩施非遗"等内容			关键词

续表

内容	对象	荆楚文化在线信息资源		荆楚文化数据库/资源库		
		官方网站	社交媒体	名称	内容/特色	检索
民间艺术/地方习俗	湖北美术馆	"品牌展览"中详细介绍了"湖北国际漆艺三年展",通过图文、在线VR方式全方位立体地展现漆文化	微信公众号提供在线VR展览;微博内容以展讯和美术馆业务为主,2015年停止更新;抖音号更新82条短视频,含展讯、活动、文化科普等	湖北戏曲动漫	设有"楚剧""汉剧""花鼓戏"专题,用动漫形式演绎戏曲	无
	宜昌市非物质文化遗产保护中心	"宜昌市公共文化数字台"以图片、文字、视频形式展示非遗文化信息,分地区分非遗继承人;"艺术普及"中有文化直播、群文课堂、文化e家,提供文化展演和艺术教学	开通"文化e家"微信视频号,发布内容包括业务相关、非遗文化宣传短片、文艺教学、戏曲欣赏等,还有文艺活动线上直播;抖音官方账号发布277条短视频,包含艺术普及、非遗表演类项目展演等内容	荆风楚韵专题片	以微视频形式记录荆门特有的历史变迁、遗迹以及传统节俗、歌舞、饮食文化	无
	湖北方志馆	"湖北风采"中"特色民俗"板块记录了86项民俗,以详细图文介绍民俗分布地区、历史考证、精神寓意信息	微信公众号"方志武汉",可在线阅读方志,"数字方志馆",提供"全景方志馆"线上导览;不定期更新《武汉方志百年瞬间》《民俗故事》等专题	宜昌地方特色资源库	有"宜昌非遗特色资源库""宜昌地域特色文艺作品资源库",以图文、视频形式展现非遗文化及富有地域特色的文艺作品	级别 类别 地区

部分,也可看作社会信息化进程中基于互联网进行的公共文化信息资源传播实践活动。从上述以荆楚文化内涵为核心打造的在线资源及数据库建设情况调查可知,荆楚文化数字资源建设已经完成了一定程度、一定范围的信息资源整合,但其建设的标准化、系统性、智能化与荆楚文化的数字传承、数字记忆流转之间还存在着鸿沟。

第一,荆楚文化数字资源和数据库建设各具特色,富含地域特征,资源内容丰富,展现形式多样,且多以音视频等多媒体资源为主,但各数据库在建设标准、信息结构方面差异较大,缺乏荆楚文化信息资源共建共享机制,不利于荆楚记忆的整体性建构。从已有的调查结果来看,目前荆楚文化数据库重点集中于湖北数字图书馆网站,其各子库建设有着各自特色及呈现方式,其他各地记忆机构主导建设的数据库或资源库与其在可访问性、资源丰富性以及数据库建设标准上都存在较大差异,如有的数据库设置了详细的元数据项,具有深度开发的基础,但有的仅提供浏览,缺乏信息检索功能或功能不全,这给信息的开放与共享带来一些不便。

第二,荆楚文化数字资源建设在主题呈现方面较为集中,但缺乏以荆楚地域为核心构建的更为系统、全面的数字文化信息,这正是实现信息资源深度开发与共享,获取知识、深化记忆的有效手段。目前已有的数据库建设类目还较为粗略,未对荆楚文化的物态记忆、制度记忆、观念记忆、行为记忆等进行系统的梳理,尚未形成截然清晰的连接历史与现实的时空脉络。在已有相关资源建设的基础上,进一步构建系统化的荆楚文化信息资源池,并利用现代信息技术促进各领域知识内容的深度融合,降低不同数据库之间知识获取的难度,是荆楚记忆建构迫切需要解决的问题。

第三,人工智能技术日益渗透人类的生活与工作方式,使得智能传播的应用前景越来越广泛而深入,荆楚文化数字信息资源建设也面临着"社会智慧化"潮流的巨大机遇与挑战。从用户需求的角度来看,用户对文化信息资源的获取和利用正呈现出"集成化、专业化、精确化、智能化、互动性"[①] 等一系列新的特征,而从现有数字在线

---

① 赵生辉、朱学芳:《数字人文仓储的构建与实现》,《情报资料工作》2015年第4期。

平台和数据库建设的调查情况来看，荆楚文化数字信息资源不仅广泛分布在多个信息系统之中，无法满足用户集中获取的需要，而且缺乏对信息资源内容的深度开发；更为重要的是数字资源所负载的计算机系统还不能提供精确的检索功能以及一些智能化处理需求，更缺乏提供用户广泛参与的渠道与运作机制，这与数字记忆的本质要求差距甚远。

可见，目前荆楚文化数字资源建设虽已取得一定成效，但还较为缺乏一种集成性、融合性、智能性的功能性平台承载更为丰富完整的数字记忆。因此，可通过构建一个"标准的、系统的、智能的"荆楚文化数字记忆平台，将荆楚优秀文化信息资源进行深度融合与数字化再生产，打造基于互联网的荆楚文化记忆空间，并使其成为中华优秀文化资源共建共享的有机组成部分。

二 "数字人文仓储"的提出及其适用性

"数字人文仓储"（Digital Humanities Repository，DHR）是与数字文化信息服务集成化、精确化、智能化等潮流相适应的服务形态[①]，这一概念是基于数字人文的视角，对网络环境下各类数字资源对象进行开放性、集成性保存和管理服务的思考提炼，其理论内涵及实践价值对于数字记忆的建构来说有着重要的参考性和适用性。

（一）"数字人文仓储"的提出

"数字人文仓储"的基本概念集合了"数字人文"与"数字仓储"两个主要概念的基本内涵，既是当前数字人文项目应用实现的重要技术基础和信息展示平台，也是当前数字仓储管理技术应用在人文社会科学领域的重要实现方式。

1. "数字人文仓储"的概念

数字人文仓储系统是推动数字人文项目建设顺利进行的重要基础。数字人文是指以人文社会科学领域作为特定的研究对象，对其知识本体进行数字化保存和推广应用所需要进行的各种相关数字信息资源的采

---

① 赵生辉、朱学芳：《数字人文仓储的构建与实现》，《情报资料工作》2015年第4期。

集、加工、组织、服务、研究、教育等活动的总称①。"数字人文"的精髓就是在对人文社会科学领域对象进行数字保存的基础上，实现对其内容的深度挖掘与优化整合，以此创新开发与之密切相关的各类数字应用，满足不同用户群体的多层次应用需求。其中，"基于数字仓储"是推动数字人文项目建设的关键，它用一种通用型的人文数据保存应用环境，将与人文主题内容相关的各类数字文本、图片、音频、视频、网页等相关数据都纳入数字保存的应用范畴。"数字仓储"（Digital Repository）因其中的"Repository"本身含有知识库之意，所以数字仓储所涉及的各类数字对象并不是简单的数据保存关系，还需要使其符合现代知识管理的思想内核，从信息内容管理层面对各类数字储存对象进行一定深度的内容整合和知识提取。可见，"数字人文仓储"是指对人文社会科学特定主题对象的知识本体进行数字采集、加工、组织和保存，并为对应用户群体提供集成化、精确化、智能化等服务的信息系统及相关资源的总和②。"数字人文仓储"的应用有助于推动我国人文社会科学领域数字服务对象的信息深度整合与传播应用，满足特定目标用户群体深度和多层级的信息服务需求。

2. "数字人文仓储"的特征

"数字人文仓储"和其他一系列相关的学术概念既紧密联系也相互区别，呈现出其自身的独特性。其一，"数字人文仓储"具有集成性特征。它以人文社会科学中明确的主题领域为保存对象，不同于各类传统的数字图书馆、数字档案馆和数字博物馆等相对独立的资源存储系统，以多主题之下呈现的单一的信息资源存储形式和服务类型服务社会公众。"数字人文仓储"集成同一主题之下的多形态资源，不仅保存基本的文献信息，还将同一主题相关的图片、音频、视频、3D 动画、虚拟场景、网页文件等多媒体复合资源纳入收藏范围。其二，知识是"数字人文仓储"构建的核心。数字人文仓储不仅是基于主题的文化信息资源库，也是同一主题知识的信息集成库，它基于知识本体进行相关信息资

---

① 赵生辉、朱学芳：《我国高校数字人文中心建设初探》，《图书情报工作》2014 年第 6 期。

② 赵生辉、朱学芳：《数字人文仓储的构建与实现》，《情报资料工作》2015 年第 4 期。

源的采集、组织和知识架构，不仅将文化资源对象所蕴含的知识体系纳入保存范围，还通过对这一系统性知识的挖掘构建知识图谱，呈现系统化的知识景象。其三，多维度聚合是"数字人文仓储"的服务特征。由于"数字人文仓储"集成了数字档案馆、数字图书馆、数字博物馆、数字出版社、数字社群等网络化信息服务的多重功能，因此它能围绕特定主题进行信息资源多维度聚合服务，既包括对文化信息资源进行在线的档案化保存和管理，也能提供数字创意产品的展示、体验及互动等功能性服务。

(二)"数字人文仓储"对记忆平台构建的适用性

多功能的"数字人文仓储"使数字记忆平台构建有了可参照的实践目标，它不仅能承载全面的记忆，也是解决基于本体构建的多语言知识融合的重要手段，成为大众分享传播的途径。将"数字人文仓储"概念运用于荆楚文化数字记忆这一领域，实际上是贯通了"数字"与"人文"的关联，从而使数字人文的理论与方法具体而可操作。

首先，数字人文仓储的集成性特征符合荆楚文化数字记忆平台的整体性构建需求。现实世界中的人类个体或者群体都是作为客观存在的完整对象出现的，与之相关的信息全部蕴含于特定的"人文实体"当中。例如，任一历史人物自身都带有与其相关的出生背景、成长经历、社会活动、参与事件、主要成就等信息，然而，这些信息的记录留存却是分散在不同专业领域、不同载体形态、不同文字记载的文献当中，是处于离散状态的"记忆碎片"。数字人文仓储正是面向特定的主题和对象"人文实体"的集成性构建，它能将特定的学科或不同领域的古籍、文物、建筑、绘画、音乐、舞蹈等不同的实体表现形式和各种多媒体记录方式进行集成，从而促使原本分散的记忆碎片在数字平台的整合中得以再现，以一种丰富多彩的完整面貌呈现出历史的全景。

其次，数字人文仓储基于本体知识的构建满足荆楚文化数字记忆平台对荆楚历史文化知识的深度开发需求。建立人文实体的本体模型是构建数字仓储的重要基础[1]，荆楚记忆中蕴含着大量的荆楚社会生产与生

---

[1] 赵生辉、朱学芳：《数字人文仓储的构建与实现》，《情报资料工作》2015年第4期。

活中的信息、经验和智慧，是历史积淀的宝贵精神财富，需要得到进一步的传承与开发。借助数字人文仓储本体知识构建的规范和流程，荆楚文化数字记忆平台则可以根据实际应用情况进行持续完善。

最后，数字人文仓储的多维度聚合服务满足荆楚文化数字记忆平台的多功能传播需求。数字人文仓储也是数字人文项目成果的传播展示平台，这一平台所具有的多维度智能信息传播特征，对于荆楚文化数字记忆的共享具有重要的促进作用。这种多维度聚合服务同时融合了各种大众化信息服务的功能和特征，主要体现在以下三个层面：一是在线资源的展示与传播，集合各类文献、图片、影音等多模态信息资源的可视化呈现，各类场景和实物的在线展示等功能；二是在线功能的提供利用服务，如档案文献的提供利用服务、图书期刊的数字出版与发行服务等；三是在线交互性传播渠道，尤其是通过主题社群的构建，聚集对同一主题有着一定关注度的目标用户群体，为其提供沟通、交流和互动的渠道。

从以上对"数字人文仓储"概念及其特征的梳理，可以清晰地看出基于"数字仓储"的实践模式对于数字记忆的建构来说有着重要的借鉴意义。"仓储式"平台的构建思路，是数字人文视角下对荆楚文化数字记忆传播创新的必然结果。

第二节　荆楚文化数字记忆平台的仓储功能构建

记忆资源具有历史性、知识性、文化性、使用性和情感性等多重价值[①]，但这些价值往往因资源保存的相对分散或历史造成的残缺不全而缺少相互印证，从而最终无法完整地实现。荆楚文化记忆作为中华文化记忆的一部分，不仅需要真实、完整、可信地长期保存，还需要深度、有序地开发利用，从数字人文的仓储式设计理念出发，构建具有集成性

---

① 王立荣等：《论城市记忆信息资源》，《唐山学院学报》2011 年第 6 期。

记忆保存、跨领域知识融合、智能性人文传播等多功能的荆楚文化数字记忆平台，以最终实现记忆的增值、传播与共享。因此，本书借助信息空间理论，从编码、抽象和扩散的三维空间层面构建荆楚记忆平台的数字仓储功能。

一 编码空间：集成性记忆存取功能构建

编码空间是荆楚记忆资源进入数字仓储的第一层空间。它需要利用各种信息技术与呈现形式对现实世界和网络空间的荆楚文化遗产资源进行采集、记录与提取，包括历史上的重大事件、重要人物、重要历史遗迹、民俗技艺等的相关记录、手稿、照片、音频、影像等的收集、复原与整理，具体可采用数字采集、数字摄影、数字扫描、三维建模、OCR文字识别、虚拟全景等数字化形式对其进行全面、真实的记录与采集。从编码空间的功能设计来看，集成性的记忆存取功能是其主要特征。

（一）集成性记忆存取功能构建的难点

集成性是数字人文仓储的首要特征，即对多种来源的异构数据进行集成保存，并提供对某一领域多类型数字对象的集成访问。从记忆建构的需求来看，记忆平台的集成性可以容纳来源广泛、类型多样、内容丰富的记忆素材，这样才能建构出更接近真实的整体性记忆；从用户体验的角度而言，记忆的接受者也倾向于实现记忆资源的集成获取，这意味着用户可以直接通过单一的入口方式访问得到原来需要从多种异构系统中逐一检索出来的各种不同文化资料。但在实际过程中，集成性功能的实现具有一定的难度，主要表现在以下两个方面：

一是记忆资源具有异构性特征。面对荆楚记忆全面保存的需求，需要在政府部门指导下，协调图书馆、档案馆、博物馆及其他各类与荆楚文化相关的记忆机构，并广泛采纳各种民间社会组织及公众群体的社会资源，因此数字记忆资源建设所涉及的对象极为宽泛，其保存类型和表现形态也相当复杂，呈现出记忆内容的异构性、记录方式与载体的异构性，以及记忆来源的异构性等特征。从记忆内容来看，荆楚文化记忆就是传播和弘扬荆楚社会历史传统和精神风貌的文化载体，它记录和体现了荆楚社会方方面面的历史与变迁，其反映的内容既有来自远古岩画、建筑、古迹、碑文石刻等有形环境信息,又有流传自具有历史价值的社会文化现象、人物传说、民间习俗、手工技艺、历史传统、人文精神等无形精神形态;从记录的方式来看,有文本、图片、音视频等单一的记录形式,也有集多种记录方式于一体的多媒体形态资源、数据库资源、网络资源等结构化或非结构化数据;从记忆来源来看,既有来自档案、图书、文博等官方机构的记忆资源,又包含了大量产生于人民群众日常生产和社会生活实践且尚未获得系统梳理的民间传统文化资源,其中包括方言、戏曲、民俗等。对这些海量、多源、异构的数字资源进行长期的集成存取,是对其进行精确化的语义描述、多维度的语义关联以及深度的语义聚合的基础。

二是信息资源系统具有异构性。对于数字记忆平台的数据集成,它不仅要能够集成信息,解决异种信息源的集成问题,还应完成现有不同系统之间信息的互操作,并为用户提供分布式的查询和搜索服务[①]。但现有的荆楚文化数字资源进行信息化建设的过程中,由于各机构从属于不同的业务系统,因此不同机构主导建设的数据管理需求也就具有较强的独立性,受到数据管理业务系统的不同阶段性特征、技术特点以及相关社会、经济和个人等多种因素的制约,而采用了大不相同的数据管理系统,从简单的文件数据库到复杂的网络数据库,从业务应用系统、数据库管理系统到操作系统之间都存在着较大差异,这就涉及异构信息系统之间在交换格式、标记格式、编码规则、元素语义内容等方面的互操作问题[②]。集成和整合这些异构数据库,实现数据间的交换和共享,就成为当前荆楚文化数字记忆平台建设的迫切需求。

(二)集成性记忆存取功能构建的关键

记忆资源的数字化保存需要一系列数字化技术的支持,其中包括但不限于"扫描、拍摄、采样、捕捉、图形设计、3D建模等技术"[③],例

---

① 丁岩、杨庆平、钱煜明:《基于云计算的数据挖掘平台架构及其关键技术研究》,《中兴通讯技术》2013年第1期。

② 史雅莉、赵童:《数字档案资源的长期保存元数据方案研究——以英国国家档案馆为例》,《北京档案》2020年第10期。

③ 刘炜、叶鹰:《数字人文的技术体系与理论结构探讨》,《中国图书馆学报》2017年第5期。

如在资源采集阶段，还需要记录、补充与丰富元数据信息，以实现对数据的标准化管理，从源头解决元数据异构等问题；在资源管理保存阶段，不仅要有各种适用实体资源数字化保存的适应性技术，还要有适用于网络资源在线归档和长期保存的技术，以及从多个异构数据库中收集信息的统一全局模式。

1. 建立基于互操作的元数据系统保存方案

面对数字记忆资源的丰富性、多样性、异构性，在对其所呈现出的文本、图像、音频、视频、三维模型等全媒体形式资源进行纳入时，要注意元数据的标准化与全面性，以及如何实现元数据的互操作问题。在元数据初级录入阶段，基本元素的元数据保存方案尚能在一定程度上满足异构信息资源存取的问题，但对于荆楚记忆资源的复杂性，在深度著录阶段不仅要关注数字资源内容本身，还需对其所处的技术环境、格式类型等进行系统性把握和精确提取，从源头解决元数据异构等问题。从荆楚文化数字记忆保存元数据框架的内容构成来看，描述性元数据、格式属性元数据、技术长期保存元数据都是数字记忆资源长期保存元数据方案的重要组成部分。此外，在荆楚文化数字记忆平台建构过程中，还可根据项目自身需求将"签名""确证""格式永久性"等元数据新标准纳入保存元数据内容框架中，使得数字资源向档案数据转化时能保有其来源关系及证据特性[①]，并成为其档案化属性的一部分。此外，由于元数据映射方案的有限性，不能满足深度著录阶段的元数据互操作问题，因此需要在机构合作的基础上，建立基于 OAI – PMH 元数据收割协议的元数据互操作框架，使用标准化的通用协议更进一步解决元数据的异构问题，同时引入网格技术形成三层元数据收割框架，以弥补"简单"协议所面临的多数据来源、资源完整性、实时同步更新等功能限制，从协议之外寻求更完善的解决方法。

2. 建立基于 OAIS 的资源长期保存与开放系统

在荆楚文化事业发展的过程中，一方面历史遗留的文化遗产类型多

---

① 牛力等：《发现、重构与故事化：数字人文视角下档案研究的路径与方法》，《中国图书馆学报》2021 年第 1 期。

样，不少非数字化的记忆资源需要借助数字化转化、ORC 识别、资源聚合与解析等技术，实现非数字资源的数字化与零散资源的有序化，同时对已经建立的各种异构数据库系统中的多个数据库自动搜索和采集信息，实现信息资源的跨库搜集、分布式存储和有效利用；另一方面越来越多与荆楚文化相关的信息通过政府部门、文化事业管理部门等网站以网页的形式创建发布，与荆楚文化相关的各种主题社群也形成了一定规模的虚拟文化场域，这些网页、社群信息作为互联网时代荆楚社会生活与文化事务的真实记录，也具有记忆保存的价值，需要利用集成仿真框架保存交互式数字资源[1]，并为其建立统一的全局模式。荆楚文化数字记忆建构是一项系统工程，面对不同属性的资源保存需求，OAIS 模型是当前国际上被广泛应用的能够实现各种类型数字资源长期可存取的标准参考模型和基本概念框架，其功能结构包含信息采集、数据管理、资源存储、系统管控、保存规划、访问利用等应用模块，不同功能模块之间以信息包的形式对资源内容信息和保存描述信息进行传递，可以满足以数字化采集、跨库搜集、在线归档等多途径采集获取的数字资源的长久保存与利用。基于 OAIS 的参考模型将信息系统中的信息包分成 SIP、AIP 和 DIP 三种类型，分别对应于信息管理流程中的信息的纳入、信息的保存与信息的利用，其技术流程与档案管理的流程也具有一定程度的契合：信息在最初的纳入阶段以 SIP 形式入库，对于刚纳入的信息资源首先需要进行校验，例如，对信息主题的一致性进行检测，或对元数据初级著录的完整度进行核查等，不符合标准规格的信息包要及时退回或进行重新处理；只有通过校验之后的信息，才能正式封装成为 AIP，在这一阶段对信息进行分类存储的同时，还要完成元数据信息的深度著录，实现可持续化的数据深度管理，并进一步完善与实体对象之间的关联操作；当用户产生利用数据的需求时，再将信息以 DIP 形式进行分发服务，利用可视化技术实时展示分发结果[2]。

---

[1] 高凡等：《数字资源长期保存：研究进展回顾与展望——iPRES2019 国际会议综述》，《信息资源管理学报》2020 年第 2 期。

[2] 牛力、曾静怡、刘丁君：《数字记忆视角下档案创新开发利用"PDU"模型探析》，《档案学通讯》2019 年第 1 期。

总之，荆楚文化数字记忆平台的仓储功能之一就是建立大型的开放数据库，将各民族的数字记忆资源存储于互联网之中，实现数字文件的全球网络访问。

二 抽象空间：跨领域知识融合功能构建

在编码空间对数字化信息进行了合理的归类和特征描述之后，抽象空间用于确保被保存资源内容层面的加工深度①，以实现记忆资源数字化和标准化基础上的资源关联、资源聚合及资源服务的全过程。事实上，随着信息社会逐步向智能社会转型，加快了信息文献管理向知识管理的转化，面对多来源、多载体、多模态的荆楚文化记忆资源，不仅要实现跨领域资源层面的融合，还需要实现跨领域知识层面的融合，以挖掘深度意义上的记忆价值。

（一）跨领域知识融合功能构建的难点

知识是"数字人文仓储"构建的核心。荆楚记忆平台的数字仓储不仅是对荆楚文化信息资源的集成，而且是对记忆传承下的荆楚领域知识的集成，需要基于荆楚知识本体进行相关信息资源的采集、组织、挖掘与呈现。但从已有实践来看，大多数荆楚文化遗产项目仅涉及多模态资源信息资源的数字化表现形式，如图像、音频、视频等资源整合，而资源中隐含的知识内容及其关联性并未得到充分揭示和呈现，这固然与我国数字记忆项目实践的总体进程有关，也与荆楚文化自身的特点有关，这些问题为荆楚知识的开发带来了一定的难度，具体表现在以下两个方面：

一是荆楚文化知识的分散性。世界关于同一人文实体的知识是分散的，针对同一对象实体，不同学科会从各自研究的视域产生彼此联系又相对独立的学科知识，分别存储于不同领域的文献之中。即使在同一学科领域，由于荆楚文化遗产的多样性，也会存在不同版本的"信息碎片"。例如，同一事件，中央王朝与地方政权、官方文献和民间文献在

---

① 翟姗姗、张纯、许鑫：《文化遗产数字化长期保存策略研究——以"威尼斯时光机"项目为例》，《图书情报工作》2019年第11期。

记录视角、讲述的侧重点、倾向性上都会有较大的不同，这种知识的分散性，不利于荆楚"整体性记忆"的构建。随着各种新兴信息技术的快速发展，催生出与之相适应的电子文件管理新模式，如何利用这一技术发展契机使蕴含在海量文档态电子文件中的内容信息实现深度融合，为用户提供"整体性、一站式、智能化"的数字社会记忆服务[1]，就成为荆楚记忆建构的紧迫性需求。

二是荆楚社会地方方言的差异性。荆楚地区大多有自己的方言，其中主要包括西南官话、江淮官话、赣方言等，涉及湖北13个地级市及其所辖范围，它们在日常生活中存在着较大的差别。由于荆楚民间有大量的口述文化遗产，这些口述资源在转化成为文字记录的过程中必然存在着文字解读的不统一。这种多语言系统虽然呈现了文化的丰富性与多样性，但也造成了不同地区之间的信息交流与文化发展的障碍[2]。此外，作为集成性资源保存与共享的荆楚文化数字记忆平台，还需要面对地域广泛的国内外多语言用户对不同语种信息资源的需求，对于这一问题的解决，"多语言数字图书馆"的理论及实践提供了经验与借鉴，特别适用于针对不同语言用户群体的信息利用服务。在多语言运行的环境下，信息生态链会因语言的多样性呈现出特有的结构和规律[3]，对这一运行机理进行深入研究，从而为实现数字记忆平台的多语言支持功能提供理论参考与技术实现路径。

（二）跨领域知识融合功能构建的关键

跨领域知识融合包括"跨地区""跨机构""跨语言""跨学科""跨媒介"等知识融合。荆楚文化知识的分散性与语言表达的多样性，使得关于同一知识的记忆资源往往分布在不同来源载体、不同媒介形态的记录之中，加之面对不同语言背景的用户需求，不仅需要在这些信息之间、信息与实体对象之间建立丰富的语义关联，还需要为用户解决跨

---

[1] 赵生辉、胡莹：《拥有整体性记忆：档案领域数据本体管理纲论》，《山西档案》2020年第6期。

[2] 赵生辉：《多民族语言信息共享空间的体系架构与构建策略研究》，《图书情报知识》2016年第2期。

[3] 赵生辉、胡莹：《多语言数字图书馆信息生态链的结构、类型及启示》，《图书馆理论与实践》2020年第3期。

语言交流的障碍。如何只需通过必要的信息提示,就完成跨领域信息检索及信息获取利用等行为,是荆楚文化数字记忆平台必须应对的挑战,具体需要解决以下关键问题:

1. 以知识域为核心的本体构建

数字记忆平台区别于传统数字资源库的重要方面就是从以文献和元数据为核心的资源构建转向以知识域为核心的本体构建。知识域的要义是将多来源、多载体、多模态的信息资源通过抽取和整合,使其语义内容表示成为领域的知识本体,其中涉及多种模型的构建,如时空地理模型、实体属性关系模型、事件框架模型等。具体来说,以某种自然语言为基准进行领域本体建模:将文献内容抽取进行模型化表达;将文献篇章结构等外在形式表达为语义框架模型。从本质上说,荆楚文化数字记忆仓储的核心就是建立知识的仓储。知识的仓储不仅是对荆楚领域各类信息的集成与模型化表达,其所构建的荆楚知识本体能够模拟和趋近荆楚社会的历史原貌,而且还能为各种知识的检索利用、关联阐发、推理深化等智能型应用提供支持。

2. 多方言版本的语义关联

荆楚文化数字记忆要实现更为广泛意义的传播,不仅面临多样化的用户语言需求,也因其自身资源涉及多种方言版本,因此在平台构建的各个层面都涉及跨语言的支持问题。国内外多语言数字图书馆的发展为解决这类跨语言交流障碍提供了重要的参考。它的核心机制是利用映射的原理,主要采用技术和管理手段将不同语种信息的内容摘要、全文、译文以及元数据等信息之间建立关联和匹配,使得用户借助母语信息就能获取其他语种的信息资源[1]。这一思路可以用来解决荆楚文化多方言版本的语义问题,也可以应对不同语言用户的个性化需求问题,其关键就是要能在相同本体之间实现等价的语义关联,其技术核心涉及通用资源标识符,即URI 技术——一种赋予客观世界万事万物唯一标识符号的技术[2]。由于

---

[1] 赵生辉、胡莹:《多语言数字图书馆信息生态链的结构、类型及启示》,《图书馆理论与实践》2020 年第 3 期。

[2] 赵生辉、胡莹:《面向数字人文的多语言藏学知识融合框架研究》,《农业图书情报学报》2020 年第 9 期。

任何一种语言文字的信息资源都会对应于现实生活中的某一实体，于是与这一实体相关联的信息之间就可以建立关联，而同一实体拥有唯一的URI，所以即使这一实体可以对应多种属性，在不同语言文字符号体系当中有不同的表述方式，但仍可凭借其对应的URI标识的一致性，形成不同语言之间的映射关系，从而表述出等价的（Equivalent To）语义关系。由此，用户即使接收到自己不能理解的文字信息，也可以通过URI的关联信息而获得理解，从而形成一种网状式的信息传播结构。

三 扩散空间：智能化人文传播功能构建

扩散空间是知识传播与利用的场所，在大数据的可视化情境之下，知识在扩散空间的传播速度、覆盖范围以及利用情况都能得到有效评估①。随着人工智能技术悄然进入大众生活，并改变着人们的工作与生活方式，作为信息传播中介的媒体也开始趋于智能化，在传播学领域，智能化作为未来媒体的发展方向已得到了广泛认可。这一智能化的传播方式不仅可以用于提升信息展示和知识呈现的效果，还能为记忆的构建提供一个充满个性化的人文交互环境与精准识别的智能化系统。利用现代媒介在文化与技术之间构建一座贯通的桥梁，将荆楚地域的历史文化及其现实内涵有效展示出来，是数字记忆的价值体现与意义归宿。

（一）智能化人文传播功能的构建需求

作为荆楚历史文化和人文传播的记忆媒介，数字记忆平台还应展现智媒化的特征。智媒化将促使传播的内容、方式和主体产生新的变化：单一传播内容转向全息传播，同质化的传播方式转为精准传播，传播主体从人转变为人机协同②。同样地，从用户的角度而言，记忆平台的使用者对信息传播亦有着相应的需求期待。

一是对全息信息的需求。全息即全方位，它包括传播内容的全息化和传播形式的全息化。从内容来看，荆楚数字记忆平台传播海量内容数

---

① 翟姗姗、张纯、许鑫：《文化遗产数字化长期保存策略研究——以"威尼斯时光机"项目为例》，《图书情报工作》2019年第11期。

② 喻国明等：《人工智能驱动下的智能传媒运作范式的考察——兼介美联社的智媒实践》，《江淮论坛》2017年第3期。

据,用户亟待获得对数据的直观认知和观点提炼,并获得富有感染力、能调动全记忆感官的故事化叙事模式;从形式来看,全息更是视觉体验上的呈现方式,单一的文本已不能满足用户的需求,智能化的语音播报技术、可视化图表、VR及AR的沉浸技术帮助阅读者进行深度体验,激发用户记忆的通感。

二是精准化需求。荆楚文化数字记忆平台的智能性还应体现在精准定位用户需求,即用户希望自己对某一信息的需求得到有效的、精准的满足,或者持续获得自己所关注及感兴趣的主题记忆信息。智能化的计算机会精准排除语言歧义或信息多义等因素所带来的信息查询与检索的干扰,不仅能相对准确地理解用户的需求信息,还能够基于人工智能推算技术与相应规则,对与用户需求相关的语义信息进行提取,从而提供更加丰富、更为智能化的检索结果,激活新的记忆元素。

三是互动性需求。从交互式媒体的发展来看,用户与系统之间的互动、用户与用户之间的互动是用户对于交互体验的基本需求。荆楚文化数字记忆平台不仅需要满足人机之间的智能交互协作,而且应将这种交互功能更好地应用于人与人之间的互通交流,实现人—机、人—人之间的畅联互通。利用交互式媒体技术,用户希望在荆楚文化与记忆信息传递的过程中,不仅能与电脑信息系统进行文本或语音等多种方式的交互,例如,通过智能查询、辅助创作等方式实现人机的对话和协同,而且可以在平台所聚合的虚拟社群中与对同一问题感兴趣的用户进行互动和交流,从而促进思想、知识或价值在更大范围内的理解和传播。

(二)智能化人文传播功能构建的关键

荆楚文化数字记忆仓储平台不仅是荆楚数字记忆资源的存储空间和加工空间,而且是数字记忆成果的展示空间和传播空间,要实现这一平台所具有的多维度智能信息服务功能,不仅要充分发展深度学习、人工智能等先进技术,使计算机具备精准的信息组织、语义分析、需求识别、辅助创作等个性化功能,满足用户精准定位与智能服务的需求,还要注意解决可视化呈现、沉浸式体验以及交互式记忆等关键问题,从记忆的视觉、记忆的复原、记忆的交互层面进一步促进荆楚文化数字记忆的共享与传播。

1. 基于形象的可视化呈现

可视化技术促成了直观人文研究成果，使人文研究可获得直观形象支持，由此产生基于形象体验的人文学术成果。这一成就来源于对地理信息系统技术的应用，将"时空大数据的智慧处理与服务"进行社会化推广并应用至人文领域。这种应用既表现在对博物馆学、历史学等领域中的历史文物和历史事件进行静态与动态的可视化展示研究，如"虚拟紫禁城"项目；还表现在从空间社会科学研究的角度呈现人类社会经济系统的时空演变规律的形象人文研究，如欧洲时光机项目中对欧洲城市历史地图的构建，从历史大数据中勾连起了现在与过去的连接。

荆楚文化可视化的实现涉及多维层面及相关技术的支撑，首先要在资源组织结构层面实现可视化，需借助网站管理、界面设计、信息组织与检索、信息交互、分享与传播等的技术支持；其次在资源形态呈现上实现可视化，需要不断突破传统媒介形式的限制，而利用数据统计技术、词云图工具、关系网络技术、三维光学测量系统、全景技术、场景模拟、历史仿真、沉浸技术、GIS 技术等实现从记录数据到空间数据的全面可视化；最后在资源终端呈现上不断拓展可视化路径，通过平台开发与升级、大数据可视化大屏、全媒体融合、移动客户端开发等技术支撑，实现跨媒体多平台的可视化展示系统。

2. 基于虚拟的沉浸式体验

沉浸技术与虚拟对象相互作用，已经发展成一套以人工智能为技术基础的高端应用技术体系，它以虚拟现实（VR）为基础，又发展出增强现实（AR），以及两种技术综合应用的混合现实（MR）。作为一套技术方法的集成，沉浸技术应用于数字记忆最大的可能就是赋予记忆超越时空的"场景再现"，或者说"复原记忆"的能力。借助沉浸技术的成果，可以模拟人体多感官体验，模糊虚拟场景与真实世界之间的界限，为用户重塑一个全然一新的记忆空间[①]，唤起个体记忆的通感。

在沉浸技术的辅助之下，记忆得以穿越时空，在虚拟场景中自由穿

---

① 刘晗：《场景服务创新：移动网络信息治理的场景化转型》，《学习与实践》2020 年第 9 期。

梭。利用计算机视频捕捉技术,可以为虚拟人物的制作提供数据基础,从而构建出以假乱真的人物运动姿态、面部表情等,这为民族舞蹈、民俗表演等演绎性技艺活动提供了虚拟现实场景再现的技术支持;利用三维激光扫描和3D打印设备对文物或大型景观进行色彩复原、三维模型设计、虚拟场景重建、数字仿真修复等体验性场景营造和文化创意设计,给用户带来身临其境的感受;借助可穿戴设备,用户可以随时查看信息、观看视频或与历史中的人物对话交流。未来随着全息投影技术的进一步发展应用,以及多人多空间大场景长时体验的开拓,将会给用户带来更为深刻的沉浸式体验。

3. 基于共享的交互式记忆

"共享"是互联网的天然基因,正因为安放于网络平台之上的数字记忆具有共享的特征,因此才能为荆楚文化与记忆的传播提供新的场域。共享随着互联网交互技术的飞跃式发展而具有了更强的生命力,一方面得益于交互技术所实现的新型人机对话关系,使得平台使用者与数字对象之间可以借助软硬件的流畅组合来深入互动,例如,通过仿真模拟进入数字产品内部观察和体验,从而产生更为生动的记忆感知;另一方面则得益于以交互技术为基础的社交媒体,它打破了传统"差序格局"的人际关系,建立起新型的社群关系,通过一种在线交互性服务,尤其是主题社群的构建,使得对主题有持续兴趣的记忆群体之间产生信任、凝聚与深层互动,从而促进数字记忆的无限生发与迭代生长。

荆楚文化的数字记忆同荆楚记忆以往的记忆形式之间最大的区别,就在于承载数字记忆的这种新型社交网络带来了记忆的生成蝶变。它不仅能原生态记录当代荆楚社会的数字生活方式,也能成为荆楚文化与记忆生产的空间。我国当前社交媒体的发展主要呈现出平台型、社群型、工具型和泛在型四种形态。其中,以聚合内容为核心的微博和以即时通信为核心的微信是平台型社交媒体的典型代表[1]。随着平台功能的逐步完善,社交媒体不断连接其他平台和媒体,或是接入新的应用程序,微博和微信也呈现出混合发展的趋势。"微博的微信化和微信的微博化"

---

[1] 谭天、张子俊:《我国社交媒体的现状、发展与趋势》,《编辑之友》2017年第1期。

将两种平台优势互补，例如，微信公众号下增加评论互动功能，微博开通相册整合、私信文件、博客链接、实时聊天等。社交媒体的融合发展使得用户在虚拟空间分享记忆更为快捷、方便，更为重要的是，借助这种平台式的聚合效应，能使各种社交媒体行为产生具有主题性、兴趣性和方向性的共享记忆。例如，网络社群中对荆楚音乐、民俗、语言等口头传统的记录、传播与传承的创新，为原本现实生活中的文化实践活动创建了一个虚拟互动的演绎空间，为集体记忆的实践拓展了新的发展方向。

总之，作为人文研究领域的数字记忆，本质上具有一种"以人为本"的特殊性，荆楚文化数字记忆更是如此，它承载着荆楚各族群的记忆，其宗旨更应始终以人为中心，从人的需求出发，通过底层技术支撑，最终营造出不仅能全面展示荆楚文化的记忆平台，而且具有社群凝聚功能的大型荆楚文化社区，从而实现荆楚文化数字记忆的动态构建与永续存用。

第三节 荆楚文化数字记忆传播功能的创新实现

荆楚文化的数字记忆是数字时代记忆转型的必然要求，它既以一种新的数字形式延续着传统中国的社会生活，又以其特殊的记忆形式葆有其鲜明的地域特征。数字记忆平台的构建主要研究如何利用现代信息技术，保存、记录和传播荆楚的历史文化遗存与现代的物质精神等多维度的文化形态，促进"荆楚文化数字记忆建构"的理论、方法和技术实现，并从更广阔的文化视野出发，将"荆楚文化记忆"置于中华文化的宏大历史叙事之中，挖掘其特质和精神气息，向全世界展现中华文化多姿多彩的风貌。

一 荆楚文化数字记忆平台总体设计

（一）宏观架构

将数字人文仓储信息空间理论架构中的编码空间、抽象空间和扩散空间应用于荆楚文化数字记忆实践,数字记忆平台的最终呈现可依托"两站一库"的宏观架构设计。"两站",是指荆楚文化记忆门户网站和社交媒体平台相结合的数字传播平台,这一架构形式满足了荆楚文化实体记忆资源的数字化迁移与网络原生数字资源的组织构建,它是综合承载荆楚社会各种数字记忆形态的网络载体,也是连接荆楚记忆与"中华民族共同体记忆"的桥梁,能够广泛容纳针对各种资源类型所设计的不同数字创意产品形式。"一库",是荆楚文化数字记忆资源库,它既是数字记忆仓储的核心,也是数字传播平台的底层支撑,即采用数字人文的方法,将体现荆楚各地文化的记忆资源通过系统化地搜集、整理、组织与开发,从而形成一个囊括荆楚多元文化主题的数据库。"两站"和"一库"构成一个完整的体系,两者功能不同,缺一不可。"两站"占据这一体系外部的 Web 服务层,担负着数字仓储扩散空间的传播功能实现,面向荆楚记忆的需求,形成以不同地区或专题为中心的荆楚文化叙事体系和记忆脉络,以一种视觉化、具象化、创意表达的方式多维呈现出荆楚各地的特色文化;"一库"作为记忆仓储的编码空间和抽象空间,既面向荆楚数字资源的集成存取,更立足于跨领域的知识融合,着重于功能拓展和记忆关联,为网站资源展示和传播利用提供源源不断的记忆素材与衍生空间。

(二) 荆楚文化数字传播平台

荆楚文化数字传播平台的"两站"主要为荆楚记忆门户网站和社交媒体网站。两大网站部分功能虽有重叠,但侧重点有所不同,记忆门户网站主要为用户提供集成性、展示性、可视化的记忆素材,社交媒体网站则既是收集、保留与分享关于荆楚各地历史文化回忆和故事的记忆平台,也通过这一具有广泛交互性的社群记忆行为扩大了各地区数字记忆建构的公众基础。在前期资源组织和架构的基础上,记忆门户网站以多维叙事结构组织主题呈现形式,结合网页美术设计和可视化技术,数字化再现荆楚历史与文化内涵,并通过数字技术的拓展应用,在数据库资源的基础上,加工制作呈现包含文字展示、动态图片、声像记录、三维动画、虚拟现实等媒介的数字文化创意产品。社交媒体网站借助门户网站资源对用户的聚集构建不同文化主题的虚拟社群,一方面荆楚社群所展现的网络生活原貌正是当代荆楚文化的记忆窗口；另一方面社交媒体也是记忆素材的征集、创意、交流和展示平台，既吸纳已有的公众原创资源，又征集不同形式的故事讲述与记录创新的形式，既与不同机构之间进行合作，又采取适当的方式激发民间文化传承人的参与热情，从而汇聚更为广泛的历史文化资源与当下文化生活的原生记录。

（三）荆楚文化数字资源库

荆楚文化数字资源库是记忆平台构建的资源基础和技术支撑，编码空间与抽象空间则是数字资源建设的"加工"场所，为数字资源库内容建设和资源库管理系统提供了顺利运行的有利环境。

在资源再生产环节，通过资源的采集、资源分类组织、资源著录等流程，完成了对广泛分散于档案馆、图书馆等公共机构，以及民间组织和个人手中的记忆素材的保存，汇集了除传统文献记录之外的摄影图片、口述素材、影视作品、手绘图片、3D 虚拟场景等现代信息记录手段，从而形成荆楚文化各个专题的系统记录资料。在初级著录的基础之上，利用互操作的元数据系统保存方案和 OAIS 长久保存机制实现记忆资源的有效存取，并通过对荆楚文化领域知识的抽取整合，构建跨语言的大规模知识图谱，实现数字资源的深度关联与知识挖掘，为荆楚文化数字记忆产品的设计提供丰富的知识来源。此外，数字资源库的管理系统设计旨在为数字资源存储、管理、检索、应用以及可视化展示提供技术支撑，可由资源管理模块、平台服务模块、平台支撑模块等功能模块组成。在此基础上，形成数字记忆平台总体架构，如图 7-1 所示。

二　荆楚文化数字记忆网站风格呈现

"强制性的记忆刻写"与"诗性自觉的记忆塑造"是集体记忆形成的两种机制[1]，也是文化传承、记忆建构的内在特点，这一特点在数字网络技术外在技术条件的影响下表现为"内容的控制"与"流动性预设"。在荆楚文化数字记忆前站设计中，"内容的控制"主要体现为网站内容体例编撰和栏目风格设计，"流动性预设"则主要体现为网络信

---

[1] 赵静蓉：《国家记忆的生成机制与经典建构》，《学习与实践》2020 年第 10 期。

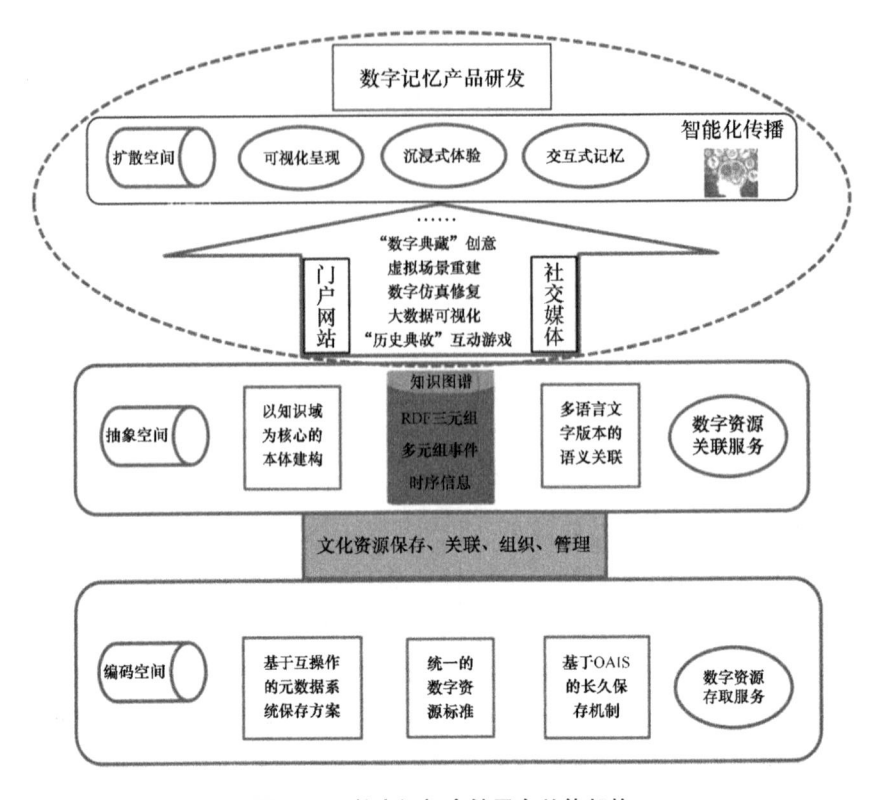

图 7-1 数字记忆仓储平台总体架构

息的"迭代式生长",以及受众作为社群互动网站叙事主体所带来的网站开放流动性。

(一) 主—子网站设计

荆楚文化数字记忆前站主网站分为"记忆门户网站"和"社交媒体平台"两类,可以由以荆楚各地和荆楚文化内涵为核心的子网站构成。

"记忆门户网站"是荆楚文化数字记忆工程的在线仓储,囊括了项目所有的数字资源。主网站除设置不同区域或主题内涵的荆楚文化子网站链接导航外,还可以通过大事年表的设计以时间为经融合各地文化起源与历史发展的脉络,或以空间为纬形成荆楚各族群历史活动区域、各民族迁徙及演化的空间记忆地图。此外,主网站还可以设置"特色藏品""特色村寨""传统医药""民间工艺"等检索类目及特色专题推荐,在聚焦特色记忆的同时,呈现丰富多彩的荆楚文化多样性,还可以允许网站用户通过记忆账号来添加、分享或点评与此相关的记忆,引发公众的记忆共情与文化认同。主网站以栏目作为众多网页内容组织的逻辑主线,其设计思路也决定了各专题子网站的导航设计、版面设计、艺术设计等总体风格。主网站栏目以固定栏目为主,包括凸显荆楚文化的整体性、内在一致性与来自不同区域的多主体合作的传承创新能力,子网站在固定栏目之外可设置各地区的特色栏目,呈现出荆楚各地文化异彩纷呈的景象。记忆门户网站可以为每个用户提供一个账户来存放他们与荆楚相关的历史故事和现实记忆,哪怕是某一记忆的片断或瞬间,都可以通过文本、图片、音视频等各种支持的格式存入。这些记忆可以是你亲身经历或切身体验过的一段民俗文化生活,可以是从德高望重的族人口中获得的采访实录,还可以是来自家庭保存的照片、信件、手稿、视频或口耳相传的某个传统,或者刚刚参加的某个民间节日庆典,都可以成为一段值得分享的记忆。

作为"记忆门户网站"的补充,"社交媒体平台"则是荆楚文化社群构建的集中平台,也是荆楚文化数字记忆资源内容的重要组成部分。其创办目的既在于丰富荆楚历史文化资源的收集途径,鼓励荆楚各地民众参与、建设、补充、反馈个人的记忆,又在于以一种全新的形式汇聚虚拟社群对荆楚文化传统的传承、建构及影响。一方面,平台设置专门的资源征集区,允许访客上传与荆楚主题相关的历史文化资源,如家谱、老照片、音频素材、影像资料等,并可在每一条资源条目下进行评论,如在浏览民族古村落的历史资料和图片之后,回忆自己曾去当地参观的经历,评论分享自己对村落文化与当地居民的回忆,同时也可以为每个历史文化资源内容添加或删除标签,赋予其新的意义,使得这一记忆更丰满、更立体;另一方面,平台开通以荆楚各类文化主题为标签的BBS、微博、微信、QQ群等移动社交媒体通道,允许用户通过认证形成虚拟社群,为他们提供网络空间的记忆实践。此外,社交媒体平台最大的特色还在于通过对社交媒体的使用,能将线上与线下的记忆空间更好地衔接,为线下开展丰富有趣的外展活动提供便利的连接途径。

(二) 网站风格设计

网站设计包括外层的网站界面与导航整体设计，以及内层的版式艺术风格与空间设计及色彩呈现等。文化风格的整体呈现效果是吸引用户的最直接因素和能否为大众提供深入阅读体验的基础，除遵循网站设计的一般原则和方法外，网站风格的设计还需要紧扣荆楚地域文化特色与数字技术体验之感。

一方面要注重荆楚文化意蕴的传递。荆楚文化风貌决定了主网站设计基本格调和艺术感受，在这种总体风格观照下，荆楚文化的具体内容及其意蕴赋予子网站各具特色的表现形式。楚人向往浪漫与自由，喜用龙、凤、虎等器物造型表达出富有张力的"运动美"，又用对称、翻转、重复等手法将这些造型进行组合，同时展现了楚人对平衡、整齐、和谐的追求；楚人对色彩的使用有着独特的感受与爱好，以红黑为主的色彩基调是楚人漆绘风格的主流，其明快沉凝交织的红黑二重奏，将独特的艺术风格写进了楚地人的生活，楚国丝织品的色彩又以红色、棕色为主，这与楚人崇火尚赤的风俗相一致；荆楚纹样则变幻无穷、繁复精致，有飞登九天的凤纹、龙纹，也有抽象生动的漩涡纹、云纹等，还有车马出行的日常生活及星宿元素纹样，抒发楚人对自然的崇敬和对生活的热爱，体现其浪漫自由的思想，以及周而复始、生生不息的宇宙观[①]。荆楚文化网站的风格与呈现既需要与数字记忆所传递的艺术感受保持一致，又需要以一种整体而富于细节变化的风格化映衬出荆楚民族的文化意识和精神特质。

另一方面要增强互动与沉浸式体验。信息技术发展日新月异，互动性与体验性是数字媒介的特长和优势，利用数字媒介拓展交流性能和体验空间，是增强个体记忆的有效手段。荆楚文化数字记忆平台不仅要充分跟进技术创新，发挥其文字、图片、音频、视频、游戏、动画等跨媒介综合展示与多媒体叙事的能力，根据主题及内容特点，合理设置大众互动环节，积极调动用户参与到记忆叙事、虚拟体验或互动游戏之中，

[①] 何萌、张荣红、侯思敏：《基于数字技术的荆楚文创产品设计研究》，《设计》2023年第4期。

使得大众在一种轻松愉悦的技术体验中感知文化、获取知识与记忆，从而扩大荆楚文化的传播力、影响力；还可利用最新的空间呈现技术、虚拟现实技术、语言识别技术、人工智能技术等增强网站的吸引力，将一系列"可穿戴、可观赏、可使用"的荆楚文物造型、纹饰、色彩等元素融入"虚拟数字人"造型及虚拟场景设计之中，为用户创造沉浸式体验氛围，为记忆注入更多想象的空间，从而增强记忆的效能，深化记忆平台的具身性体验。

（三）网页内容体例

网页内容体例是记忆呈现的外在标志。记忆网站的内容需要按照"适度阐释、深度加工"原则为主题内容的呈现设计相应的编纂体例，以便使选编加工的各部分材料成为有机联系的完整体系[1]。选择何种编纂体例，影响着记忆的效果，需要根据主题内容、资源采集状况等来确定适当的体例，网页体例的选择相较于传统有着更大的灵活度，也能更直观地反映记忆形式的创新。根据传统档案编纂体例的理论梳理和中国记忆、北京记忆、台州古村落数字记忆等网站建设成果的经验借鉴，荆楚文化数字记忆网站的编纂体例主要可以划分为两大类型：

一种为纂辑体。网页内容的纂辑包括"编纂"和"辑录"两个层面，其共同点都是在保持文献原文不变的情况下进行编纂形成新的文献体例。"网页编纂"主要突出网站栏目的整体叙事性，通过增加栏目导语和结语栏形成新的数字叙事，其他栏目内容均从已有资源编选而来，且保持原有资源的字句、结构不变，编纂者可辅之以"校勘考证、注释评介"等内容。这一体例的特征是保持了已有资源的原貌，又增添以新的栏目叙事结构和组织方式，体现出网站的整体风格。"辑录"体例最早是由马端临在《文献通考》的编撰中首创，全书以"文、献、按"的顺序加以编排，形成立体式的组织结构[2]，"网页辑录"也是按照多维叙事原则设置栏目的框架，并从已有数字资源中抽取某些篇章、段落，甚至是部分字句，以一定的逻辑将碎片化资源重新组织成栏目的内

---

[1] 郭琪：《历史档案编纂体例的影响因子及其分类》，《中国档案》2020年第6期。
[2] 雷晓庆：《〈文献通考〉及马端临的档案文献编纂思想》，《档案学研究》2020年第4期。

容,以形成全新的认知脉络。这一体例的特征是不仅运用新的叙事结构组织栏目纲要,且深度整合已有资源,原始文献虽然是叙事的基础,但编纂者的思想与见解是内容纲要形成的依据。

另一种则是著述体。"著述"是比"纂辑"要求更高、难度更大的体例样式,更强调对材料的整体反映和透彻理解,也更加融入了编纂者的思想、观点、立场和倾向。对于"网页著述"而言,也应包括两个层面:一方面强调"撰著",即对记忆材料进行加工、制作、编排及整理,并以作者的语言和著述思想再现历史与记忆;另一方面强调"叙述","在叙述情境中完成对一连串行动或事件的陈述"①,即更强调其叙事的方式而非内容,具体表现为每一个栏目从结构组织到记忆形式皆为全新创作,网页成为叙事的载体,文字、图片、图表、音视频、动画等多媒体都可作为叙事的工具,已有资源则作为参考资料而被链接成附录。这一体例的特征是基于已有资源又脱离其原貌,就某一题目形成全新的数字叙事内容与风格。

综上,荆楚文化数字记忆网页内容体例可结合这两种类型进行灵活选择和综合运用。在文化解析和多维叙事原则指导下设置栏目,每一个栏目可以根据不同情况采用恰当的体例。可以说,从纂辑到著述,其文化阐释和创造性是逐层递进的,随着资源整合程度的深入,以及网站建设主题的主动性逐层提升,建设主体可以根据不同资源采集状况及专题需要选择合适的体例风格。

三 荆楚文化数字记忆创意产品研发

荆楚文化数字创意产品是基于荆楚文化数字记忆资源,以挖掘其历史文化内涵为核心,依托数字技术进行重现或再创作,保存并传播荆楚历史文化,提供相关服务和消费体验的文化创意产品。从广义范围来说,荆楚数字记忆平台的网站和资源库也属于数字产品的范畴,本节所指的数字创意产品主要是呈现于记忆网站中的各种服务类、消费类的特

---

① 刘羽鹏、游桃琴:《中外年鉴文本叙述体研究——以中国省级综合年鉴和〈老农夫年鉴〉为例》,《中国年鉴研究》2020 年第 4 期。

色创意产品，也包括针对新媒体传播的产品设计，如在短视频、直播、影视作品、流行音乐、网络游戏等领域的拓展。由于数字技术、网络通信技术的迅速迭代与硬件技术的不断发展，文创类数字产品的固有边界被不断打破，其内在资源组织形式与外在的成品呈现方式日益多样化，并逐渐形成融合化、个性化的发展趋势。

（一）数字创意产品类型

文化创意产业已形成一套较为成熟的理论和实践体系，为数字创意产品的开发奠定了良好的基础。国外基于自身历史、文化、经济等优势已经形成了较为成熟的文化创意产品开发路径，例如，美国国家档案馆"签名中的档案故事""酒文化展"和在线商店中的各种特色产品，美国 NASA 与阿波罗计划档案馆推出的虚拟月球漫步体验，纽约博物馆开发的虚拟现实艺术品在线展览，等等。我国博物馆领域对数字创意产品的开发相对较早，如数字敦煌、数字化圆明园等文化遗产复原项目的相继推进。2016 年 5 月正式公布的《关于推动文化文物单位文化创意产品开发的若干意见》，充分表明国家层面对文化创意产品开发工作的重视。在借鉴已有文化创意产品类型的基础上，结合荆楚文化记忆项目自身的资源条件，探索适合衍生再创造的记忆资源和产品类型，并最终确定数字创意产品的大致类型方向。从功能上来划分，荆楚文化数字创意产品可以从以下三种形态进行开发。

1. 展示型

展示型数字创意产品主要指以数字化方式所保存的荆楚地区各类型文化资源的创意产品，它凸显的是其文化内容及记忆的呈现。例如，在记忆平台上开通文创产品频道，将荆楚文化的经典文本制作成有声电子书籍，或根据一段历史事件的资料制作成微电影或动画作品进行展示；再或将富有荆楚地域特色的织锦图案、器物纹饰等内容制作成精美的文具、饰品、儿童读物、特色出版物、家用及办公用品等电子展示形式，并提供实体产品的线下销售与特色服务；亦可以在原有特色文化资源的基础上开发数字产品形态，如荆楚数字文化产业园上线文旅头部"荆楚 520" IP，正全力推动园博园由"园林之博"升级为"文化之博""数字之博"，通过设计富有荆楚特色的数字文博产品而推动城市和产业的转型发展。

2. 体验型

体验型数字创意产品不仅提供文化记忆的内容，而且提供开展文化活动的体验，以满足某类特定群体对荆楚文化方面的功能性需求。例如，美国"行动中的宪法学习实验室"[①] 等体验性活动使得参与者能在实践中亲身经历历史和文化。将这类经验融入数字创意的理念，可以开发出面向不同学习者或研究者的数字资源系统，为用户提供数字复制件制作的创意品，或开展针对某一地区传统技艺的在线教学，为某一姓氏或族人提供家谱软件使其更为方便地查询家谱档案，为某个民族文化村落提供电子地图与语音导览等旅游助手应用。通过这种深度参与的体验活动，让用户能主动融入民族文化活动空间，使得文化记忆向更深层的互动体验上拓展。

3. 娱乐型

娱乐型数字创意产品是以观赏、游戏等娱乐活动为目的，基于荆楚文化开发的数字产品，如数字互动游戏、虚拟游览场景等。其创意的核心始终不能脱离对文化内容的把握，如开发以某一民族历史王朝为场景的棋盘游戏、对某一历史村落全景拍摄并在各场景及藏于其中的数字资源之间建立链接，形成贯通整个村落的全景导航漫游。通过这些新鲜活泼、生动有趣的数字创意产品的开发，极大地激发用户对荆楚文化的浓厚兴趣与记忆意识，在轻松愉悦的游戏环境中学习历史、体味文化。

上述产品类型可能作为独立的产品，也可能以一个或多个组合的方式嵌入其他类型产品之中，因此，其形式可能以一个独立的站点或APP呈现，也可以是系统或应用软件中的某一个二级功能界面，其背后甚至可能只是针对某一群体在资源组织时专门设置的某几个资源描述与著录项，并在检索结果中得以体现出来。

（二）数字创意产品设计典型范例

1. "数字典藏"创意设计

"数字典藏"是将档案馆、博物馆、图书馆等机构的馆藏文物、图

[①] 倪晓春：《关于综合档案馆公共文化空间建设的思考》，《档案学通讯》2015年第2期。

书、影像等资料进行数字化管理和呈现。"数字典藏"应以智能化设计为目标，充分调动人体视觉、听觉两大感知系统，通过将文字信息、2D动态图形、X射线透视图、三维扫描模型、数据可视化、数字交互性等设计融入原始素材进行组合，使用户不仅能多角度观察产品，还能获得多功能的信息服务体验。沈阳故宫在对其数字藏品进行高清图片展示的基础上，采用了交互技术加强用户与数字藏品、用户与用户之间的有效沟通，通过"点一点"功能，用户不仅能了解藏品的出处、历史、工艺，还能获取藏品背后的故事背景与文化知识，更可以在线分享感受，或邀请好友参与体验。荆门市博物馆的"人民文博数创空间"通过扫描二维码生成重点展品地图，既可以了解藏品的历史故事、历史渊源、文化工艺等信息，还可以在全网链接具有共同文化基因的其他线上展览，如通过"居中观"的文化基因链接至北京中轴线数字研学空间，或通过"神秘曾国"文化基因链接至湖北省博物馆的数字临展空间。湖北省博物馆的曾侯乙编钟复制件音源被数字化保存，采集的编钟数字音源被植入"传统器乐数字化"小程序中，"敲响"曾侯乙编钟、演奏乐曲变得"触屏可及"。可见，荆楚文化数字记忆平台对单件藏品的展示，不仅要覆盖藏品的创作来源、制作工艺、流传历史、现实背景、使用价值等各方面的信息，还要对其历史渊源、美学价值、现实意义等文化背景知识进行多角度地挖掘；从整体设计上来说，不仅可以提供富有创意的主题展，还可以根据时令、节气、热点和现实需求进行动态的主题更新，营造出更具现场感、代入感和科技感的记忆场景；此外，借助数字化技术实现"云逛展"满足用户足不出户云端游览的体验，并始终将个体置于广阔的历史和空间背景之中，通过同类物件的细节类比等解释其发展渊源，联系现实环境凸显其深厚的文化价值，在古今交融的情境之下实现荆楚记忆的全景式展现。

2. 虚拟场景重建

虚拟场景重建主要针对具有空间资源的文化遗产数字化项目。数字敦煌、数字故宫、数字圆明园等项目正是这一技术运用的代表。空间资源，具体指遗产空间位置的布局、建筑、街区、环境、方位距离，以及各种实体的物件摆设等，对空间资源的采集和展示需要采取现实场景捕获、VR全景、基于地理信息系统的可视化、球幕光源采集（测量）系统、3D建模、可视化与交互等技术方式，经过规范化的加工、数字化，最后进入保存与应用中。对于空间资源中缺失、损毁、不完整的部分，虚拟场景重建更方便利用现代技术对场景进行数字化复原，具体来说，在完整掌握文化遗产原貌的基础上，利用现有文化遗产数字化成果与虚拟现实技术相结合，弥补缺失部分、数字重建遗产整体面貌，立体、精致地再现其文化内涵。虚拟场景重建是对文化遗产空间资源"完整保存"原则的一种数字化实践，荆楚古文化遗址、古村落等空间资源的数字化开发，也可以借鉴这样的数字重建方法，再现遗址、村落的古风古貌，以及帮助用户借助移动终端、可穿戴设备等进行虚拟漫游，在虚拟世界中就能感受数字遗产背后的民族文化与古老文明。

3. 数字仿真修复

数字仿真修复也是物质文化遗产虚拟保护领域中的一项新技术，涉及文物修复、书画修复、照片修复、录音修复、电影胶片修复等广泛的应用范围，相较于传统的物理、化学、光学等修复技术或仿真制作有着更强的修复能力与可供读性效果。数字仿真修复早期更多地应用于小型物件，如对受损或老化照片的数字复制件进行修复，利用数字技术对其色彩、纹理、对比、反差等每一个细节原貌进行还原，达到"修旧如旧"的效果[①]。随着数字仿真修复技术的发展，现代技术已经可以用于大型文物及历史遗迹的修复工作，它不等同于虚拟场景的复原，而是结合了3D打印技术完成对文物实体的再造。例如，洛阳龙门石窟对千年观音石像的再现，国际数字考古研究所（IDA）对巴尔米拉古城贝尔神庙的复建。数字仿真修复成果具有直观真实、应用广泛的特点，其修复所得的实体和数字产品可以通过"线上AR展示+线下3D打印"的方式结合使用，满足不同情境的观赏需求。数字产品还可以广泛用于荆楚文化宣传影像的制作、网络展览的组织以及其他历史文化宣传活动之中，且一般可以为用户提供

---

① 张美芳、王新阳：《数字修复技术在破损照片档案抢救中的应用研究》，《档案学研究》2017年第4期。

交互的浏览方式，增强公众对荆楚文化的切身感知。

4. 大数据可视化

数字记忆平台可以产生丰富的大数据，这些数据可以概括为资源大数据和用户大数据两大类别。具体来说，资源大数据是指平台汇聚的所有资源的相关数据，包括对数字资源进行管理产生的数据，如文化遗产资源的普查、评估、修复、保存、分类、组织、开发、利用等情况的大数据，以及数字资源的本体数据，如藏品载体、内容、年代、文化特色等基本信息；用户大数据是指用户在利用数字记忆平台进行浏览、使用、以及互动等行为过程中所产生的所有数据，包括平台用户的基本信息、用户来源、使用频次、停留时间、访问流程、搜索信息、点击热点分布等行为监测数据，以及用户的关注、兴趣、标签、分享、评价等认知情感数据。针对大数据的可视化，上海博物馆可视化数据管理中心开发了藏品社会利用评估模型，数据不仅包括整个展馆运行的信息，如场馆信息资源和藏品数据、展览的实时运行状况、观众行为及关注热点等主要数据的可视化图谱，还包括对单个藏品的地理信息、展出情况、保护管理数据、功能诠释等信息的合理整合及量化数值的可视化展示，使博物馆内外业务空间得以连通，形成了从藏品分析、利用到评估的基本体系[①]。借鉴这一可视化思路，不仅可以为荆楚文化数字记忆平台的管理者提供决策参考，也可以为平台用户提供大量的知识背景信息和宏观的认知框架。

5. "历史典故"互动叙事游戏

在众多荆楚文化资源中，古往今来流传着许多历史典故、人物传奇，被人们所津津乐道，但单一的文字和口头传播效果毕竟有限，其传播范围还相对较窄，需要更加深入人心的创新形式。例如，荆楚文化中流传的"楚人重然诺""高山流水遇知音""楚河汉界"等脍炙人口的历史典故中，往往蕴含着丰富生动的人物故事，可将其故事元素深入挖掘，设计成具有体验性、沉浸式、休闲化的互动叙事小游戏，使得用户

---

① 刘健:《对博物馆数字化建设中几个常见说法的质疑》，搜狐网，2016 年 8 月 29 日，https://www.sohu.com/a/112540238_426335，2023 年 6 月 20 日。

可以在一种轻松愉悦的心理氛围中体会历史、感知人物，产生不知不觉的记忆效果。

互动叙事游戏是一种基于叙事的数字创意产品，其互动性的介入能突破游戏作品的静态形式，用多种技术手段和视觉元素的组合，超越传统叙事的时空分割，拓展游戏叙事的无限可能。"历史典故"中有着丰富的故事元素，利用互动叙事游戏设计既可激发其内容优势，又可充分发掘娱乐的体验：以历史人物和真实时空为原型进行背景设置，虚拟构建人物身份让使用者亲历历史的过程，从而对历史典故的主题内容进行深度思考；根据历史典故中的时空背景、典型人物、使用器物等故事元素，设计出具有高识别度的游戏场景，充分调动用户的兴趣和积极性，获得良好的感官体验。这种结合为游戏增添了文化的厚度，也同时依托于游戏媒介，使得历史文化融入生活而达到高传播率。武汉纺织大学传媒学院师生创作的《楚漆器工艺互动视频》，根据先秦时期的社会制度，设定了楚王、大夫、士和国人四种身份参与视角，并形成了四个分支的互动故事。同时参考了大量文献、图样及文物信息，通过细节元素互动引导用户主动了解楚文化和楚漆器工艺，在一种轻松愉快的游戏氛围中呈现了楚漆器之美，赋予了楚文物生命力，从而实现以楚漆器为主题的创意和表达。

结　　语

中华文化的形成是多元文化融合发展的结果，体现了不同地域文化或文化特质之间的相互结合、相互吸收。与此同时，文化融合虽然是一种"结果和过程"，但它又强调"融合双方的心理状态和行为方式"，是一种更注重"共时性"的概念①，它意味着文化融合是一个不断发展变迁的过程。在数字化时代，中华文化的融合发展正遭遇数字化的转型，数字记忆的开放性、包容性与共享性为文化的融合发展提供了更具创新性的平台。在整体数字转型之际，我国荆楚地区文化事业的发展也面临着机遇和挑战，如何在新的时代背景下"筑牢中华民族共同体意识"，从国家发展的视角将荆楚文化数字记忆的建构融入"中华民族共同体记忆"的整体框架中，是当前我国的文化记忆研究领域迫切需要形成"中国价值和中国方案"的重要诉求，也是荆楚文化事业发展的重要契机。在中华文化发展的视域下，应加强荆楚文化资源的数字化转型与记忆建构研究，从社会记忆、文化记忆的历史视角审视其记忆建构的源流、发展与演变，从现实需求考察的角度确立数字记忆建构的总体目标、原则与构想，解析荆楚文化数字记忆建构的依存之本、核心价值与实现方法，从而形成指导荆楚文化数字记忆建构的理论框架与行动思路。在此，进一步总结"荆楚文化数字记忆建构与传播"研究的主要内容，反思研究不足之处，并对未来研究加以展望。

一　主要结论及价值

本书立足于中华文化这一宏观场域，从数字记忆建构的视角对我国

---

① 李安民：《文化融合论纲》，《思想战线》1993年第3期。

荆楚地区文化事业转型的可能路径进行了研究。中华文化的形成与发展是相依共存的各区域文化熔铸、记忆建构的结果，在这一认知背景之下，本书明确了荆楚文化数字记忆建构的现实背景与时代需求，对数字记忆建构的相关研究成果进行了系统梳理和分层剖析，并借助文化记忆理论、记忆再生产理论和数字人文理论，采用文献研究法、调查研究法、历史分析法、民族志研究法和跨学科研究法，对我国荆楚地区记忆建构的演进历程和现实状况进行了全面深入的研究，针对多记忆来源、多载体形态、多模态信息的荆楚文化记忆资源特征，形成了基于项目视角、资源视角和传播视角的参与式共建、网络化再生产、数字记忆平台构建的具体思路。现将主要研究结论及价值总结如下：

其一，在中华文化融合发展的视域之下，荆楚文化事业的发展更能突破固有思维，从超越个体地域的视角把握荆楚记忆所具有的整体性内涵和个性化特征，这与数字时代的转型要求及数字记忆的建构本质相契合。这意味着，荆楚文化的数字记忆是"中华民族共同体记忆"不可或缺并需浓墨重彩的一章，其多样性与丰富性是中华文化生机与活力的源泉，也是中华民族自信与文化凝聚的保障。文化研究的视域将数字记忆确定在文化的框架之内，为数字记忆的来源与选择确定了较为清晰的范畴，既追寻文化流传之"传统"，也探索文化发展之"现代"，即将现实世界之文化遗存与网络世界之文化景观兼容并收，全面地梳理与建构荆楚社会物态文化记忆、制度文化记忆、观念文化记忆、行为文化记忆，从而为"中华民族共同体意识"锻铸提供重要的支点。

其二，从实践上来看，荆楚文化记忆转向数字记忆建构经历了一个长期的发展演进历程，数字记忆建构的提出是在"世界记忆工程"实践背景下的经验总结，也是社会记忆研究和文化事业发展转型的共同需求。从历史来看，荆楚记忆的建构起源于早期荆楚文化的孕育与形成之中，经历了从原始媒介到文字媒介，再到声像媒介乃至数字媒介的发展历程，在新中国文化事业的继承与发展中呈现出逐步稳定的形式，又在21世纪以来的数字化潮流中进一步显示出全面转型的现实需求。正是在这一动态演进之中，荆楚地区的数字文化资源建设取得了一定的成绩，对于荆楚文化遗产所呈现的多主体分散保存、载体类型分布广泛、学科领域复杂多样等特征有着相比于非数字化管理更大的适应性，但其建设整体上仍然呈现出分散性、碎片化、不可用性等问题，只有通过建立全新的数字记忆观念，才能从根本上解决荆楚文化资源开发与利用的困境，使得荆楚文化事业的发展助力于中华文化的记忆宏图。

其三，荆楚文化的数字记忆建构与传播有其理论形成的特定内涵，它既体现了荆楚文化记忆在数字时代的变革需求，又基于实际调查所反映的荆楚记忆的总体构成变化，将网络中的荆楚文化实践纳入数字记忆建构与传播的范畴。其理论构想主要表现在：荆楚大地创造了璀璨夺目的地方文化遗产，其文化遗产的数字化是荆楚文化数字记忆的依存之本；荆楚记忆亦是在一个集体互动框架下所形成的各种行为和经验的知识集合，挖掘荆楚文化遗产中所蕴含的知识并进行数字化重构，是荆楚文化数字记忆的核心价值；借助数字人文深化荆楚记忆的范畴，拓展荆楚文化遗产的可视性与知识创新的潜能，是荆楚文化数字记忆传播的实现方法。

其四，荆楚文化数字记忆建构路径的确立是基于项目管理视角、资源构建视角、传播创新视角对荆楚文化数字资源建设的理论分析和实践反思，所形成的三重路径为荆楚数字记忆项目的开展提供了应用框架和行动指南，也为荆楚文化数字记忆建构与传播过程的理论抽象和凝练概括提供了系统性依据。从更广阔的视野来看，荆楚文化记忆是中华民族共同体记忆的一部分，而在中华文化的记忆框架下，荆楚文化记忆的丰富性与活泼性，不仅可以增强荆楚民族的自尊心与自信心，也是让中华文化永葆活力的重要秘诀。

其五，荆楚文化数字记忆项目是一项系统性工程，它包含项目管理视角的数字记忆参与式共建，资源构建视角的数字记忆网络化再生产，传播创新视角的数字记忆平台构建。具体来看，将"参与"理念运用于记忆工程，既能强化不同主体在记忆建构过程中的协作关系，又能扩大记忆资源开发的主体范围和记忆价值的传播渠道，从而形成宏观层面政府指导、中观层面多元协作、微观层面网状分布的建构格局；网络化再生产既指荆楚文化数字记忆要依托网络空间建构和传播，又指荆楚文化数字记忆资源要涵盖来自互联网网页、博客等社交媒体平台中大量与荆楚文化相关的内容分享与记忆实践所产生的网络原生数字资源，在这一认知基础上，借助记忆再生产理论探讨数字记忆再生产的静态结构形态和动态生产流程，以期从理论层面解决两种记忆资源的统一建构问题；具有"存储、整序、扩散、传播"等多功能的仓储式记忆平台是荆楚文化数字记忆建构的理想中介，它不仅能作为承载全面记忆的载体，也能作为大众分享传播的途径，利用仓储平台设计理念，可以帮助荆楚文化数字记忆实现集成存取、知识融合、智能传播等多重功能。

二　反思和展望

关于荆楚文化数字记忆研究是一个崭新的命题，从数字记忆研究的理论层面而言，数字记忆的建构与传播尚未形成系统化的理论研究成果，从数字记忆的实践层面来看，荆楚文化的数字记忆建构与传播也尚未真正展开，可供直接参考的资料较为有限，加之笔者学识和认识水平有限、实证研究尚存不足，研究难免存在一定的遗漏和问题，对此提出相应的反思与展望。

一是缺乏系统层面的实证案例。为了理论研究的深入，本书从项目管理路径、资源构建路径和传播创新路径三重视角对如何构建荆楚数字记忆进行了深入阐述，此结构也暗合了记忆研究的主体要素、客体要素、中介要素三种研究传统，并始终强调任何一种维度的研究都不是被割裂在整体研究之外的。但在实际论述的过程中，由于不同视角之间的交叉性，分层论述难免存在一定的割裂，例如，在数字资源组织的论述中，涉及元数据著录的标准与规范问题，在数字记忆集成存取平台的设计中，又论及基于互操作的元数据系统保存方案，而在实际的应用中，这其实是统一不可分割的过程，由于论述的侧重点不同，因此进行了人为分离的阐述。限于研究的篇幅和实践的进展，本书还未对这一问题进行综合论证，但随着数字记忆建构实践的深入，未来可从理论层面通过系统性的实证案例剖析，进一步将三重路径深度融合，以印证荆楚文化数字记忆理论框架这一研究论题的科学性。

二是缺乏具体的实施指导方案。本书是基于"荆楚文化的数字记忆建构与传播"的理论构想,侧重于对这一理论思想的阐述与宏观的框架构建,但荆楚文化数字记忆研究不仅是一个理论问题,还是一个实践问题,其中更是涉及文化内容的定位、技术实现的细则、制度层面的措施等具体的实施方案,是一个包含理论、方法与技术,融合多学科知识背景的综合性的研究命题。因此,本书研究成果的真正落地,还需要对接荆楚文化数字资源建设的最新实践进展,协同来自不同领域的研究者的合作,兼顾行政领域的政策支持、文化领域的内容阐释、技术领域的创新研发、法律领域的知识产权保护等,在此基础上,真正形成具体可行的实施指导方案,并逐步落实推进。

三是缺乏实践层面的经验验证。本书研究背景是数字记忆工程在全世界范围的蓬勃开展,但现阶段仍缺少明确以荆楚文化为对象的系统性数字记忆工程,也尚未有针对荆楚文化的全景数字化构想。在目前荆楚在线数字资源和数据库的建设中,有不同主题的虚拟展览、影像记录、非物质文化遗产库、专题报道、文物微展示等数字化传播,但这与"可关联、可再组、可共享"的数字记忆内涵还有一定的距离。此外,关于荆楚文化数字记忆的理论构想是基于荆楚文化建设与传播的现状分析,以及荆楚记忆建构的历史脉络追溯,结合数字记忆的理论内涵和借鉴世界范围内实践成果提出的,但这一理论成果和应用框架能否对荆楚记忆建构发挥实效还有待实践的检验。因此,在本书研究的基础上,应进一步丰富和完善荆楚文化数字记忆的思想体系,在统一的理论框架下深入细化地探讨特色民族、特色语言、特色地域、特色文化的记忆内涵和实现路径,从而为"中国记忆"的全面建构与传播提供更为丰富的地方文化特色内容。

尽管"荆楚文化的数字记忆建构与传播"是一个产生于中国语境的研究命题,但数字记忆本身却是一个全球范围内的跨学科研究范畴,从数字记忆建构的国际经验来看,"全民参与式"的新加坡记忆工程、数字人文路径的"威尼斯时光机"等记忆项目的开展为研究者提供了很好的经验和范例。在后续的深入研究中,需要进一步开阔国际视野，不仅从多渠道获取数字记忆的最新研究成果和实践经验，还要深入分析国外文化事业发展进程中如何加强与各记忆机构的合作、共同促进文化记忆价值的实现，如何保障社会参与文化记忆，如何优化基于互联网信息保存的数字记忆，如何利用数字人文的研究成果开拓记忆路径等问题，从而不断丰富和完善数字记忆建构与传播的理论体系。

附录一　荆楚文化遗产保护相关政策汇总

类别	时间	名称
文化和自然遗产保护	1972 年	保护世界文化和自然遗产公约
	2006 年	世界文化遗产保护管理办法
非物质文化遗产保护	2003 年	保护非物质文化遗产公约
	2011 年	中华人民共和国非物质文化遗产法
	2006 年	国家级非物质文化遗产保护与管理暂行办法
	2022 年	湖北省进一步加强非物质文化遗产保护工作实施方案
	2020 年	湖北省省级非物质文化遗产代表性传承人认定与管理办法
	2019 年	湖北省非物质文化遗产传承发展工程实施方案
	2014 年	湖北省非物质文化遗产保护专项资金管理办法
	2012 年	湖北省非物质文化遗产条例
	2016 年	武汉市非物质文化遗产保护条例
	2021 年	襄阳市非物质文化遗产保护条例
	2019 年	宜昌市非物质文化遗产保护条例
	2019 年	宜昌市市级非物质文化遗产代表性项目认定及管理办法
	2019 年	宜昌市市级非物质文化遗产代表性项目代表性传承人认定及管理办法
	2019 年	宜昌市市级非物质文化遗产传承示范基地评选及管理暂行办法
	2023 年	神农架林区区级非物质文化遗产代表性传承人认定与管理办法
	2021 年	长阳土家族自治县非物质文化遗产条例
	2021 年	五峰土家族自治县非物质文化遗产条例

续表

类别	时间	名称
非物质文化遗产保护	2018 年	利川市非物质文化遗产代表性传承人管理暂行办法
	2022 年	宣恩县县级非物质文化遗产项目代表性传承人认定与管理办法（修订）
	2012 年	巴东县文学艺术精品与非物质文化遗产保护工作奖励办法
民族民间文化遗产保护	2011 年	恩施土家族苗族自治州民族文化奖励办法
	2005 年	恩施土家族苗族自治州民族文化遗产保护条例
	2004 年	恩施州民族民间文化保护工程实施方案
文化生态保护	2018 年	国家级文化生态保护区管理办法
	2022 年	长江国家文化公园湖北段建设推进方案
	2020 年	湖北省省级文化生态保护区管理办法
	2018 年	武陵山区（鄂西南）土家族苗族文化生态保护实验区总体规划
	2004 年	长阳土家族自治县传统文化生态保护区总体规划
文物保护	2017 年	中华人民共和国文物保护法（第五次修正）
	2017 年	中华人民共和国文物保护法实施条例（第四次修订）
	2003 年	文物保护工程管理办法
	2023 年	三峡文物保护利用专项规划
	2021 年	湖北省文物事业发展"十四五"规划
	2018 年	湖北省文物安全管理办法
	2017 年	湖北省实施《中华人民共和国文物保护法》办法（第三次修正）
	2010 年	武汉市文物保护若干规定
	2016 年	关于加强全州文物保护工作的实施意见（恩施州）
遗址保护	2022 年	国家考古遗址公园管理办法（修订）
	2013 年	唐崖土司城址保护管理办法
	2021 年	荆州市湘鄂西苏区革命遗存保护条例
	2017 年	黄冈市革命遗址遗迹保护条例
	2017 年	十堰市武当山古建筑群保护条例
	2022 年	荆门市屈家岭遗址保护条例
	2021 年	随州市曾随文化遗址保护条例
	2009 年	湖北天门石家河遗址保护总体规划

续表

类别	时间	名称
历史文化名城、街区、村落保护	2017年	历史文化名城名镇名村保护条例（修订）
	2020年	关于实施中国传统村落挂牌保护工作的通知
	2014年	关于切实加强中国传统村落保护的指导意见
	2009年	关于做好少数民族特色村寨保护与发展试点工作的指导意见
	2012年	武汉市历史文化风貌街区和优秀历史建筑保护条例
	2019年	襄阳古城保护条例
	2016年	咸宁市古民居保护条例
	2019年	恩施土家族苗族自治州传统村落和民族村寨保护条例
	2020年	随州市历史文化街区和历史建筑保护条例

附录二 荆楚文化数字资源建设现状调查数据表

调查对象	可利用率	在线资源								数据库					
		栏目类型			媒体形式			利用服务			数据库类型					开放利用
		专题	教育	文化	网站	微博	微信	查询	检索	互动	目录	全文	多媒体	专题	特色	
湖北省博物馆	A	√	√	√	√	√	√	√	√	√	√	√	√	√	√	√
湖北省档案馆	A	√	√	√	√	√	√	√	√	√	√	√	√	√	√	√
湖北省图书馆	A	√	√	√	√	√	√	√	√	√	√	√	√	√	√	√
湖北省考古博物馆	B	√	/	√	√	√	√	√	√	√	√	√	√	√	—	√
武汉博物馆	B	√	√	√	√	√	√	√	√	√	√	√	—	√	/	√
武汉市档案馆	B	√	/	√	√	√	√	√	√	√	√	√	√	√	√	√
辛亥革命博物院	A	√	√	√	√	√	√	√	√	√	√	√	√	√	√	√
宜昌博物馆	B	√	√	√	√	√	√	√	√	√	√	√	√	√	√	√
荆州博物馆	A	√	√	√	√	√	√	√	√	√	√	√	√	√	√	√
十堰市博物馆	B	√	√	√	√	√	√	√	√	√	√	√	√	√	√	√
荆门市图书馆	B	√	√	√	√	/	√	√	√	/	√	√	√	√	√	√
恩施土家族苗族自治州档案馆	C	√	/	√	√	/	√	/	/	/	—	—	—	√	√	—
鄂州市博物馆	B	√	/	√	√	√	√	√	√	√	√	√	—	—	/	√
赤壁市博物馆	C	√	√	√	√	√	√	√	√	√	—	√	—	—	—	√
谷城县图书馆	B	√	√	√	√	√	√	√	√	√	√	√	√	√	√	√
长阳土家族自治县图书馆	A	√	√	√	√	√	√	√	√	√	√	√	√	√	√	√
五峰土家族自治县民族博物馆	D	/	/	/	/	/	/	/	/	/	/	/	/	/	/	/

续表

调查对象	可利用率	在线资源									数据库					开放利用
		栏目类型			媒体形式			利用服务			数据库类型					
		专题	教育	文化	网站	微博	微信	查询	检索	互动	目录	全文	多媒体	专题	特色	
湖北省群众艺术馆	B	√	√	√	√	√	√	√	√	—	—	—	—	—	—	—
武汉市群众艺术馆	A	√	√	/	√	√	√	√	√	√	√	√	√	√	√	√
襄阳市非物质文化遗产保护中心	D	/	/	/	/	/	√	/	/	/	/	/	/	/	/	/
宜昌市群众艺术馆/宜昌市非物质文化遗产保护中心	A	√	√	√	√	√	√	√	√	√	√	√	√	√	√	√
荆州市荆楚非物质文化遗产博物馆	D	/	/	/	/	/	/	/	/	/	/	/	/	/	/	/
孝感市群众艺术馆	C	√	—	—	/	√	√	√	√	√	—	—	—	—	—	—
荆门市群众艺术馆	B	√	√	√	√	√	√	√	√	√	—	—	—	—	—	—
黄石市群众艺术馆	C	√	√	√	√	√	√	√	√	√	—	—	—	—	—	—
咸宁市非物质文化遗产展示馆	D	/	/	/	/	/	/	/	/	/	/	/	/	/	/	/
恩施土家族苗族自治州非物质文化遗产保护中心	D	/	/	/	/	/	/	/	/	/	/	/	/	/	/	/
鄂州市群众艺术馆	C	√	√	√	√	√	√	√	√	√	—	—	—	—	—	—
秭归县非物质文化遗产保护中心	D	√	√	√	√	√	√	√	√	√	√	√	√	√	√	√
长阳非物质文化遗产保护中心	D	√	√	√	√	√	√	√	√	√	√	√	√	√	√	√
五峰土家族自治县非物质文化遗产保护中心/五峰土家族自治县文化馆	B	√	√	√	√	√	√	√	√	—	√	√	√	√	√	√
竹溪县文化馆	B	√	√	√	√	√	√	√	√	√	√	√	√	√	√	√

注：标注"√"表示已有相关资源，标注"/"表示没有资源，标注"—"表示信息无法获取或无法访问。

附录三 荆楚文化特色资源库信息表

名称	主办/网址	栏目内容
楚文化资源库	湖北省博物馆、湖北省文物考古研究所、华中师范大学楚学研究所 http：//58.49.125.196：8080/cwh/	传世文献、出土简帛、考古报告、研究论著、研究论文
湖北历史资源库	湖北省图书馆·湖北数字图书馆（荆楚史话—地方史话）http：//data.library.hb.cn：8001/hbls/	荆楚摇篮、楚国历史、从秦到清、首义之光、革命萌芽、战争年代
巧手天琢视频专题库	湖北省图书馆·湖北数字图书馆（楚地民俗）http：//data.library.hb.cn：8001/qstz/	视频专题库"巧手天琢"专题片
湖北三国文化多媒体资料库	湖北省图书馆·湖北数字图书馆（楚天揽胜—区域文化）http：//data.library.hb.cn：8001/hbsgwh/	三国群英、古迹名胜、军事战役、文物民俗、文献资源、相关视频
问道武当多媒体资源库	湖北省图书馆·湖北数字图书馆（楚天揽胜—区域文化）http：//data.library.hb.cn：8001/wdwd/	武当建筑、武当武术、武当民俗、道教文化、历史文献、文艺作品、相关视频
长江资源库	武汉大学图书馆、长江水利委员会长江档案馆、中国科学院武汉文献情报中心 http：//202.114.65.50/tpi_1/sysasp/include/index.asp	长江专题特色库，建立了长江流域库、长江环保库、长江水利库、长江旅游库、长江文化库、长江百科库等
汉水文化多媒体资源库	湖北省图书馆·湖北数字图书馆（楚地民俗）http：//data.library.hb.cn：8001/hswh/	汉水·民歌、民俗·文化、商旅·移民、科技·文化、艺术·宗教

续表

名称	主办/网址	栏目内容
江城往事专题片	湖北省图书馆·湖北数字图书馆（荆楚史话—地方史话）http://data.library.hb.cn:8001/jcwsxg/	八七会议会址、汉口古德寺拾遗、辛亥首义拾遗等视频资源
湖北党史故事	湖北省图书馆·湖北数字图书馆（荆楚史话—红色记忆）http://data.library.hb.cn:8001/dsgs/	红色革命文化微视频湖北党史故事20集
湖北红色历史文化数据库	湖北省图书馆·湖北数字图书馆（荆楚史话—红色记忆）http://data.library.hb.cn:8001/hslswh/	革命史实、红色名人、红色地标、历史图片、革命文献、文艺作品、相关视频
五峰土家族自治县文化馆非遗特色资源库	五峰土家族自治县文化馆 https://wufeng-szwhg.chaoxing.com/portal5/index	非遗资讯、非遗名录、非遗传承人、非遗资源、田野调查、非遗保护、非遗研究
湖北戏曲动漫	湖北省图书馆·湖北数字图书馆（凤舞九天—戏剧·戏曲）http://data.library.hb.cn:8001/xiqu/	楚剧、汉剧、花鼓戏
荆风楚韵专题片	湖北省图书馆·湖北数字图书馆（楚天揽胜—区域文化）http://data.library.hb.cn:8001/jfcy/	荆风楚韵之荆门微视频
宜昌地方特色资源库	宜昌公共文化数字平台 http://www.ycsqyg.com/page/resources/tszyk.aspx	"宜昌非遗特色资源库""宜昌地域特色文艺作品资源库"等

附录四　网络民族志——以 B 站荆楚文化社群观察为例

一　B 站荆楚文化社群概况

不同于抖音、快手等短视频趣缘群体平台以短、快和娱乐导向为主，B 站更倾向于定位为知识型视听内容分享的文化社区。在 B 站，看知识类视频不单是一个历时或持续的线性过程，更是一个具有共时性、仪式性的聚合事件，其最直观的表现就是弹幕——它既是一种即时评论，也是情感交流的副文本，将观影和创作连接成一个整体，由此而建立的情感认同又进一步影响作品的再生产，进而形成一种持续更新的文化反馈与创作回路。

B 站现为我国用户数量最多的弹幕网站，其内容丰富，年龄覆盖面广。当用户的学习目的与平台独特的弹幕文化碰撞在一起时，会产生许多复杂的效应。作为这样一个弹幕引领的"弄潮儿"，B 站已形成了边界极为宽泛的各种主题虚拟社群，荆楚文化的趣缘群体即在此聚合。相比于其他短视频平台，B 站的长视频属性要求其用户的专业性更强，因此平台产出频率更高、内容更优质、话题讨论更为丰富、社交行为也更持续深入。在 B 站搜索荆楚文化视听内容，涉及青铜器、曾侯乙编钟、越王勾践剑等博物馆文物珍藏，同时介绍荆楚历史故事、历史名人、特色建筑等，还有楚舞、楚乐、金薄刻镂、粉画、汉绣、漆艺等非物质文化遗产的传承，其中由平台纪录片频道发布的关于荆楚历史的科普纪录片，内容较为全面且广受欢迎。此外，也有一些与荆楚文化相关的图文内容，从闻名遐迩的屈原、《楚辞》、编钟乐舞到街头巷尾的古镇小街、日常生活中的荆楚美食，都齐聚于此。

二　B 站荆楚文化社群类型

在以短视频趣缘群体形成的荆楚文化社群中，其视频发布主体有 B 站官方频道、媒体账号、机构账号、个人账号。下表从视频发布的主体、名称、内容、创作特色、弹幕互动等方面展现出一些具有代表性的荆楚文化社群类型。

主体	名称	内容	创作特色	弹幕互动
B 站官方频道	纪录片	《楚国八百年》《楚汉》	央视纪录片	弹幕多，表现对楚文化感兴趣
媒体账号	三峡日报	专栏"我在宜昌学非遗""屈子曰"	记录荆楚非遗技艺，如彩陶、木雕等	多为本地人评论报道打卡
机构账号	湖北省博物馆	曾侯乙编钟、漆画《车马出行图》、越王勾践剑等	介绍湖北省博物馆藏品	弹幕少，以评论区用户发表感受为主
	湖北文旅之声	"诗说荆楚"专栏《家住长江边》系列	诗说荆楚和大美鄂西	大部分是寻找自己家乡的弹幕
	湖北社科联	荆楚社科讲坛线上栏目"楚楚道来"	以高校教师讲授荆楚文化与当代发展为主	弹幕较少，评论区一般是求讲义 PPT
	青春湖北	专栏"灵秀湖北，楚楚动人"	记录荆楚各城市历史人物和风光	弹幕大多是当地人打卡，如"本地人很自豪""襄阳人报道"
	一丹大学教育基金会	全国首部关注楚漆的中长独立纪录片《湖北·有漆》	非遗楚漆	弹幕少
个人账号	载珠之舟	《千湖之地×九州通衢，楚王托梦告诉我的荆楚奥秘》	介绍荆楚大地历史	湖北人评论支持，获得 2000+赞
	丝路博闻	《"荆楚撷珍"：探访湖北省博物馆新馆系列——梁庄王墓》	介绍湖北省博物馆梁庄王墓文物	弹幕较少，转赞收藏较多，评论区大多为学习者

续表

主体	名称	内容	创作特色	弹幕互动
个人账号	寻宝队长	《湖北省博物馆 揭秘被大禹封印至今的荆楚大地》	博物馆系列，介绍全国博物馆	播放量45万+，点赞1.1万+，弹幕1900+，纷纷感叹"镇馆之宝"的伟大
	少年王生鲜	《献给荆楚》	介绍荆楚历史文化	播放量10.7万+，点赞1.6万+，弹幕1000+
	长江新青年	搬运湖北广电专题片《荆楚文库·书人书事》	弘扬荆楚文化	弹幕较少
	Troy-D	"非遗中国"专题片《荆楚雕花剪纸》《荆州金薄刻镂技艺》	长江大学文理学院2017级毕业作品	弹幕少

B站官方有关荆楚文化的内容主要集中在纪录片频道，其发布的央视纪录片《楚国八百年》和《楚汉》由于内容深厚、制作精良，点击播放量最多，是受众了解荆楚历史最为直接且影响深刻的传播渠道。专业媒体账号有三峡日报社官方账号"三峡日报"，其集中本地特色资源，开设了"我在宜昌学非遗""屈子曰"等专栏，吸引本地用户纷纷打卡。

相关机构账号作为政府部门、企业组织或公益机构等在B站的官方宣传阵地，在宣传机构动态信息的基础上，也会介绍荆楚的一些历史及文物。这些账号主体有湖北省博物馆、湖北省文化和旅游厅、湖北省社科联、湖北省共青团等，如湖北省文化和旅游厅开通的"湖北文旅之声"账号，专门设置了"诗说荆楚"的专题，展现诗词里的荆楚，产生了良好的宣传效果。但总体而言，机构宣传类视频缺乏系统性主题和内容，再加上发布时间间隔不稳定，所以粉丝基础量较少，社会影响有限。

从荆楚文化内容发布来看，个人账号又可分为垂直性账号和综合性账号。B站专做荆楚视频的垂直性账号非常少，基本是在综合性账号中发布一些荆楚文化的内容。例如,"寻宝队长"在"镇馆之宝系列"中发布的《揭秘被大禹封印至今的荆楚大地》播放量超 45 万,点赞超1.1 万,深受用户喜爱;官方认证为"知名 vlog"博主的"少年王生鲜"发布的《献给荆楚》视频收获超 1.6 万点赞量。有一些个人账号以"搬运"视频为主,如转发一些高校教师有关荆楚文化的课程或者其他平台的专题片,内容也相对缺乏系统性。总体而言,B 站做荆楚文化的垂直性账号还是比较稀缺的。

三 B 站荆楚文化社群内容分析

细看 B 站的这些有关荆楚文化的视频内容,虽然也存在着文题不符、鱼目混珠、资源特色缺乏等诸多问题,但其中总有一些优质的原创精品吸引了社群用户的驻足、观看、讨论与交锋,甚而形成一场话语的狂欢。

(一)探源荆楚历史,诵读荆楚名人故事

荆楚文化源远流长,流淌着中国五千年的光辉,文化潜行在历史中,浮现在现实里,也映射在未来的路途中。B 站中关于荆楚文化的内容大多集中于探索荆楚历史故事和名人事迹,这也是荆楚文化的精髓。

B 站官方纪录片频道推出有关荆楚文化的纪录片有两个,分别为《楚汉》和《楚国八百年》。《楚汉》开播于 2019 年,主要通过四个历史典故介绍"楚汉相争"的历史,以"讲故事"的方式传播荆楚历史文化;《楚国八百年》主要根据大量史料记载和出土文物再现楚王国波澜壮阔的八百年历史。纪录片视频质量都不错,且通过系统地讲述楚国历史,有效激发了用户的爱国情感与民族自豪感,由此吸引了不少用户的互动,大家在弹幕中完成情感宣泄并强化了情感归属。

在《楚国八百年》的弹幕中,有不少强烈表达对楚国历史地位的认同和对楚文化的崇尚之情,如"八百桑苍赋传奇""惟楚有才,于斯为盛""中国的美学其实就是楚国审美""筚路蓝缕,以启山林,披荆斩棘,成家立业";也有对楚国君主的赞誉,如"文王拥有远见卓识,迁都郢地,赢得楚人都郢而强的美誉";还有对历史的疑问或探讨，如"齐桓公伐楚的理由（是）不贡包茅，这个（包茅）是祭祀时过滤酒的""不是他，是白起，焚夷陵，焚纪南城"等。

弹幕还能满足用户娱乐的需求。对于大部分人来说，观看视频本身便是一种休闲娱乐的行为方式。因而在弹幕文本中经常会看到一些吐槽和搞笑的表达，对于发送者而言，获得了表达和关注，对于观看者而言，也会被激发出更多的情绪。

在《楚汉》纪录片的弹幕中，用户就项羽、刘邦的年纪进行讨论，一位用户发表"27岁，还是太年轻了啊"，后面跟着的弹幕就是"不年轻了，葫芦娃生出来就打妖怪，哪吒三岁就闹海，甘洛（罗）十二岁当上卿""年轻的贵族输给了年老的油条"。

同时，观看弹幕还有信息获取的动机。弹幕的拓展性、发散性可以让用户获取视频之外的信息，用户可以随时因疑惑而发问，这是一种"求知型"的弹幕。

在《楚汉》纪录片中，有弹幕质疑"刘邦统率的十万楚军描述"是否正确，很多弹幕对其进行回复，"刘邦是楚人""历史上从来都不存在刘邦灭秦，只有楚怀王灭秦""刘邦的军队都是楚怀王调拨给他的，楚怀王的手下，难得的严谨"。

此外，"长江新青年"账号上传了由湖北广播电视台教育频道制作的"荆楚文库·书人书事"系列专题片，专题片是对《荆楚文库》编撰过程的首次记录，既反映了荆楚学人的辛勤耕耘，又从优秀文化典籍入手，通过视频传播荆楚文脉、弘扬荆楚精神。其他关于荆楚历史的优质视频还有许多，例如"史图馆"的《楚汉争霸》《夷陵之战（上）祸起荆州》《荆州，从江汉中心到"南国完璧"》、"载珠之舟"的《千湖之地×九州通衢，楚王托梦告诉我的荆楚奥秘》、"少年王生鲜"的

《献给荆楚》等，播放量和点赞量都较高，产生了一定的集聚效应。

（二）探寻荆楚文物，传承荆楚文化

历史文物是历史文化的遗存，荆楚文物当数文明宝库中的一颗璀璨明珠。被誉为"荆楚文化宝库"的湖北省博物馆也开风气之先，在B站中开通官方账号介绍其馆藏文物。开篇即是一组由博物馆优秀讲解员开讲的"云讲国宝系列"，也不乏编钟乐舞、编磬独奏等艺术纪录影像，还有"尚宜千载"系列艺术品鉴节目，以及对最早的青铜器之一崇阳铜鼓、漆画《车马出行图》等馆藏精品文物的讲解或解读视频。但令人遗憾的是，其视频更新频率较低、数量不多，栏目分类还不成熟，未吸引足够的粉丝，与用户之间的黏性也还远远不够。

文物类视频播放量最高的是"寻宝队长"创作的视频《湖北省博物馆 揭秘被大禹封印至今的荆楚大地》，视频详细介绍了湖北省博物馆的十大镇馆之宝，包括被誉为"天下第一剑"的越王勾践剑、1978年出土于湖北随州曾侯乙墓的曾侯乙编钟和曾侯乙尊盘，都是商周青铜器的巅峰之作。

这样的视频给了不少身在荆楚的湖北人强烈的自豪感和认同感。视频中不时出现本地人打卡互动的弹幕，如"十堰人报到""湖北人报到""荆州人投币了""我大湖北就是六""我老家出现了"等。这无疑给荆楚人提供了一个具有归属感和娱乐性的空间。

当然，弹幕有时也会引发争议，带来"弹幕掐架"的情况。弹幕的匿名性，极大地满足了情绪表达性动机，其中也时常夹杂一些不和谐的声音，使网络语言生态遭到一定破坏。不过，宣泄负面情绪的弹幕还是极少数，并且总是会出现更为理性的声音来及时制止这场无谓的争吵。

在《湖北省博物馆 揭秘被大禹封印至今的荆楚大地》中，弹幕区出现"湖北省博物馆抢了荆州博物馆的文物不归还""最惨的是随博，被抢空了文物，几次评一级都评不上"，但更为理性、更有格局的弹幕也及时出现，"文物重在保护，省级博物馆的保护力度肯定比地级好，不用这么计较"。

B 站纪录片频道也上传了《国家宝藏》第一季关于《湖北省博物馆》的展馆介绍内容，湖北省博物馆携越王勾践剑、云梦睡虎地秦简以及曾侯乙编钟三件国宝震撼亮相，节目还通过音乐剧展示了中华文明五千年风云变幻，让人真切感受到中华文化的一脉相承。8 分钟的小剧场表演中，共有弹幕 650 条，其中提到"太师" 47 条，提到"过来铜" 38 条，表示节目可以上"春晚" 29 条，"高能/核能"预警 17 条，"合影"留念（表示弹幕与荧屏上的助演们"合影"）84 条，足见观众对这种形式的认可。

（三）传承非遗文化，感受荆楚之美

荆楚文化的博大精深、源远流长，还在于从历史长河中传承而来的瑰丽多姿的非物质文化成果。勤劳勇敢的荆楚人民创造出了流传至今的青铜编钟、楚漆彩绘、荆楚汉绣、金薄刻镂、雕花剪纸、木版年画、土家织锦等丰厚精湛的非物质文化遗产。

B 站荆楚非遗视频大多是纪录片或专题片，有讲述《荆州金薄刻镂》《荆楚粉画》《荆楚汉绣》《湖北·有漆》《彩绘漆木》等手工技艺的；也有展现荆楚文化在音乐和舞蹈中的应用的，如《楚乐·不一样的荆楚文化》《荆楚民歌形态特征及在当代音乐创作中的应用》《感受荆楚文化的魅力，楚舞》等专题片传递了中国古老诗意的音乐情感，呈现了楚舞的独特魅力；还有记录湖北雕花艺术的《非遗中国·荆楚雕花剪纸》；更有凝聚湖北人乡土记忆的楚菜宝典，从屈原《招魂》的"稻粱穲麦"到苏轼的《猪肉颂》，千年的楚文化，在旺火烈油的五味调和间，滋味厚重；而纪录片《荆楚味道》捕捉记录下湖北粮油飘香的丰饶画卷和粮油人匠心独运的动人故事。但由于这些内容发布者较为分散，缺乏垂直性和系统性，所以关注度还不高，弹幕内容和评论较少。

"零点零依"作为一个分享公开课的账号，上传了长江大学徐文武教授的《楚文化漫谈》课程，其内容以先秦时期独具地域特色的楚文化为主，结合楚文化考古新发现和最新研究成果，从历史、哲学、文学、音乐、舞蹈、民俗、科技等方面进行全方位讲解，旨在提高大学生的人文素质和文化修养，对于弘扬楚文化精神、理解楚文化资源具有一定的现实意义。

四　小结

B 站以视频见长，以弹幕为其特色，由此而形成的趣缘群体社群成为知识型视听内容分享的公共空间。作为线下荆楚文化内容传播的重要延伸与补充，B 站荆楚文化视频通过线上传播打破时空限制，以影像、声音、弹幕、评论等多模态内容调动用户群体的感官协同，使之与历史文化的空间距离演化为零距离的沉浸式体验，用户即在此感受到历史文化的精神内核，增强文化的认同感，甚至产生精神共振与情感共鸣。

在此虚拟社群之中，用户由以往的"他者"身份转变为能动的参与者与积极的创造者，其中包括 UP 主（投稿用户）、弹幕发布者和评论者，他们共同构成了一种深入互动的传播场域，传播仪式观所强调的"共享性"正深植其间。由于弹幕的加入，激发了对于视频的二次创作，同时，观看视频时开启和不开启弹幕，品味的是两种"截然不同"的作品，于是这些趣缘群体通过信息传播共享叙事，使其具有的历史文化经验与数字展览之间形成互文，实现对历史文脉的"在场"与"参与"：用户可以能动地参与荆楚文化传播、多维感知其内容信息、理解评论与再传播，也可以依据个人偏好与体验解读历史内核，甚至进行二次创作，这都使得传播的内容与价值指向不再单一，并由此创建出一种大众参与、故事讲述、多元互动的数字记忆空间。

参考文献

一 中文专著

段超、张昌东主编,曾少聪、田敏、哈正利副主编:《汉民族与荆楚文化研究——汉民族学会 2012 年会暨荆楚文化学术研讨会论文集》,中国社会科学出版社 2014 年版。

范可:《理解族别——比较的视野》,知识产权出版社 2019 年版。

国家民族事务委员会全国少数民族古籍整理研究室:《中国少数民族古籍总目提要·土家族卷》,中国大百科全书出版社 2010 年版。

江华:《文化哲学与文化建设》,国家行政学院出版社 2015 年版。

林聚任等:《西方社会建构论思潮研究》,社会科学文献出版社 2016 年版。

龙迪勇:《空间叙事学》,生活·读书·新知三联书店 2015 年版。

黄忠彩主编:《中国人类学民族学研究会优秀论文集(第一辑)》,知识产权出版社 2016 年版。

彭燕:《土家族口述史料征编研究》,社会科学文献出版社 2020 年版。

邵鹏:《媒介记忆理论——人类一切记忆研究的核心与纽带》,浙江大学出版社 2016 年版。

孙德忠:《社会记忆论》,湖北人民出版社 2006 年版。

肖远平(彝)、柴立(满)主编,王伟杰副主编:《中国少数民族非物质文化遗产发展报告(2015)》,社会科学文献出版社 2015 年版。

徐拥军:《档案记忆观的理论与实践》,中国人民大学出版社 2017 年版。

杨快:《土家族主要古籍及其文化研究》,武汉大学出版社 2018 年版。

尹鸿:《当代电影艺术导论》,高等教育出版社 2007 年版。

余厚洪：《基于族群凝聚视域的浙江畲族档案记忆研究》，浙江大学出版社2020年版。

张凤阳等：《政治哲学关键词》，张一兵主编《关键词丛书》，江苏人民出版社2014年版。

国家民族事务委员会全国少数民族古籍整理研究室：《中国少数民族古籍总目提要·土家族卷》，中国大百科全书出版社2010年版。

张庆园：《传播视野下的集体记忆建构：从传统社会到新媒体时代》，中国社会科学出版社2016年版。

张正明：《楚文化史》，周谷城主编《中国文化史丛书》，上海人民出版社1987年版。

周文泓：《Web2.0环境中参与式的信息档案化管理：走向全景档案世界》，浙江大学出版社2018年版。

周耀林、李姗姗等：《可移动文化遗产保护体系研究》，武汉大学出版社2017年版。

周耀林、王三山、倪婉主编：《世界遗产与中国国家遗产》，武汉大学出版社2010年版。

周耀林、赵跃等：《非物质文化遗产档案资源建设"群体智慧模式"研究》，武汉大学出版社2020年版。

二 中文译著

冯亚琳、[德]阿斯特莉特·埃尔主编：《文化记忆理论读本》，余传玲等译，北京大学出版社2012年版。

[比]瑟韦斯、[泰]玛丽考：《发展传播学》，张凌译，陈先红校审，武汉大学出版社2014年版。

[德]阿莱达·阿斯曼：《回忆空间：文化记忆的形式和变迁》，潘璐译，北京大学出版社2016年版。

[德]阿斯特莉特·埃尔、[德]安斯加尔·纽宁主编：《文化记忆研究指南》，李恭忠、李霞译，孙江主编《学衡历史与记忆译丛》，南京大学出版社2021年版。

[德]哈拉尔德·韦尔策编：《社会记忆：历史、回忆、传承》，季斌、

王立君、白锡堃译，北京大学出版社 2007 年版。

［德］扬·阿斯曼：《文化记忆：早期高级文化中的文字、回忆和政治身份》，金寿福、黄晓晨译，北京大学出版社 2015 年版。

［法］莫里斯·哈布瓦赫：《论集体记忆》，毕然、郭金华译，上海人民出版社 2002 年版。

［法］皮埃尔·诺拉主编：《记忆之场：法国国民意识的文化社会史》，黄艳红等译，孙江主编《学衡历史与记忆译丛》，南京大学出版社 2015 年版。

［法］雅克·勒高夫（Jacques Le Goff）：《历史与记忆》，方仁杰、倪复生译，中国人民大学出版社 2010 年版。

［英］维克托·迈尔－舍恩伯格：《删除：大数据取舍之道》，袁杰译，浙江人民出版社 2013 年版。

［英］维克托·迈尔－舍恩伯格、［英］肯尼思·库克耶：《大数据时代：生活、工作与思维的大变革》，盛杨燕、周涛译，浙江人民出版社 2013 年版。

三　期刊

陈昌宏：《在服务湖北经济社会发展大局中彰显社会组织新作为》，《中国民政》2023 年第 8 期。

陈呈、何志武：《从媒介学再出发：媒介记忆理论新取径》，《编辑之友》2023 年第 5 期。

陈海玉、赵冉、彭金花：《公众参与少数民族档案文献资源建设的行动分析模型》，《档案学研究》2020 年第 5 期。

陈红星、张淑芳：《网络原生数字资源：概念、特征与类型》，《图书馆建设》2010 年第 5 期。

陈红星、张淑芳、郑琳：《我国网络原生数字资源研究现状述评》，《图书情报工作》2010 年第 13 期。

陈静：《全民参与式的新加坡记忆工程实施现状及启示》，《北京档案》2016 年第 3 期。

陈振华：《集体记忆研究的传播学取向》，《国际新闻界》2016 年第

4期。

丁华东:《论档案记忆研究的学术坐标》,《档案管理》2011年第2期。

丁华东:《论社会记忆再生产的基本结构》,《思想战线》2019年第2期。

丁华东:《论现代传媒对档案记忆的展演形式》,《档案》2015年第6期。

丁华东、张燕:《档案记忆再生产理论创建的构想》,《档案学通讯》2020年第4期。

丁华东、张燕:《档案记忆再生产研究的学术价值与问题思考》,《档案学研究》2019年第3期。

丁华东、张燕:《论档案记忆再生产的实践特征与当代趋势》,《档案学通讯》2017年第4期。

丁华东、张燕:《论新媒体传播与档案记忆的意义再生产》,《档案学通讯》2018年第3期。

丁岩、杨庆平、钱煜明:《基于云计算的数据挖掘平台架构及其关键技术研究》,《中兴通讯技术》2013年第1期。

范小青:《基于新媒体、网络社群的少数民族文化传承——以阿昌族、裕固族为个案》,《民族学刊》2020年第3期。

范小青:《让"大教堂"携手"大集市"——论非物质文化遗产传承与保护的众包模式》,《中央民族大学学报》(哲学社会科学版)2016年第4期。

费孝通:《中华民族的多元一体格局》,《北京大学学报》(哲学社会科学版)1989年第4期。

冯惠玲:《档案记忆观、资源观与"中国记忆"数字资源建设》,《档案学通讯》2012年第3期。

冯惠玲:《电子文件时代新思维——〈拥有新记忆——电子文件管理研究〉摘要之六》,《档案学通讯》1998年第6期。

冯惠玲:《数字记忆:文化记忆的数字宫殿》,《中国图书馆学报》2020年第3期。

冯惠玲:《数字人文视角下的数字记忆——兼议数字记忆的方法特点》,

《数字人文研究》2021年第1期。

付靖宜、程慧平：《数字人文视域下社会记忆资源深度开发路径探究——以浙江历史文化记忆工程为例》，《浙江档案》2021年第12期。

谷颖：《满族天神创世神话研究》，《长春师范大学学报》2019年第7期。

郭琪：《历史档案编纂体例的影响因子及其分类》，《中国档案》2020年第6期。

郭若涵、徐拥军：《后现代档案学理论在突发公共卫生事件档案管理中的应用》，《档案学通讯》2020年第3期。

郭小立：《意义、符号与价值：兼论数字技术观与媒介记忆逻辑》，《东南传播》2022年第9期。

韩双：《抗击新冠肺炎疫情下疫情防控档案的收集与利用》，《档案管理》2020年第2期。

何萌、张荣红、侯思敏：《基于数字技术的荆楚文创产品设计研究》，《设计》2023年第4期。

黑浩源、裘鹏：《数字人文与智慧数据视角下的北京双奥社会记忆构建研究》，《情报科学》2022年第9期。

胡洁：《基础、生成与建构：从社会记忆到社会认同》，《天津社会科学》2020年第5期。

胡觅：《土家族女性的口传形象、身体记忆与文化隐喻——以鄂西长阳县为例》，《原生态民族文化学刊》2019年第2期。

胡莹：《少数民族文化遗产建档范畴与原则探析》，《档案学通讯》2016年第3期。

黄骏：《作为媒介的交通设施：武汉长江大桥的国家符号与城市记忆（1954—2018）》，《新闻界》2019年第11期。

黄薇、夏翠娟、铁钟：《元宇宙中的数字记忆："虚拟数字人"的数字记忆价值》，《图书馆论坛》2023年第7期。

加小双：《档案学与数字人文：档案观的脱节与共生》，《图书馆论坛》2019年第5期。

加小双、徐拥军：《国内外记忆实践的发展现状及趋势研究》，《图书情报知识》2019年第1期。

加小双、李宜芳、谭悦：《数字记忆视域下非物质文化遗产的保护与传承研究》，《山西档案》2019年第5期。

江凌：《试论荆楚文化的流变、分期与近代转型》，《史学集刊》2011年第5期。

姜婷婷、傅诗婷：《人本视角下的数字记忆："人—记忆—技术"三位一体理论框架构建与启示》，《中国图书馆学报》2022年第5期。

孔得兵：《媒介传播的发展历史及作用研究》，《今传媒》2018年第10期。

雷晓庆：《〈文献通考〉及马端临的档案文献编纂思想》，《档案学研究》2020年第4期。

李安民：《文化融合论纲》，《思想战线》1993年第3期。

李红涛、黄顺铭：《一个线上公祭空间的生成——南京大屠杀纪念与数字记忆的个案考察》，《新闻与传播研究》2017年第1期。

李红涛、杨蕊馨：《把个人带回来：数字媒介、社会实践与记忆研究的想象力》，《新闻与写作》2022年第2期。

李慧楠、王晓光：《数字人文的研究现状——"2019数字人文年会"综述》，《情报资料工作》2020年第4期。

李建伟：《特色文化资源信息组织方法与数据共享模型研究——以"世界客都"古民居数字记忆工程为例》，《图书馆杂志》2018年第5期。

李建伟：《元数据国际交换共享的客家古民居数字记忆工程建设》，《现代情报》2017年第2期。

李凌杰：《特色数据库建设中的元数据质量控制研究》，《图书情报工作》2010年第5期。

李兴军：《集体记忆研究文献综述》，《上海教育科研》2009年第4期。

廖秉宜、李姝虹：《平台战略：国际传播效能提升的创新路径》，《对外传播》2023年第2期。

林凯、谢清果：《重返部落化：结绳记事的传播模式、机理与功能探赜》，《国际新闻界》2021年第2期。

刘灿姣、阳利新:《我国非物质文化遗产数字化保护的研究述评》,《图书馆》2016年第2期。

刘芳兵、夏翠娟、杨新涯:《高校数字记忆项目建设策略研究——以重庆大学数字记忆项目方案设计为例》,《图书情报工作》2022年第18期。

刘晗:《参与·网络·仓储:记忆实践路径下的数字记忆建构》,《新闻与传播评论》2023年第4期。

刘晗:《场景服务创新:移动网络信息治理的场景化转型》,《学习与实践》2020年第9期。

刘晗、姬荣伟:《中国文化元典的数字记忆形态构建:需求、结构与路径》,《档案学研究》2023年第3期。

刘晗:《元典如何记忆:中国文化元典的数字记忆构想》,《湖北大学学报》(哲学社会科学版)2023年第4期。

刘晗、周耀林:《参与式共建:少数民族数字记忆建构模式及实现策略》,《档案学研究》2022年第3期。

刘炜、叶鹰:《数字人文的技术体系与理论结构探讨》,《中国图书馆学报》2017年第5期。

刘亚秋:《记忆的微光的社会学分析——兼评阿莱达·阿斯曼的文化记忆理论》,《社会发展研究》2017年第4期。

刘羽鹏、游桃琴:《中外年鉴文本叙述体研究——以中国省级综合年鉴和〈老农夫年鉴〉为例》,《中国年鉴研究》2020年第4期。

龙家庆、聂云霞:《数字记忆建构视域下档案文化创意服务模式探析》,《档案学通讯》2020年第5期。

龙家庆:《叙事表达在档案宣传中的运用与优化策略》,《浙江档案》2020年第1期。

卢小丽、熊芳:《湖北红色文化的时代价值与传承路径研究》,《湖北省社会主义学院学报》2020年第1期。

罗红:《LAM(图书馆、档案馆、博物馆)协作内容与模式研究》,《情报理论与实践》2017年第6期。

罗运环:《论荆楚文化的基本精神及其特点》,《武汉大学学报》(人文科学版）2003 年第 2 期。

马林青：《基于档案化保护的传统村落数字记忆建构：内涵、路径与案例应用》，《档案与建设》2023 年第 5 期。

倪晓春：《关于综合档案馆公共文化空间建设的思考》，《档案学通讯》2015 年第 2 期。

牛力、曾静怡、刘丁君：《数字记忆视角下档案创新开发利用"PDU"模型探析》，《档案学通讯》2019 年第 1 期。

牛力、赵迪、韩小汀：《"数字记忆"背景下异构数据资源整合研究探析》，《档案学研究》2018 年第 6 期。

潘晓婷、陈莹：《记忆实践：传播学视域下集体记忆研究的路径转向》，《新闻界》2021 年第 7 期。

潘忠党：《历史叙事及其建构中的秩序——以我国传媒报道香港回归为例》，《文化研究》2000 年第 1 辑。

彭恒礼：《论壮族的族群记忆——体化实践与刻写实践》，《广西民族研究》2006 年第 2 期。

彭兰：《增强与克制：智媒时代的新生产力》，《湖南师范大学社会科学学报》2019 年第 4 期。

祁庆富：《论非物质文化遗产保护中的传承及传承人》，《西北民族研究》2006 年第 3 期。

邵鹏、张晓蝶、张馨元：《聚焦数字与遗忘：海外媒介记忆研究的图景与路径》，《未来传播》2023 年第 2 期。

史雅莉、赵童：《数字档案资源的长期保存元数据方案研究——以英国国家档案馆为例》，《北京档案》2020 年第 10 期。

宋俊华、王明月：《我国非物质文化遗产数字化保护的现状与问题分析》，《文化遗产》2015 年第 6 期。

孙玲玲、杨佐志、李彦如：《参与式发展理论在非物质文化遗产数字化保护中的应用》，《四川图书馆学报》2016 年第 6 期。

覃兆刿：《档案文化建设是一项"社会健脑工程"——记忆·档案·文化研究的关系视角》，《浙江档案》2011 年第 1 期。

谭天、张子俊：《我国社交媒体的现状、发展与趋势》，《编辑之友》

2017年第1期。

唐义、肖希明、周力虹:《我国公共数字文化资源整合模式构建研究》,《图书馆杂志》2016年第7期。

万恩德:《解构与重构:档案信息资源开发模式的后现代转型》,《档案学通讯》2018年第1期。

王晶晶:《基于楚调汉韵特质的云梦皮影音乐活态传承探究》,《中国民族博览》2020年第18期。

王君超:《未来传播形态的三个重要维度》,《人民论坛·学术前沿》2017年第23期。

王文兵:《土家族铭刻古籍的文化记忆表达及其传播价值》,《湖北民族学院学报》(哲学社会科学版)2018年第5期。

王霄冰:《文字、仪式与文化记忆》,《江西社会科学》2007年第2期。

王小亮:《试论武汉红色文化的精神内涵及其当代价值》,《湖北经济学院学报》(人文社会科学版)2020年第3期。

王卓尔:《高校馆藏实体资源和虚拟资源的整合策略》,《经济研究导刊》2012年第27期。

卫奕:《论档案编研与社会记忆的构建》,《档案学通讯》2008年第6期。

隗辉、于凤静:《突破、挑战、对策:数字记忆工程的中国故事叙事研究》,《新闻爱好者》2023年第4期。

魏景霞:《档案短视频多元叙事及价值实现研究》,《档案管理》2022年第5期。

乌丙安:《民俗文化空间:中国非物质文化遗产保护的重中之重》,《民间文化论坛》2007年第1期。

吴世文、杜莉华、罗一凡:《数字时代的媒介记忆:转向与挑战》,《青年记者》2021年第10期。

吴世文、何屹然:《中国互联网历史的媒介记忆与多元想象——基于媒介十年"节点记忆"的考察》,《新闻与传播研究》2019年第9期。

夏翠娟:《多模态文化遗产资源的智慧化服务模式研究——从可获得到可循证和可体验》,《信息资源管理学报》2023年第5期。

萧放：《论荆楚文化的地域特性》，《湖北民族学院学报》（哲学社会科学版）2001年第2期。

肖希明、杨蕾：《国外公共数字文化资源整合宏观管理及其启示》，《图书与情报》2015年第1期。

肖希明、张芳源：《公共数字文化资源整合中行为主体的角色及职能研究》，《图书情报工作》2015年第11期。

谢进川：《网络媒介记忆书写在国家治理体系中的价值与效应》，《中国新闻传播研究》2020年第5期。

谢静：《社区：传播的构成》，《苏州大学学报》（哲学社会科学版）2015年第3期。

谢玉雪：《数字档案资源的可视化叙事服务研究》，《档案学研究》2020年第3期。

熊拥军、陈湘、彭维：《非物质文化遗产相关资源元数据标准比较研究》，《图书馆》2016年第2期。

徐梦瑶、韩美群：《论荆楚文化的精神特质、时代价值及其保护利用》，《决策与信息》2023年第3期。

徐彤阳、顾婷婷：《日本震灾数字档案参与灾难记忆构建的研究及启示》，《档案学通讯》2022年第1期。

徐彤阳、顾婷婷：《信息空间理论视域下LAM参与灾难记忆再生产的路径和策略研究》，《档案学研究》2022年第3期。

徐拥军：《建设"中国记忆"数字资源库的构想》，《档案学通讯》2012年第3期。

徐拥军、李子林、李孟秋：《后现代档案学的理论贡献与实践影响》，《档案学通讯》2020年第1期。

徐媛：《八部大王传说与祖先记忆——以酉水流域土家族始祖信仰为中心的考察》，《湖北民族大学学报》（哲学社会科学版）2020年第2期。

杨状振：《偏执的神话与迷离的景观：新媒体人文精神批评论纲》，《新闻与传播评论》2009年第00期。

殷琦、国秋华：《从静态机构到动态功能：互联网平台的内涵演变与治理转向》,《现代传播》(中国传媒大学学报) 2023 年第 4 期。

翟姗姗、张纯、许鑫:《文化遗产数字化长期保存策略研究——以"威尼斯时光机"项目为例》,《图书情报工作》2019 年第 11 期。

张斌、李星玥、杨千:《档案学视域下的数字记忆研究:历史脉络、研究取向与发展进路》,《档案学研究》2023 年第 1 期。

张静、黄啸、吴彬彬:《融媒体时代政务新媒体如何提升影响力和传播力——以省政府门户网站系列微纪录片〈党史上的荆楚记忆〉为例》,《新闻前哨》2021 年第 9 期。

张澜:《论民族记忆"躯体化"的表征——以土家族撒叶儿嗬、哭嫁为例》,《文化创新比较研究》2022 年第 16 期。

张美芳、王新阳:《数字修复技术在破损照片档案抢救中的应用研究》,《档案学研究》2017 年第 4 期。

张群、彭奇志、滕颖:《高校馆藏实体资源和虚拟资源的整合与服务》,《情报杂志》2005 年第 7 期。

张卫东:《全球化视野下中国 LAM 合作模式研究》,《图书情报工作》2016 年第 12 期。

张卫东、张天一、陆璐:《基于数字人文的档案文化资源整合研究》,《兰台世界》2018 年第 2 期。

张媛:《凝聚共识:集体记忆的媒介建构与少数民族身份认同》,《内蒙古电大学刊》2015 年第 3 期。

张媛:《社交媒体时代的少数民族网络社群建构》,《未来传播》2019 年第 6 期。

张媛、文霄:《微信中的民族意识呈现与认同构建:基于一个彝族微信群的考察》,《国际新闻界》2018 年第 6 期。

赵静蓉:《国家记忆的生成机制与经典建构》,《学习与实践》2020 年第 10 期。

赵生辉:《多民族语言信息共享空间的体系架构与构建策略研究》,《图书情报知识》2016 年第 2 期。

赵生辉、胡莹:《多语言数字图书馆信息生态链的结构、类型及启示》,《图书馆理论与实践》2020 年第 3 期。

赵生辉、胡莹：《面向数字人文的多语言藏学知识融合框架研究》，《农业图书情报学报》2020年第9期。

赵生辉、胡莹：《拥有整体性记忆：档案领域数据本体管理论纲》，《山西档案》2020年第6期。

赵生辉、胡莹：《中国藏学数字人文发展的战略思考》，《西藏民族大学学报》（哲学社会科学版）2020年第6期。

赵生辉、朱学芳：《数字人文仓储的构建与实现》，《情报资料工作》2015年第4期。

赵生辉、朱学芳：《数字社会记忆资源跨机构聚合机制研究》，《档案学研究》2014年第2期。

赵生辉、朱学芳：《我国高校数字人文中心建设初探》，《图书情报工作》2014年第6期。

赵雪芹、邓文慧：《数字记忆视角下新冠肺炎疫情档案收集研究》，《北京档案》2020年第10期。

郑晨：《媒介记忆建构：荆州"方特东方神话"的文化想象》，《新闻前哨》2020年第9期。

郑慧、韦兆焯、王清楠：《数字记忆视角下西南民族地区红色档案开发策略研究》，《北京档案》2022年第3期。

郑爽、丁华东：《数字人文对档案记忆功能实现的启示》，《档案与建设》2019年第7期。

钟进文、范小青：《新媒体视角下的"非遗"保护与传承观念新探——以裕固族为例》，《西北民族研究》2017年第2期。

周群芳：《高校记忆工程框架体系构建与实施研究》，《浙江档案》2016年第1期。

周文泓、代林序、郭玉祥：《图书馆参与个人数字记忆保存的策略研究——以哥伦比亚特区公共图书馆的记忆实验室项目为例》，《图书馆建设》2023年第5期。

周雪松、费晓萍：《荆楚文化的历史价值研究》，《前沿》2010年第24期。

周耀林、刘晗：《数字记忆建构：缘起、理论与方法》，《山东社科学》2020年第8期。

周耀林、叶鹏：《我国非物质文化遗产的保护机制与实现路径——基于文化与科技融合的视角》，《学习与实践》2014年第7期。

周振国：《基于网络原生数字资源整合的数字档案馆资源建设探讨》，《农业图书情报学刊》2015年第11期。

朱本军、聂华：《跨界与融合：全球视野下的数字人文——首届北京大学"数字人文论坛"会议综述》，《大学图书馆学报》2016年第5期。

[德] Gerhard Lauer：《文化的数字丈量："数字人文"下的人文学科》，庞娜娜译，《澳门理工学报》2018年第3期。

[德] 简·奥期曼（Jan Assmann）：《集体记忆与文化身份》，陶东风译，《文化研究》2011年第11辑。

[美] 戴安德、姜文涛：《数字人文作为一种方法：西方研究现状及展望》，赵薇译，《山东社会科学》2016年第11期。

四 学位论文

崔明：《历史记忆与族群重构研究——以"唐汪人"为例》，博士学位论文，兰州大学，2016年。

刘为：《基于语义网的傣族历史档案信息资源开发研究》，博士学位论文，云南大学，2018年。

五 报纸文章

冯惠玲：《数字时代的记忆风景》，《中国档案报》2015年11月19日第3版。

李昌禹：《全国社区社会组织超过175万家》，《人民日报》2023年7月17日第4版。

明海英：《特定历史时空中创制的地域文化——访北京师范大学社会学院教授萧放》，《中国社会科学报》2017年12月8日第004版。

明海英：《推进荆楚文化更好走向世界》，《中国社会科学报》2023年3月3日第003版。

赵成：《习近平会见印度总理莫迪》，《人民日报》2018年4月28日第001版。

六 外文专著

Luciana Duranti and Elizabeth Shaffer, eds., *The Memory of the World in the Digital Age: Digitization and Preservation*, Vancouver: UNESCO, 2013.

Paolo Bertella Farnetti and Cecilia Dau Novelli, eds., *Images of Colonialism and Decolonisation in the Italian Media*, Cambridge: Cambridge Scholars Publishing, 2017.

Shane O'mara, ed., *Collective Memory*, Amsterdam: Elsevier, 2022.

七 外文期刊

Aaron Hess, "In Digital Remembrance: Vernacular Memory and the Rhetorical Construction of Web Memorials", *Media Culture & Society*, Vol. 29, No. 5, September 2007.

Antonella Fresa, Börje Justrell and Claudio Prandoni, "Digital Curation and Quality Standards for Memory Institutions: PREFORMA Research Project", *Archival Science*, Vol. 15, No. 2, March 2015.

Anu Harju, "Socially Shared Mourning: Construction and Consumption of Collective Memory", *New Review of Hypermedia and Multimedia*, Vol. 21, Nos. 1 – 2, April 2015.

Astrid Erll, "The Hidden Power of Implicit Collective Memory", *Memory, Mind & Media*, Vol. 1 (October 2022), https://doi.org/10.1017/mem.2022.7.

Daniel H. Mutibwa, "Memory, Storytelling and the Digital Archive: Revitalising Community and Regional Identities in the Virtual Age", *International Journal of Media and Cultural Politics*, Vol. 12, No. 1, March 2016.

Debora I. Burin, Juan P. Barreyro and Gastón Saux, et al., "Navigation and Comprehension of Digital Expository Texts: Hypertext Structure, Previous Domain Knowledge, and Working Memory Capacity", *Electroinc Journal of Research in Educational Psychology*, Vol. 13, No. 3, December 2015.

Denis S. Artamonov, "Media Memory: Theoretical Aspect", *Galactica Media: Journal of Media Studies*, Vol. 4, No. 2, June 2022.

Elisa Beshero – Bondar and Elizabeth Raisanen, "Recovering from Collective Memory Loss: The Digital Mitford's Feminist Project", *Women's History Review*, Vol. 26, No. 5, August 2017.

Jinying Li, "Memory Resurrected in HD: Collective Digital Video Filmmaking as Production of Counterhistory in the Folk Memory Project", *Camera Obscura: Feminism, Culture, and Media Studies*, Vol. 31, No. 1 (91), May 2016.

Joan M. Schuartz and Terry Cook, "Archives, Records, and Power: The Making of Modern Memory", *Archival Science*, Vol. 2, Nos. 1 – 2, March 2002.

Kai Khiun Liew, Natalie Pang and Brenda Chan, "Industrial Railroad to Digital Memory Routes: Remembering the Last Railway in Singapore", *Media, Culture & Society*, Vol. 36, No. 6, July 2014.

Karl Gustafsson, "International Reconciliation on the Internet? Ontological Security, Attribution and the Construction of War Memory Narratives in Wikipedia", *International Relations*, Vol. 34, No. 1, March 2020.

Livio Sansone, "The Dilemmas of Digital Patrimonialization: The Digital Museum of African and Afro – Brazilian Memory", *History in Africa*, Vol. 40, No. 1, October 2013.

Mary M. Somerville and Dana EchoHawk, "Recuerdos Hablados/Memories Spoken: Toward the Co – Creation of Digital Knowledge with Community Significance", *Library Trends*, Vol. 59, No. 4, Spring 2011.

Michael A. Peters and Tina Besley, "Digital Archives in the Cloud: Collective Memory, Institutional Histories and the Politics of Information", *Edu-

cational Philosophy and Theory, Vol. 51, No. 10, October 2018.

Mykola Makhortykh, Yehor Lyebyedyev and Daniel Kravtsov, "Past Is Another Resource: Remembering the 70th Anniversary of the Victory Day on LiveJournal", *Nationalities Papers*, Vol. 49, No. 2, March 2021.

Roberto Arnau Roselló, "Why Remember? Representations of the Past in Non-Fiction Films: Fabrication, Re-Construction and Interpretation of the Collective Memory (s)", *Studies in Documentary Film*, Vol. 16, No. 1, 2022.

Silvana Mandolessi, "Challenging the Placeless Imaginary in Digital Memories: The Performation of Place in the Work of Forensic Architecture", *Memory Studies*, Vol. 14, No. 3, June 2021.

Stefania Manca, "Digital Memory in the Post-Witness Era: How Holocaust Museums Use Social Media as New Memory Ecologies", *Information*, Vol. 12, No. 1, January 2021.

Joan M. Schwartz and Terry Cook, "Archives, Records, and Power: The Making of Modern Memory", *Archival Science*, Vol. 2, Nos. 1-2, March 2002.

Timothy Recuber, "The Prosumption of Commemoration: Disasters, Digital Memory Banks, and Online Collective Memory", *American Behavioral Scientist*, Vol. 56, No. 4, March 2012.

后 记

2018年,我重返学生时代,进入武汉大学信息管理学院攻读博士学位研究生。从博士起,我便开始有意识地关注记忆研究,这既源于我的个人兴趣,也契合我跨专业学习的诉求。那时,我刚从新闻学跨到档案学,一边度过艰难的适应期,一边努力寻求两种学科之间的交融点。新闻学者提出"媒介记忆是一切记忆的核心和纽带",档案学者则认为"档案就是我们的记忆",在这两种不同的学术话语之间,"记忆"这个词让我产生了浓厚的兴趣。我起先开始思考个体的记忆,逐渐发现记忆不单属于个体,或者说,个体的记忆不像我之前所认为的那么简单而纯粹。即便是个人的记忆,它也总是受到社会互动关系的影响,反映着当下的社会集体意识,还深受埋藏于个体潜意识深处的集体或文化记忆的教化,汲取着从人类远古时代传递至今的智慧、经验和文明成果,从而使我们成为文化"塑身衣"所造就的个体。顺着这一思路,我深深理解了档案记忆的意义,我们的文化不正是通过档案这类历史留存之物而构建的?这些记忆之物遗存越多,人类的文明则越显厚重。今天,记忆以一种新的数字方式连续未来,我们迫切地将所有的信息数字化,并使其成为一种"云端"的记忆。这种种思考让我选择以"数字记忆"为题进行书写,并以此作为我博士毕业论文的选题。回想过去三年的读博历练,这何尝不是一份永存于心的记忆?

2021年,带着这样一份珍贵的记忆,我顺利博士毕业,又从档案学回到了新闻学。我仍坚持聚焦于"数字记忆"的研究,并在工作之后的第一年成功获批了同样以"数字记忆"为题申报的国家社会科学基金项目,两年来持续在重要核心期刊上发表相关系列论文4篇,这些成果的取得或许正是得益于将档案学与新闻传播学结合所碰撞出的思想火花吧！同时我也开始了一段新的寻找旅程，即如何将我的研究与我所在学院的研究方向相契合。作为一个土生土长的湖北人，我之前就有过主持荆楚相关课题的经验和成果，而目前学院的一项重要工作指南就是"立足荆楚"开展数智化荆楚品牌与国际传播研究，并形成了"荆楚新闻与传播研究丛书"计划。于是，我在博士论文研究的基础上，进一步深耕荆楚文化，将数字记忆作为保护与传播荆楚文化的一种创新路径，以此申报并顺利获批了2023年度湖北省社科基金一般项目，最终有了本书"荆楚文化数字记忆建构与传播研究"这一成果。

本书的研究始终将荆楚文化置于中华文化的宏观语境之中。放眼整个中华民族，中华文化的形成就是一部多民族、多区域文化融合发展的历史，它就像一个内容丰富的巨大的文化信息系统，而荆楚文化记忆正是这个庞大系统中一个颇具特色的子系统。在这个大的系统之内，不同文化或文化特质之间相互融合、相互吸收。这一过程中，各种文化的交流既基于其独特的"文化传统"，又在"文化撞击"之中产生调整与适应，这两种因素的相互作用正是形成今天中华民族"多元一体"格局的主要动因，其中必然包含着不同地区文化交融的记忆，既体现出中华文化的整体性，又呈现出多元文化的丰富性，而这种差异性与多样性正是中华文化生机与活力之源。在中华文化创新发展的进程之中，荆楚文化事业的发展也面临向数字记忆转型的需求，如何应对这一转型过程中所面临的问题与挑战，既是荆楚文化研究深化发展的契机，也是将荆楚文化记忆融入"中华民族共同体记忆"体系的现实际遇。在这一过程中，推进"荆楚文化数字记忆建构与传播"的研究还有很多问题需要进一步探讨。

一方面，本书关于荆楚文化数字记忆的理论构想是在从多学科融合的视角对荆楚记忆建构的演进历史和现实需求进行分析的基础上提出的，体现了荆楚文化应用研究的特色，但荆楚文化的记忆研究在理论层面上还需要更多文化研究成果的支撑，尤其是对荆楚文化内涵的深入阐释、荆楚文化标识的精确提炼，在实践层面上也需要有更为具体适用于荆楚文化的资源组织形式和资源开发路径。因此，未来还需要继续完善体现荆楚特色的数字记忆理论构想和应用框架。另一方面，荆楚文化数字记忆的研究作为一个综合性的研究课题，顺应了新时期荆楚文化事业转型发展的需求，既为荆楚文化的理论研究和实践应用开拓了新的视角，也为数字记忆的研究提供了更为具体而深入的文化研究视野。未来研究可在本书研究的基础上，进一步拓展数字记忆研究的理论视域和应用范围，如数字记忆对族群凝聚、身份认同的价值研究，数字记忆与智能传播关系的深入探讨，数字记忆与传统文化的传承创新问题研究，数字记忆视角下文化的创造性转化与创新性发展研究，面向数字保存的社群记忆研究等更多深入研究方向，从而丰富数字记忆的理论内涵和实践价值。因此，本书的研究还只是初步探索，尚有大量研究工作有待后续深入开展，书中也存在诸多不足，恳望同行批评指正。

感谢中国社会科学出版社刘艳老师对我选题方向的肯定、支持和建议，她不厌其烦地与我沟通出版规范和流程，及时地督促我书稿的质量和进度，能在中国社会科学出版社出版此书，是我莫大的荣幸；感谢湖北省社科基金项目和湖北大学新闻传播学院"荆楚新闻与传播研究丛书"项目对本书的大力支持，学院一直热切关心并鼎力支持研究团队每一位成员的发展，致力于为教师提供更为宽广和包容的学科前沿平台；感谢我的博士生导师周耀林教授对我的悉心教导与严格训练，感谢硕士生导师刘九洲教授给予的学术启蒙与关心督促，感谢所有关注、鼓励和帮助本书出版的老师和同仁们，以及在我成长过程中一路支持与陪伴的亲人和朋友！

记忆，是人生的馈赠。"只有经由记忆之路，人才能抵达纵深。"在此回望过去，是为了更好地记忆未来。此为后记。

刘　晗

2023 年于湖北大学